Income
Doubling

A Guide for Wealth Management

收入倍增
理财知识一本通

苏宁金融研究院 著 ▪

东北财经大学出版社 | 大连
Dongbei University of Finance & Economics Press

图书在版编目（CIP）数据

收入倍增：理财知识一本通 / 苏宁金融研究院著. —大连：东北
财经大学出版社，2021.3

ISBN 978-7-5654-4062-5

Ⅰ．收… Ⅱ．苏… Ⅲ．投资-基本知识 Ⅳ．F830.59

中国版本图书馆CIP数据核字（2020）第258587号

东北财经大学出版社出版

（大连市黑石礁尖山街217号 邮政编码 116025）

网 址：http://www.dufep.cn

读者信箱：dufep@dufe.edu.cn

大连天骄彩色印刷有限公司印刷 东北财经大学出版社发行

幅面尺寸：170mm×250mm 字数：356千字 印张：26.25

2021年3月第1版 2021年3月第1次印刷

责任编辑：李 季 刘 佳 王芃南 责任校对：石孟鑫

封面设计：原 皓 版式设计：钟福建

定价：69.00元

《收入倍增——理财知识一本通》
编委会

主　　编	黄金老			
编委会成员	薛洪言	陈　霞	陈嘉宁	顾慧君	付一夫
	黄大智	郑清正	钱　杭	陶　金	王　锟
	石大龙	施旭健	鲁　岑	赵　卿	倪伟渊
	周　成	沈春泽	周张泉	王　晨	王耀东
	朱　琨	丁　媛			

前 言

为什么"钱生钱"对有的人来说易如反掌，有的人却难如登天？

是智力天赋的差异吗？

不是！是认知的差异，导致了投资结果的不同。

一个人的世界，永远大不过自己的认知。投资是什么？投资就是把你的认知资本化。

通俗点说，人很难赚到认知能力以外的钱，除非靠运气。但是，靠运气赚到的钱，最后往往又会因实力不足而亏掉。

所以，投资理财实现长久盈利的本质，首先是投资自己，让自己的认知能力不断提升。

如何提升认知能力？就投资理财领域而言，应该花95%的时间去学习，花3%的时间去制定资产配置策略或者投资策略，花2%的时间进行交易。

财富增值的规律，隐藏在每一个表象之下，一旦你通过学习知道了这些秘诀，一切都将易如反掌。

学习的过程就跟减肥一样，也许漫长，也许痛苦，但只要学会了，就能终生受益。这就像学开车一样，上手很难，但学会了，就能从此开得更快、更稳、更远。

这个世界上没有一吃就见效的减肥药，也没有你看一下就能瞬间变成投资理财达人的红宝书。

但我们可以保证的是，这本《收入倍增：理财知识一本通》是实用、具体、有效的，只要你坚持按照正确的方法，不断琢磨和反思书中的精髓，那么收入倍增是指日可待的。

我们希望这本书能成为你的锦囊、智囊，能够给你最具有普适性的参考。

我们期待你在阅读某一章后，能开始一系列行动，打开一扇通往财务自由之路的大门。

我们祝愿你财运亨通，尽用这本书，直到某一天不再需要它，遗忘了它的存在，让它落满厚厚的灰。

现在，翻开书，开始阅读吧！

苏宁金融研究院

2021年3月

目　录

第 1 章

基本理念

成年人的底气都是钱给的

前几天，我去医院探友，看到一名中年男人带着父亲去看病。他父亲心绞痛很严重，要做心脏支架。支架有国产和进口之分，国产的便宜，男人说要国产的。医生提了一句："你爸爸岁数大了，最好是放进口支架。"他的脸一下子红了，嘴唇抖动着，没有说一句话。后来，我看他蹲在楼道里，哭着打电话借钱——借国产支架的钱，心里一阵发酸。

电影《飞驰人生》里有一句台词："成年人的崩溃，是从借钱开始的。"更准确地说，成年人的崩溃，是从缺钱开始的。

你的钱，够生一次大病吗？

缺一次钱，你才会明白，缺钱的人生，好艰难。一次意外事故，或者一场疾病，就能带来生活的坍塌和情绪的崩溃。在徐峥主演的电影《我不是药神》里，有一组让人泪目的画面——当警察要带走卖"假药"的程勇时，一位患白血病的老奶奶颤巍巍地站出来说："我生病吃药这些年，房子吃没了，家人被我吃垮了。谁家没个病人，你就能保证你这一辈子不生病吗？"是啊，谁能保证一辈子不生病呢？再数数你兜里的钱，够生一场大病吗？当亲人躺在病床上，你才会真切体悟到：钱也许买不来命，但是能续命。

在《王牌对王牌》节目上，柳岩的一段话让现场很多人潸然泪下。她说："我爸上个月身体状况不太好，是在医院里度过70岁生日的。但是我很欣慰的是，我有足够的经济能力，给他提供最好的医疗条件。"总是有人说最大的幸福，就是希望父母健健康康的。因为这样才能给我们机会，实现我们小时候的诺言。

缺钱的苦，尝一次就够了

在现实生活中，更多的人尝到的是缺钱的苦。缺钱，在巨额的医疗费面前，你的自尊也无处安放。我的同事老张，曾在一次醉酒后，痛哭流涕地说："缺钱的苦，尝一次就够了。"老张的闺女是早产儿，大病小病不断，有一次被送进了ICU，医疗费要25万元。那时候，老张夫妻俩的存款加起来只有4万元，他们打了60多通电话，把认识的亲戚朋友，能借的，都借了。其中有一个亲戚较为富有，但老张一直犹豫是否向他借。老张厚着脸皮，在亲戚家里坐了一天，才借到最后那5万元救命钱。至今，老张都难以忘记那一次的经历。他说："我尝到了低声下气借钱的苦，才知道努力挣钱的意义。没有钱，想体面地活着，太难了！"

金钱非万能，没钱万万不能

这个世界，不管多么粉妆玉砌的皮囊，多么妙趣横生的灵魂，都绕不开一个"钱"字。你不用很有钱，但真的不能很缺钱。虽然有些东西是金钱买不到的，但是有钱的话可以减少很多痛苦。

虽然钱不能摆平所有的事情，但是没有钱真的会让人低到尘埃里。之前看过一个有关离婚仲裁的纪录片。片中的女人们，大多早早结了婚，婚后一直待在家里带小孩。她们每天和柴米油盐、锅碗瓢盆打交道，不工作，也懒得打扮。即使老公态度不好，她们也不敢说什么，只能默默忍受。有的人就算觉得生活很憋屈，想要离婚，但也只是想想。还有的人眼睁睁看着另一半出轨，却装作毫不知情，还安慰自己说："男人都这样。"

其实，金钱不是万能的，但没钱是万万不能的。成年人的烦恼，有时是因为缺钱。很多主妇默默忍受一段不幸福的婚姻，归根到底就是因为缺钱。因为缺钱，她们既不能摆脱当下的困境，也没有转身离开的勇气。

年轻人，趁年轻多挣点钱吧

很多时候，钱不仅决定了我们的生活质量，也是对抗命运暴击最大的资本。特别是，人到中年，越是缺钱，越觉得气短，越到后来，越无路可退。每天一睁开眼，周围都是需要依靠自己的人，却没有自己可以依靠的人。这时候，怕父母生病，怕自己失业，既要还房贷、车贷，又想给孩子提供好的环境，可看看自己兜里的钱，再回头看看曾经挥霍的大好时光，有几个人不后悔？

在美剧《生活大爆炸》中，谢耳朵对佩妮说："你所有的问题，都可以通过多挣点钱来解决。"多挣点钱，不是为了成为富豪，也不是为了尽情享受，而是为了具有抗压的能力、解决问题的资本。等到疾病或者灾难来袭时，我们有足够的钱，就能够在一定程度上抵御命运的暴击，而不是无能为力、痛哭流涕。

所以，亲爱的朋友，不管你眼下缺不缺钱，趁着年轻，多挣点钱吧！在该奋斗的年龄，一定要去奋斗；在能挣钱的时候，一定要多挣点钱！如此，你的往后余生才能游刃有余，不至于因为钱，低声下气地活着。而努力挣钱，护一家老小周全，是一个成年人应有的自觉！

年轻人，别老想着投资理财

当你看到类似《我终于通过这个理财方程式赚到了第 N+1 个 10 万！》《做好这几件事，你能躺着赚钱》等文章标题时，内心是不是很激动？是不是成功地勾起了你的理财致富梦？如果你恰好又是一个年轻人，不妨读一读本文。

挣多少钱才可以不工作？

一句"你不理财、财不理你"激发了国人对投资理财的热情，很多理财自媒体也不断苦口婆心地教人如何通过理财成为人生赢家。这些理财爆款文，最擅长利用复利效应来激荡年轻人的发财梦。不妨看看以下四种情景：

情景一：每年存 1 万元，年收益率 5%，连续 20 年，可以得到多少钱？答案是 33 万元。情景二：每年存 1 万元，年收益率 10%，连续 20 年，可以得到多少钱？答案是 57 万元。情景三：每年存 10 万元，年收益率 10%，连续 20 年，可以得到多少钱？答案是 573 万元。情景四：每年存 10 万元，年收益率 20%，连续 20 年，可以得到多少钱？答案是 1 867 万元。

看完这四种情景，很多人是心潮澎湃的。

情景一还没什么，33 万元不那么打动人。为了得到更好的结果，我们幻想着通过节衣缩食、努力工作把年理财金额提到 10 万元，同时寻找一些高收益的理财产品，争取达到情景三的573万元。这是笔相当大的金额，很多人已经满足于此了。然而，贪婪永远是人的天性，还有一部分人认为自己可以找到收益更高的项目，从而达到情景四的1 867万元，这样，20年后就可以不用工作了。当把理财的时间拉长，收益率的些许差异会被时间放大，激励着人们不断去冒险、去寻找更高收益的项目。

理财致富是个伪命题

理财，本质上是个钱生钱的过程。投资理财有三要素：本金、收益、时间。大多数人关注的重心在收益，计较于收益率的高和低，孜孜不倦寻找高收益产品，不经意间，忽略了本金的重要性。就像一个人不停地在数字后面加0，一直没发现0前面原来没有1。你说还有时间呢！年轻人虽然有的是时间，但心态浮躁、没有耐心，几乎意识不到时间在理财投资中的重要性。就绝大多数人而言，会不会理财，体现在收益率上，一般也就差个5%。我们来看看，5%的差异会怎么改变你的生活。

本金1万元，一年相差500元，改变不了生活；本金10万元，一年相差5 000元，依然改变不了生活；本金100万元，一年相差5万元，算一笔小钱。很多人认为这笔钱起码可以改善生活了，问题是，对于有百万本金的人而言，多了5万元依然改变不了他们的生活。而那些认为可以改变生活的人，大多没有百万本金，5%的收益率对他们而言，带来的只是500元或5 000元的差异。

看清楚问题的本质了吗？通过理财致富，本金的重要性远大于收益。本金太低，连复利和高利率都帮不了你。而本金高的人，早就已经致富了。理财致富是个伪命题，先致富再理财才是真谛。本金的重要性不言而喻，对年轻人而言，最缺乏的恰恰是本金。不过，年轻人不缺冒险精神，本金不够，杠杆来凑，一些人开始尝试杠杆理财。

理论上，只要负债的成本低于投资的收益，杠杆理财就有得赚。但在实践中，被亏损逼得怀疑人生甚至跳楼寻短见的，也多是杠杆理财客。理财的安全边际是风险可承担，杠杆理财恰恰突破了安全边际，一旦投资失败，风险不可承受。杠杆理财，是不能触碰的禁忌。

年轻人，切莫辜负好时光

理财致富需要有大额本金，年轻人缺的就是本金。杠杆理财的歪主意想想就好，理财带来的是收益，杠杆理财带来的往往是枷锁——持续的还本付息压力。年轻人，莫再做杠杆理财致富的美梦；趁年轻，做点正经事，不要因追逐于点滴利息而辜负了大好青春。那什么是正经事呢？

一是努力工作，提升自身人力资本。未来属于终身学习的人，管理你的学习曲线，让它变陡峭，时刻保持探索和学习的状态。"梦想要大，但前进的步子要小"，任何时候都要踏实、努力，一步一个脚印，做好每一件事，持续向前。时间，是你唯一的人生货币，用好它。

二是保护好你的本金。少赚5个点不可怕，可怕的是盲目进行高风险投资，把本钱搭进去。现在，人人想理财，贪婪而无知，各式各样的诈骗手段也由此滋生。只要你贪婪，不怕你不中招。不要做投机者？什么是投机者？点不明、叫不醒的用户，便是投机者。

三是正常花钱消费。趁年轻，有空闲，也要学会享受生活。很多事情，不要等有钱的时候再做，那个时候，你可能没有时间，而且心境也完全不同了。更不要为了攒钱而过苦行僧的生活，钱是靠工作赚的，而不是靠节俭攒的。当然，铺张浪费也要不得。

最后，再说句明白话。投资理财暴富的机会是有的，房地产就是最好的例子，知名企业的A/B轮融资也是很好的机会。问题在于，这些投资机会都有很高的门槛，未到门槛前，请踏踏实实做该做的事！祝大家好运！

成功的投资都是逆向思维的

投资是一场人性的博弈，面对真金白银的投入，人们总会深思熟虑、理性决策，但实际情况真能如此吗？为什么许多人常常发现自己手里，好票拿不住，烂票一大把？为什么面对纷繁复杂的资本市场，人们总患得患失，无所适从？为什么获得诺贝尔经济学奖的大师们，也会在资本市场马失前蹄？以下是投资决策过程中常见的一些人性弱点，克服这些弱点，你就离成功投资获利不远了。

投资决策的13个人性弱点

1.损失厌恶：人们总是喜欢确定的收益，讨厌确定的损失。

假定你打开交易软件，发现上周投资的某只股票毫无征兆地涨得非常好，盈利超过50%（如持仓成本为16元/股，现在涨到了24元/股），你会如何操作？大部分人的第一反应是获利退出，落袋为安；部分老买家可能会选择部分卖出，收回本金和部分利润，留着剩下的一部分利润在股票里，再搏一把（如图1-1所示）。在这里，无论是全部卖出，落袋为安，还是部分卖出，收回本金，都反映了人们在盈利情况下，对于风险（不确定性）的厌恶。人们会一直保持风险厌恶吗？不一定。

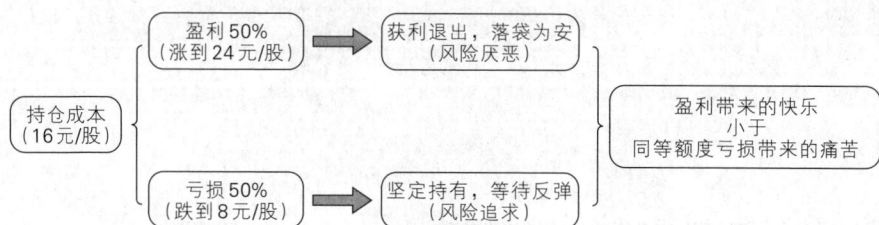

图1-1　大多数个人投资者的行为

我们还用前面的例子，假定股价不是大涨，而是大跌了50%（持仓成本为16元/股，现在跌到8元/股），您会如何操作呢？心理学家发现，大部分人会选择继续持有，等待反弹。因为此刻卖出，意味着浮亏变为实亏，这是一般人不愿意接受的，为了避免确定的损失，人们甚至变得更加愿意承担风险，持有股票，期待反弹。最后，盈利（赚1 000元）带来的快乐要小于同等额度亏损（亏1 000元）带来的痛苦。如此也解释了为什么很多散户手里的好票拿不住，烂票一大把。

2.禀赋效应：人们对于自己所拥有的资产给予更高的估值。

你有没有过和某只股票"谈恋爱"的经历？人们爱上一只股票的理由太多了：它可能是自己人生中买的第一只股票；或者，自己或亲人曾经在那家上市公司工作过，对于那段光荣岁月有着刻骨铭心的回忆；又或者，自己一直是某家上市公司的超级粉丝，觉得该公司的产品和服务体验非常棒；也可能这是自己最欣赏的大咖领导的公司或者其推荐的股票……

人是情感动物，偏向于将感情与自己所拥有的资产进行联结，给予相应资产更高的估值。一般情况下，这种效应的问题不大，但是，当资产价值大幅波动时，禀赋效应使得人们因为感情的原因，不愿意及时止盈或止损，以致最终承受损失。

3.代表性偏差：人们习惯于简单地根据过去的经验对新信息定论。

如果你听到某位分析师说"我认为股价下一步将会……，因为2011年的经济指标和现在相似，当时股价……"，听到这种话的时候，要小心了，这里可能存在着"代表性偏差"。

心理学家曾经做过这样一个实验：他们在街头随机访问一些路人，问他们"到底是心脏病危险还是中风危险"，得到的回答往往是这样的：如果他们身边有人不幸患上了心脏病，他们会说心脏病危险；而如果身边有人中风，则更可能说中风危险。其实，这个问题需要医学专家对大量的病例进行细致研究，才能得出结论，人们习惯于简单地套用过去的经验去预测未来。回头来看前面分析师说的那句话，2011年至今，虽然经济指标类似，但无论是产品规模、法律法规，还是监管态度、投资者的成熟度，我们的资本市场已经发生了翻天覆地的变化，仅仅因为一些指标的类似，就推出股价会有相似的走势，这个结论的靠谱性是有待进一步证实的。

固然，从过去相似的事件中去总结归纳经验，是经济/金融学常用的研究方法，但结论的得出需要严格的论证、推导和检验。简单地通过套模板得出的结论肯定是有待检验的。然而，你去翻翻券商分析师的研究报告，存在大量这样的语句，受过专业训练的分析师尚且如此，何况个人投资者呢？

4.控制错觉：人们惯于相信自己能够控制的结果，其实却不一定。

假定你买了一张机打的彩票，我说2元转让给我吧，你可能毫不犹豫就转让给我了。但如果这张彩票不是机打的，而是你研究过往开奖情况，用心选的号码呢？你仍然愿意2元转让给我吗？理论上，两张彩票中奖的概率是一样的，但精心挑选过的号码会让人有一种控制感，产生控制错觉，使得在你的心目中，那张精心挑选过的彩票会有更高的中奖预期和估值。

5.事后聪明式偏差：人们惯于充当事后诸葛亮。

如果你听到别人说"我早就说过……"，当心，你可能是遇到事后聪明式偏差了。以下场景，大家可能都见识过：某天，股票A大涨，有分析师跳出来，自豪地说："我早就说过A股票会涨，请参考我某月某日的股评分析。"事实是，他同时推了股票A、B、C、D、E、F，股票A大涨，其他股票的表现却不怎么样，甚至出现亏损。更有甚者，当时没有表态的分析师，也会觉得自己对股票A大涨进行了表态。总之，人们会根据事件的结果，夸大或高估自己当初的判断能力。

6.确认偏差：人们偏好关注支持其观点的证据，忽视与之相左的证据。

还记得谈恋爱那阵儿吗？对方的音容笑貌、脾气性格、气质谈吐、兴趣爱好等一切都是那么美好，你甚至会爱屋及乌地喜欢对方的父母、对方家的宠物，容不得别人对心爱之人的任何贬低和诋毁。当你看好某只股票的时候，是否有同样的感觉，发现身边都是对这只股票非常正面的评论，那些所谓的负面信息都是无稽之谈。此时，你需要当心确认偏差的出现，务必提醒自己，任何股票都有它积极和消极的一面，努力使自己客观地去分析与评价。

7.懒：惰性是很多人亏损的重要原因。

人天生是存在惰性的，懒得关心时政大事，懒得去了解宏观经济，懒得去学习基础知识，懒得去了解具体的投资产品，懒得去思考什么收益与风险，甚至懒得读完这篇文章。而资本市场本身却是瞬息万变、天道酬勤的，每天发生的各种事件和信息，影响着各类投资产品的风险与收益，唯有多接触、勤学习、常思考才能够有机会抓住关键，跑赢市场。最可怕的事情是，比你优秀的人，还比你勤快，巴菲特每天用工作和休息时间的80%来阅读（财务报表、报告、杂志、报纸），彼得·林奇每年要访问200家以上的公司和阅读700份年度报告，他们能赢是有原因的。

8.框定偏差：人们容易被言语影响，做出不同的举动。

相传曾国藩组建湘军，在对抗太平天国的初期，吃了一系列败仗，战报中一句"屡战屡败"，眼看免不了要受到天子的责难，有幕僚将此句改成了"屡败屡战"，天子甚为感动，遂一番褒奖鼓励。由此可见，战争的结果虽然不能改变，却因为汇报言语的不同，使人产生了不同感觉。是的，人们容易被言语所影响。下次听到某上市公司的领导侃侃而谈，"这些年，我们披荆斩棘，克服了一个又一个困难，取得了一个又一个胜利，……"你也可以会心一笑。

9.锚定偏差：人们在估值时容易被初始数值所影响。

心理学家设计了这样一个实验。他们将人分为两组：问第一组人："您认为圣雄甘地是在9岁之前还是之后去世的？"问第二组人："您认为圣雄甘地是在140岁之前还是之后去世的？"最后，再让大家都猜一下甘地过世的年龄。显然，甘地去世的年龄不可能小于9岁，也不可能大于140岁，第一个问题似乎没有意义。第二个问题的答案却非常有意思，第一组受试者猜测甘地过世的平均年龄是50岁，而第二组则为67岁。显然，第二个问题的答案受到了第一个问题中数字的锚定影响。在投资过程中，也有无数的数字锚定的影响，有很多人拿着买入价作为锚定，宁愿巨亏，也不愿及时止损。由此，锚定偏差，也是引起损失厌恶的原因之一。

10.可得性偏差：人们更倾向于被容易获得的信息所影响。

还记得那句"今年过年不收礼，收礼只收×××"的广告词吗？这句广告词可谓简单粗暴，有人正好在考虑过年带些什么礼品回家，脑袋里飘出这个广告词，然后就买了。人们更倾向于被容易获得的信息所影响，这也是我们身边充斥着各种各样广告的原因。你有没有遇到这种情况：手上有点闲钱想投资点股票，一时也不知道买什么，脑袋里冒出某只股票或者基金，也不太熟，可能以前身边朋友提过，或者电视里推荐过，看了看就投了。恭喜，中枪！

11.过度自信：人们容易对自己的能力过度自信。

如果你听到基金经理或者分析师说他的模型有多么精巧先进的时候，可以回他一个尴尬而不失礼貌的微笑。模型越精巧越复杂，人们越容易过度自信，觉得那么先进的模型，分析和考虑了那么多的变量和市场情境，肯定非常有效，然而，结果还真不一定。

1994年，包括两个诺贝尔经济学奖得主在内的一群华尔街精英，成立了"长期资本管理公司"（Long-Term Capital Management，LTCM），模型的精准先进性自然不在话下，初期的收益也非常可观，后来赶上1998年俄罗斯金融风暴，出现巨额亏损，模型也失去了效用。所以，对于市场，永远要有一颗敬畏的心。

12.心理账户：人们倾向于把钱按照心理账户进行管理。

你有没有这样一种感觉：同样是消费 1 000 元，如果是某天股票大涨赚来的，花钱就非常爽快；如果是辛苦工作赚来的，花钱就会谨慎得多。这是心理账户的一种：根据收入来源划分账户。还有一种情况，把钱按用途划分账户：比如一部分是养老的，一部分是小孩的学费，还有一部分是生活费。人们会根据这些心理账户，分别来打理各部分资金。其实，这种心理偏差也是人之常情，没什么不好，有的学者会提一些瑕疵，这里就不赘述了。

13.后悔厌恶：人们倾向于随大流，以免由于错误决策而后悔。

大盘蓝筹股和小盘成长股，你会选哪个呢？大盘蓝筹股和市场波动相关性非常强，如果选大盘蓝筹股，即使出现了亏损，也可以说是市场行情不好，大多数人都亏了，所以亏一点也是正常的。如果选小盘成长股，与市场行情相关性没有那么强，当出现亏损时，投资业绩一排名，就非常尴尬了。因此，大多数人选择随大流，避免由于错误决策而后悔。如此也容易造成市场的羊群效应和踩踏事件。

投资是一件逆向思维的事情

其实，早在金融市场出现以前的远古时代，这些心理偏差就已经写入我们的基因里，帮助我们的祖先在恶劣的自然环境中更大概率地存活。在此，以损失厌恶（loss aversion）为例：人们对于损失往往记忆深刻，极力规避。假设，我们的祖先在森林里行走，与熊相遇，捡回一条命，因此记忆深刻，下一次出行，他会尽量避免与熊正面相遇。而没有这个心理偏差的祖先，则可能忘记风险，再一次与熊正面相遇。如此反复，存在这种损失厌恶心理偏差的祖先更容易存活，并把存在心理偏差的基因传递给后代。然而，金融市场不是原始森林，在原始森林里曾经管用的救命基因，在金融市场中却可能产生前面所描述的一系列副作用。

所以，我们经常会听到资深投资者感叹，投资是一件逆向思维的事情。

如何克服投资上的人性弱点？

要想投资获利，我们必须克服这些人性的弱点。具体怎么做呢？在此给出三点建议：首先，务必经常有意识地提醒和检视自己，看自己是否陷入某种心理偏差，正如苏格拉底所说："没有检视的人生不值得活。"其次，对于市场时时刻刻要有一颗敬畏的心，制定投资纪律，严格执行。最后，借助外力，经常向身边专业的朋友或者投资顾问请教，请他们监督指正，机构里可以设风控岗来专门监督这件事情，也有人会把钱交给专业的基金经理甚至智能软件（量化交易）来打理。当然了，道理和方法说起来都非常简单，但逆向思维的事情执行起来困难重重。也许，投资本身就是一种修炼吧，我们只能顺其自然，慢慢进步。

惯于投机的人看不到风险

前几日，一个朋友向我诉苦水，他投资的P2P被强制清退，在不日关停App的威胁下，他不得不遵循平台要求6折转让数万元的资产，几年来在这个平台上赚的钱，彻底还回去了。我一脸惊愕，都什么时候了，怎么还投资P2P？他给了两个理由：一是买的2年期标的的产品，没到期；二是该平台隶属某港股上市公司，主打信用卡账单管理，主业不是P2P，他觉得安全。但终究，还是失策了。

过去几年，失策的人比比皆是。

高风险投资潮涌

高风险投资最早可追溯至2015年的牛市。在那个短暂的牛市中，有两个群体曾经所向披靡，却也毁誉参半：有人说他们是善于借势的高手，也有人称他们是无知无畏的韭菜。其中一个群体是涨停敢死队，他们凭借着"涨停必有其道理"的朴素理念见涨停就追，却连缩量涨停和放量涨停都分不清楚。还有一个群体是股票配资客，1倍杠杆、2倍杠杆、5倍杠杆甚至10倍杠杆，把炒股变成了炒期货。当然，还有更多的人，包括你和我，属于典型的羊群。我们随大流、追热点，头脑发热，点位越高、信心越足，买入卖出，忙得不亦乐乎，浑然不知风险将至。

2016年至2018年，房市开启二次上涨周期，不少城市在短短一两年内，房价涨幅过半。当地有房群众喜极而泣，等了这么多年，报复性上涨终于来了；很多人则加紧筹钱，不惜每天吃糠咽菜挤地铁，也要买两三套，不肯错过"炒房致富"的良机。

我周围就有一个朋友，属于典型的工薪族，月入1万元出头。2016—2018年，他在北京买了两套房，廊坊买了一套房，重庆买了一套房，首付东拼西凑而来，把各大银行的现金贷款都申请了个遍。为了筹集资金，他经常"拆东墙补西墙"，搞得现金流极度紧张，日子也极为节俭，对外卖团购平台的优惠政策了如指掌，外出吃饭全靠优惠券。疫情期间，多地房价阴跌，他忧心忡忡；疫情之后，看到房价回升，他又信心满满。人生喜怒，皆为房价。

在庞大的P2P投资大军中，也有这么一群人，他们让所有的平台闻风丧胆，所到之处，什么也不剩，江湖称之为羊毛党。他们有的人单兵作战，有的人形成了组织，每天泡在网贷论坛中，对各大P2P平台的优惠活动如数家珍，一拥而上地投资新平台和新手优惠标，快进快出，月入几万元甚至几十万元。

他们光顾过的平台，有些因被过度薅羊毛而破产倒闭，所以有人戏谑他们是初级的金融诈骗犯。他们是谁？他们不是谁，他们是追逐高收益的你我他，你只看到他们薅羊毛的风光，没看到他们也会因薅羊毛误入诈骗平台成为受害者。还有些人，在虚拟货币中看到了希望。这些被时代焦虑裹挟的年轻人，错过了房地产的黄金时代，把虚拟货币当作下一个时代大风口。对于很多人而言，投资虚拟货币可能是此生实现财富自由唯一的机会，这大概就是他们所谓"一辈子必须上一次车，不上车就会被丢在荒郊野外"的无奈吧。

他们看到币圈诞生了一个个隐形富豪后，感觉自己错过了一个亿，在焦虑中加入其中，成为炒币的一员。他们是在生活与工作的重压下喘不过气的普通白领，眼看三十而立仍无房无车，期待着虚拟货币的投资能换来让自己立足的车子和房子；他们也是衣食无忧但永不满足的上进青年，总觉得不应错过每一个"时代"机遇，要创造属于自己的辉煌与荣光。

每个投机者都有一个发财梦，每个投机者也都找到了投机的理由。

内在的逻辑：前人都赚钱了

作为一个局外人，耳闻投机党的故事，难免认为他们在刀口舔血，都是刀锋上的舞者。而在他们自己看来，他们从事的是低风险的事业，稳赚不赔，只是要多花些心思和精力，比一般人辛苦一些。他们的逻辑是什么？因为有人这么赚过钱，赚了好多钱，而且不是一个人，是一批人；不是一时赚钱，是好多年都赚钱了。可不是嘛？牛市结束前，追涨停的人、配资炒股的人都赚了大钱。别人用10倍杠杆，一个涨停就翻倍；我保守一些，用3倍杠杆，一个涨停赚30%行不行？

炒房团更是不灭的神话。例如，老公辛辛苦苦办企业赔钱，反倒是天天逛美容院偶尔炒个房的老婆赚了大钱来养家。我省吃俭用多买套房等升值，难道有错吗？房地产升值财富人人有份，我为何不能炒房？

P2P行业中的羊毛党也很厉害，他们有很多高科技的"薅羊毛绝技"，月入数十万元。我是个胆小的人，也没那么多本钱，只不过比别人多花点工夫研究新平台和新手标，多赚个三五块钱而已，犯得着上纲上线吗？

当一个人对一件事赋予了太多的内涵与寄托后，性质就难免发生变化，从最初的赚钱投资慢慢地成了一种令人感动的精神信仰，而信仰的力量，无坚不摧。当投机成为一种信仰，每一次风险提示都被视作一种挑衅，只会激起投资者的斗志。对于虚拟货币投资，已经封神的巴菲特早就提示说"总体而言，就加密货币来说，我几乎可以肯定地说，它们会有一个糟糕的结局……至于什么时候发生或如何发生等，我并不知道"。

而投资者则拿著名的"克拉克三定律"来反驳，暗示巴菲特已年高德劭、顽固不化："①如果一个年高德劭的杰出科学家说，某件事情是可能的，那他可能是正确的；但如果他说，某件事情是不可能的，那他一定是不正确的。②发现某件事情是否可能的界限，唯一的途径是跨越这个界限，从不可能跑到可能中去。③任何非常先进的技术，初看都与魔法无异。"

在这个逻辑下，权威专家们越是提示风险，这件事就越靠谱，越要买买买。是的，他们的逻辑就是，他们没有冒险，他们只不过善于把握机会，他们才是风口上的猪。从过往的历史和周围人的经验看，这么做一直是赚钱的，风没有停的意思，干嘛不多飞一会儿呢。

注定的悲剧：感恩节前的火鸡

《黑天鹅》的作者曾提出一个火鸡理论，很适合在这里分享：一只火鸡被屠夫喂养了1 000天，每增加喂养一天，在火鸡看来，屠夫对火鸡的爱的"统计置信度都与日俱增"，基于过去的经验，火鸡推断，屠夫是爱自己的，否则不会日复一日地喂饱自己、照顾自己。所以，自己目前所处的环境是稳定和安全的，并会持续下去。然而，到了感恩节的前几天，火鸡的生命中出现了黑天鹅，这时火鸡才发现,原来自己是被养来做肉的……

天下没有免费的午餐。这是一句足够浅显的话,浅显到没有人会注意到其内在的深刻含义。那些刀锋上的投资者(投机者),何尝不是一只火鸡,在时间的长河中,他们日复一日地经历着投资上涨或还本付息,固执地认为未来也一样。他们不知道的是,他们每个人,或早或晚,都会遇到一个属于自己的"感恩节"。过去几年,不同领域的"火鸡"都碰到了自己的"感恩节",金钱被收割,暂时清醒了过来。但人性不灭,相信过不了多久,我们大多数人依旧会在某个领域变成"火鸡",幻想着屠夫是爱自己的,浑然忘记自己是被养来做感恩节大餐的。

你的生活是否已经被 "超前消费"绑架?

最近,一个扎心的名词——"隐形贫困人口"走红网络,用以形容这样一类人:朋友圈光鲜亮丽,看似生活格外精致,实际上口袋空空如也;他们看上去很富有,实际根本存不下钱,甚至在"负翁"的道路上越走越远……不少年轻人对此感同身受,感叹自己就是"隐形贫困人口"。究其原因,他们越来越热衷于超前消费,喜欢"花明天的钱,过今天的瘾"。殊不知,自己已经掉入超前消费的陷阱之中。

有多少人在超前消费？

时下，伴随着互联网的飞速发展与革新，种种消费金融产品令人目不暇接，年轻人的消费观念也在由传统的"量入为出"向着"超前消费"悄然转变。

光大银行、苏宁易购等各大品牌联合发布的《2017年轻人消费趋势数据报告》显示，月收入在4 000元以上的年轻人办理信用卡的比率超过76%，且超前的信用消费已被大部分中高收入年轻人所接受。蚂蚁花呗发布的《2017年轻人消费生活报告》指出，在中国近1.7亿的90后群体中，开通花呗的人数超过了4 500万，即平均每4个90后就有1个使用花呗；而在购买手机时，76%的年轻用户会选择分期付款。

这种现象的发生，主要有三点原因：第一，在经济全球化的大趋势下，国人的消费习惯受到了西方思维的影响，人们越来越倾向通过借贷等方式来满足当前的消费需求，年轻人自然也不例外。第二，年轻人普遍对新鲜事物充满好奇心，而互联网技术的快速发展带来了层出不穷的小额信贷产品，刚好迎合了年轻人"猎奇""尝鲜"的心理。第三，年轻人有着较高的边际消费倾向。从买房、买车、买数码产品，到旅行、娱乐、健身等，年轻人需要花费的领域比其他年龄段的人要多，再加上80后、90后与00后们的成长刚好享受到了国家经济崛起的红利，较为富足的物质条件更加抬高了他们的边际消费倾向，但由于刚刚参加工作不久，收入水平普遍不高，因而他们更愿意超前消费。

此外，在这个互联网营销的时代，不少商家都在鼓吹年轻人应该"及时行乐，该买就买"，这也在一定程度上助长了年轻人的冲动消费、超前消费。

警惕超前消费的陷阱

平心而论，适度的超前消费是有好处的。对于年轻人来说，适度负债的他们会时刻感受到生活的压力，保持一定的危机感，从而不会懈怠工作，无形之中可能会获得更大的成长与收益。然而，过度的超前消费往往会适得其反。现阶段的年轻人，大多是独生子女，心智尚欠成熟，对于理性消费的把控不够，在面临诱惑时，往往不能全身而退。此外，国民经济的发展与人们生活水平的提高，让年轻人对物质的追求也不断攀升，而当前盛行的消费主义之风加重了他们的超前消费行为。

国际环保组织绿色和平于2017年发布的报告指出：中国（内地）大陆的消费者购物过剩现象突出，有82%的受访者表示看到别人穿好看的衣服也想买一件，72%的受访者表示看到社交网络上的穿搭美文会引发其购买的欲望；49%的受访者表示会因为偶像代言产品而冲动购买一些不需要或不适合的东西，这一比例明显高于中国香港、中国台湾、德国、意大利。其中，年轻人居多。

可是，大多数年轻人收入有限，过度的超前消费会导致个人储蓄的减少或负债的增加，从而导致个人抵御风险能力的降低。当还不起债务时，他们便会向父母求助，这就加重了家庭负担，甚至有些心理承受能力弱的人，会选择结束生命来躲避债务。

不少年轻人在高负债

还有一点不能不提——当前不少年轻人正在被长期高额负债所累。尤其是对于一、二线城市的年轻人来说，高企的房价让他们因买房而不得不早早背负起为期二三十年的巨额债务。据《2017年中国家庭金融调查报告》的城镇样本数据显示，参与负债的城市家庭大部分是年轻家庭，而30岁以下的年轻家庭的负债参与率与30~44岁中年人群的负债参与率接近，也远高于其他年龄群体（如图1-2所示）。这表明，年轻人已经成为负债一族的主要成员。

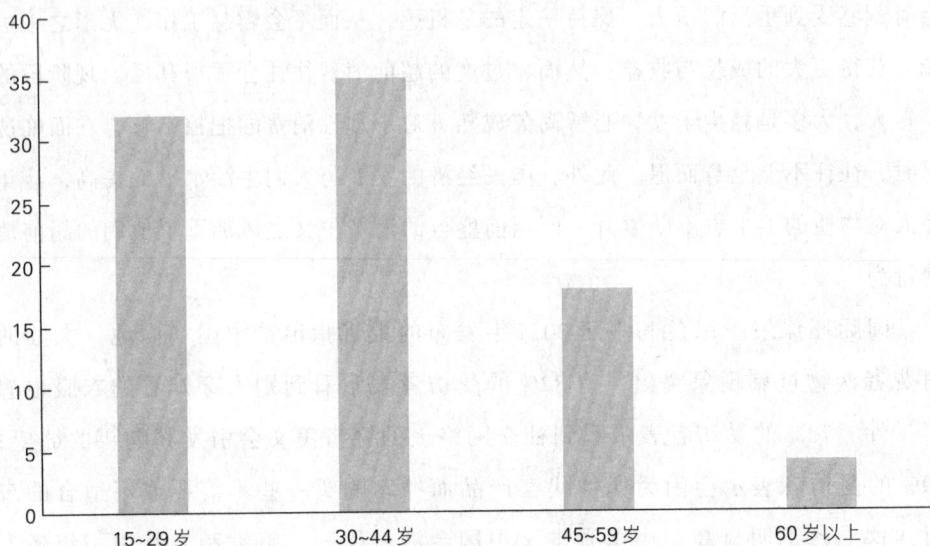

图1-2　不同年龄段人群的住房抵押贷款参与率（%）

数据来源：《2017年中国家庭金融调查报告》的城镇样本，苏宁金融研究院整理。

注：年龄主要指户主年龄。

另外，从衡量居民负债程度的居民杠杆率来看，1996年全国居民杠杆率只有3%，2008年也仅为18%，但从2008年以来居民杠杆率开始呈现迅速增长态势，截至2015年，短短7年间翻了近3倍，截至2017年年底，我国居民杠杆率已经逼近50%，这高于国际上新兴市场的平均水平，且杠杆上升速度超过大多数发达国家。而我们在警惕居民杠杆率过快上升的同时，还应注意到，在一、二线城市中被迫以各种形式举债购房的年轻人，很可能是中国社会居民杠杆率最高的群体，他们的金融脆弱性也是最高的。

你是在理性消费吗?

可即便如此,人们的消费热情并没有衰减。新华社2017年对全国44个城镇约1万名消费者展开的调查显示,约八成的受访者认为未来5年内,家庭收入将出现明显增长,中国消费者的信心达到近10年来的新高。

与此形成鲜明反差的是,在西方国家,一次次因过度超前消费所致的经济危机与泡沫破灭,令其民众的消费观日趋保守。在一项针对美国年轻人的调查中,60%的受访者表示他们没有买过单件价格超过2 000美元的产品,超过一半的人在电子产品上的花费没有超过500美元。哪怕是在美国消费信贷中体量最大的学生信贷,主要方向也是协助完成学业,而不是物质消费。

我国的年轻人或许也该学会理性消费。一方面,秉承"购物根据实际需要"的理念,花钱量力而行,在分期付款前,考虑清楚能否按时还款保证信用;另一方面,如果的确需要分期购买,那么就要保证按时还款,做好还款规划,以确保自己的诚信记录。

家庭财务健康诊断的方法

近些年来,杠杆率成为一个高频词汇,它映射到我们每个家庭,就是家庭的负债率。快速攀升的负债,对于家庭来说,犹如悄然逼近的水下冰山,需要我们谨慎应对,其中重要的一环就是做好家庭财务健康诊断。

快速攀升的家庭负债

衡量家庭负债水平的一个常用指标是居民部门杠杆率。从图1-3可以看出，自2008年以来，我国居民部门杠杆率快速上升，从2008年年初的18.8%上升到2018年年末的52.6%。

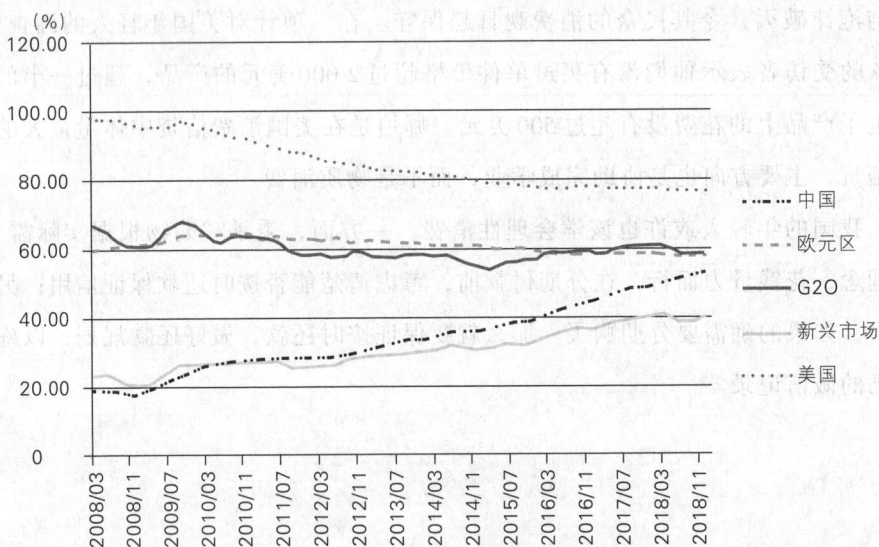

图1-3　中国、美国、G20、新兴市场和欧元区居民部门杠杆率

数据来源：国际清算银行，苏宁金融研究院整理。

国际清算银行在计算居民杠杆率时，其分子采用的是存款类金融机构信贷收支表中的住户贷款，其分母是GDP。这种计算方式方便进行国家间的比较，但具体到我国，可能低估了居民部门的杠杆率，原因主要有以下两点：第一，2017年我国城镇家庭的信贷参与率只有3成多，如果把农村家庭囊括进来，这个比例更低，也就是说，大量的家庭其实是无法从银行等传统金融机构获得贷款的，他们只能通过民间借贷或者通过P2P等渠道获取所需要的资金，而这部分负债没有被记入国际清算银行的住户贷款。第二，国际清算银行为了让不同国家的居民债务水平可比，采用居民部门负债/GDP来测量居民部门的杠杆率，这样计算可以消除国家和地区因经济体量不同对债务总量产生的影响，但它忽略了不同经济体中GDP在不同部门（政府、企业、居民三者）之间分配的比例不一样，用GDP做分母难以准确计量居民的偿债压力。

为了解决这个问题，我们用居民的可支配收入来替代GDP作为分母，发现中国家庭负债的情况更为严峻（如图1-4所示）：2017年住户调查口径下的中国居民债务/可支配收入之比为111.2%，超过美国的102.5%。

—— 中国家庭债务/可支配收入（%，住户调整）　　—·—· 中国家庭债务/可支配收入（%，国民核算）
—— 美国家庭债务/可支配收入（%）　　·········· 日本家庭债务/可支配收入（%）
—·—· 英国家庭债务/可支配收入（%）　　—— 法国家庭债务/可支配收入（%）

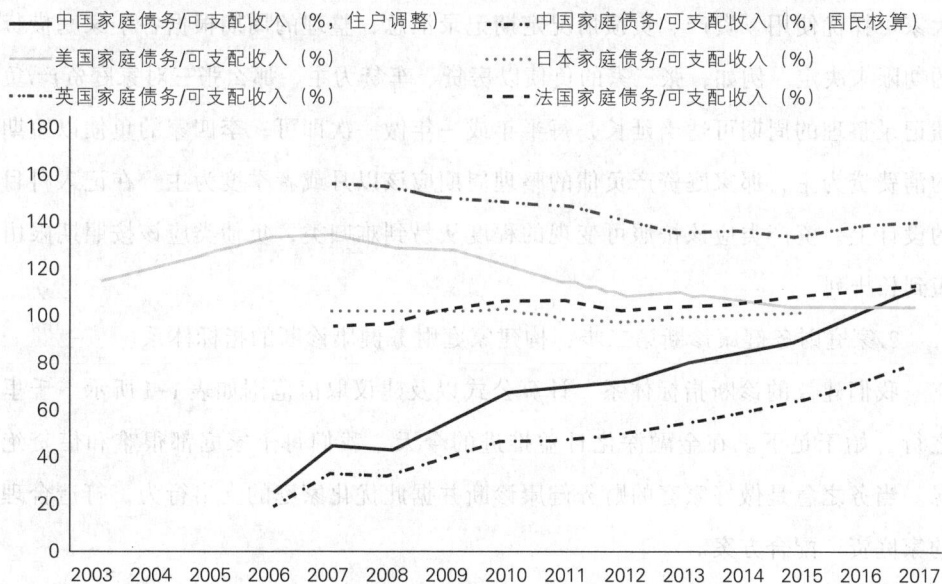

图1-4　居民负债/可支配收入（中国及部分发达国家）

数据来源：李奇霖. 深度解析居民杠杆［EB/OL］.（2019-02-26）. https://baijiahao.baidu.com/s?id=1626519162611318625.

如何做家庭财务健康诊断?

快速攀升的家庭负债,要求每个负债家庭做好家庭的财务健康诊断,未雨绸缪,防患于未然。

1.家庭财务健康诊断第一步:复原家庭的资产/负债、收入/开支。

家庭财务健康诊断的第一步是理清家庭的收入、开支以及资产和负债状况。收入、开支每天记录,定期(例如每周或者每月)整理汇总。在记入科目上,除了根据用途分类以外,建议再增加一个标签:正常/非正常收支。目前,一些财富管理机构和互联网金融平台都开发了用于记录个人或家庭开支状况的"记账本",大家可择优使用。资产、负债情况定期记录汇总,整理的周期根据各个家庭借贷的期限来决定。例如,张三家的负债以房贷、车贷为主,那么张三对家庭资产/负债记录整理的周期可适当延长,每半年或一年做一次即可;李四家的负债以短期的消费贷为主,那家庭资产负债的整理周期应该以月或者季度为主。在记入科目的设计上,资产类应该按照可变现的程度从易到难归类,负债类应该按照期限由短到长排列。

2.家庭财务健康诊断第二步:构建家庭财务健康诊断的指标体系。

我们建议的诊断指标体系、计算公式以及建议取值范围如表1-1所示。千里之行、始于足下。在金融深化日益推进的今天,我们每个家庭都很难和借贷绝缘。当务之急是做好家庭的财务健康诊断并据此优化家庭的支出行为,打造合理的家庭资产配合方案。

表 1-1   家庭财务健康诊断指标体系

指标名称及含义	计算公式	建议值
储蓄比率：反映家庭控制开支和财富积累的能力	家庭每月（年）的储蓄额/每月（年）收入	>0.4
流动性比率：反映家庭抵御意外情况的能力	家庭流动性资产/每月支出	3~6
资产负债率：衡量家庭资产结构是否合理，是否会因为负债太多引发风险	家庭总负债/总资产	<0.5
债务偿还比率：衡量家庭负债与收入是否匹配	家庭每月偿债额/每月收入	<0.35
投资与净资产比率：反映家庭资产中增值性资产所占比例，用以衡量家庭资产的增值潜力	家庭投资资产/净资产	>0.5
保费支出比例：反映家庭财产保障能力	家庭年保费支出/家庭年税后总收入	>10%
风险资产占比：反映家庭配置预期收益率比较高、风险也比较高的资产的比率	风险资产（例如股票、基金、黄金、信托、外汇等）/家庭总资产	（100-年龄）/100
财务自由度：反映家庭在财务方面的自由程度	家庭投资性收入（非工资收入）/日常消费支出	>1

制表：苏宁金融研究院。

第 2 章

贷款常识

当贷款像水一样，无处不在

梭罗在《瓦尔登湖》中曾这样感慨："人们已经成了自己工具的工具，那位饥饿时自发采摘果子的人成了农夫，那位站在树下求荫庇的人成了户主。现今我们不再露营过夜，而是定居于大地，遗忘了天空。"当精力被物欲攫取，人们丧失了探求精神生活的兴趣。当消费生活被贷款裹挟，我们失去的，也许是生活本身的意义。消费贷款正在像水一样，无处不在、触手可及。不过，当你得到一样东西的同时，你也在失去一些东西。

消费贷款，无处不在

2015—2018年，"新晋"贷款人超过2亿，相当于90后的人口总和。这些人受惠于消费金融的大发展，摆脱了无贷户的标签。据估算，2018年年末，央行征信系统中有信贷记录者达到5.4亿人（截至2017年年底，有信贷记录者4.8亿人，同比增长12.3%，按此增速估算，2018年年末将增至5.4亿人），较三年前增加1.6亿人。再加上不纳入征信的现金贷和超利贷，至少有2亿人迈入借款人的阵营。2亿"新晋"借款人，成为消费金融风口里的中坚力量，那些追逐风口的机构，赚得盆满钵满。2015—2018年，五家消费贷款类上市互联网金融平台（乐信、趣店、宜人贷、拍拍贷、51信用卡），净利润从亏损13亿元，变成盈利

100亿元。银行也不甘示弱，同期派发了2.5亿张信用卡。以招商银行为例，信用卡业务收入接近翻倍。

一向崇尚节俭的民族，怎么突然爱上了借钱？消费金融的风口，到底从何而来？我想，可以从供给侧、需求侧、科技侧三个层面来解读：

1.供给侧，金融机构愿意贷。存款资金就那么多，借给个人多了，留给企业的就少了。银行为何更愿意借钱给个人呢？

银行的贷款投向围绕着经济结构转。2010年以来，投资对GDP增长的贡献率下降34个百分点，消费成为稳增长的功臣（贡献率提升31个百分点）。此消彼长之间，经济层面是消费对投资的替代，在银行贷款投向上，则是零售贷款对企业贷款的替代。银行业零售转型大幕开启，不论大小，大家都把宝押在消费者的贷款需求上。

2.需求侧，要看谁在借钱。"牵马到河易，强马饮水难"，放贷机构再热情，借款人无意申请，也是徒然。截至2018年年末，借款人共计把48万亿元银行债务扛在肩上，约合每人欠银行3.4万元，这里面，近一半的钱都是在2015—2018年攒下的。究竟是谁在借钱呢？

借钱消费，对一部分人来说，是对金融机构资金的无偿占用，属于有钱人借钱，不借白不借——如信用卡、蚂蚁花呗、苏宁任性付等产品，有20~50天不等的免息期，用了白用，为何不用？对另外一些人来讲，这是对未来收入的提前支用，是真的缺钱，又真的想花钱——或日常应急，或购房买车，或心痒难耐、必须买买买。这里面，有些借款需求大致是稳定的、理性的——如有钱人借钱，看中的是免息期，可说是刚需；缺钱人借钱应急，一刻也不能缓；借钱买房，那可能是基于结婚压力——线性增长，不会在行业里搅起波澜、掀起风口。有些借款需求，受欲望支配——如大学生借钱买苹果手机、潮人借钱买名牌包和天价化妆品——寅吃卯粮、继而成瘾，才会搅起非理性的泡沫，在短期内迅速膨胀，成为风口的助力。这类借款需求、这类借款人，才是我们关注的对象。

3.科技侧，让贷款像水一样。科技是中性的，但中性的科技是催化剂——拓展了放贷人的边界，放大了借款人的物欲。大数据技术带来了纯线上实时审批，缓解了欺诈难题，大幅压降人力成本和风险成本，让千元小额贷款也有利可赚。

插上科技的翅膀，贷款产品的种类和数量快速膨胀，大额的、小额的、长期的、短期的，等额本息的、先息后本的，应有尽有。于借款人而言，之前有馒头吃就满足了，现在被科技领入信贷产品的自助蛋糕店，眼花缭乱，还没怎么尝，肚皮都快被撑破了。消费金融怎会不繁荣？

不断吸水的海绵

据联讯证券统计，2017年，居民可支配收入中用于还本付息的比例为9.6%（城乡调查口径，2018年更高），也就是说，在100元可支配收入中，要先扣下10块钱偿还债务，剩下的钱，才能去支付各种生活账单——交房租、付水电费、吃饭、穿衣、育儿、为培训班埋单等。

只有十分之一用于偿还债务，压力不算大，但这是14亿人口的平均值。平均值里，一向暗藏乾坤。如2018年年末招商银行零售客户的财富结构：共1.2亿人，总资产6.8万亿元，人均5.67万元；拆分来看，81%的资产掌握在1.88%的人手中，人均233万元；剩下98.12%的人，人均资产1万元。三个数字（5.67万元、233万元、1万元），天壤之别。同样，拿14亿人做基数，还债只占可支配收入里的十分之一；对于贷款买房的白领来说，还债支出可能占到可支配收入的百分之四五十（贝壳研究院发布的《2018年全国购房者调查报告》显示，90后平均月供收入占可支配收入的百分比为43.5%，80后为40.8%，80前人群为32%）；若是刚入社会的月光族，还债支出可能占到可支配收入的百分之七八十，甚至超过百分百。

融360发布的一项调研报告显示，近三成的受访人借钱用来还债。对这些人来说，还债支出早已超过可支配收入，需要拆东墙来补西墙。负债本是基本的经营运作。在经济学框架里，资金和劳动力、土地、技术创新等一同构成基本生产要素，多一个劳动力就能多生产一份产品，投入更多资金才能有更多的收入。对于企业而言，负债司空见惯，从银行贷款购买更多机器、建造更多厂房、生产更多产品、换取更多收入，还本付息后，绝大部分投资都变成了净利润。所谓的白手起家，讲的就是善用负债的例子——自己一分钱也没有，全靠借钱负债，赚取第一桶金。这就是杠杆（债务）的魔力。在生产经营的过程中，资金是生产要素，是钱生钱的种子。如果在土里埋入100元钱，可以长出200元钱来，那么还钱不成问题，自然借钱也不成问题。在生活消费中，却是另一个逻辑。资金只是等价交换物——换取食物、衣服和各种服务，100元钱用于消费，不会生出更多的钱来，很快，连这100元钱也像冰块一样，融化漏尽了。所以，若习惯借钱消费，还钱终会成为问题。消费贷款的危机在银行业历史上一再上演，根子就在这里。

国际清算银行曾公布43个国家和地区的居民杠杆率。截至2018年6月，我国居民杠杆率50.3%，居25位，不高不低，与发达国家整体72.4%的水平比，还有空间。贷款如水，借款人如吸水的海绵，从我国居民杠杆率看，这块海绵还能再吸几年水。这对放贷机构是好消息，消费金融风口犹在，还可继续放水。当然，它们是不会错过这个机会的。可站在特定群体的视角来看，海绵里的水太多，该挤一挤了。

活在别人的铜板里

负债，拉丁语称之为"别人的铜板"。借了别人的铜板，就活在了别人的铜板里，为别人的铜板而活。没人承认自己为了债主而活，我们每个人都在为自己而活，为了活得更好，才会不断借钱消费——花未来的钱，"投资"今天的自己。"会花钱才会挣钱"；"有压力才有动力"；"不逼自己一把，永远不知道自己多优秀"……在那些所谓心灵鸡汤的喂养下，我们活在别人的眼光里，活出了不真实的自己。每个人都很焦虑，都在追求速成的法子——我们没时间读名著，只能从别人的付费专栏里吸收浓缩版的精华；我们没时间脚踏实地学知识，只能从成功学培训班里寻求各种成功的捷径……

在我看来，很多人之所以对高额负债毫无心理压力（还本付息的压力还是有的），本质上也在追求速速成功。量入为出、挣一分钱花一分钱，多慢啊，我们要享受高配人生，如此迫不及待，以至于把各种贷款App活成了生活必需品。

有人说，大学生横下心来买苹果手机与年轻人举债买房是一回事，都是欲望跑在了收入前面。可为何年轻人集四位老人之力买房，上可造福社会苍生（否则各大城市也不会大肆抢人落户），下可增强个体魅力（起码在丈母娘眼里如此），而当你借钱去买昂贵的手机、包和化妆品时，就要听人说教、受人聒噪呢？负债百万元买房，大不了可以卖房还债；负债5 000元买个苹果手机，把旧苹果手机卖掉能把窟窿堵上吗？就好像同样是大学生借钱，国家大力支持助学贷款，却将校园现金贷视作洪水猛兽，是因为性质不同。因接受教育借钱，大家都没意见；为一时享乐借钱，务必要注意尺度。可很多人把握不好尺度，借的钱越多，压力越大，维护原有资信水平的难度越大，一个不小心，就下沉成了超利贷平台的用户。

一本智库曾做过用户调研，显示高达92.7%的超利贷用户，借钱原因是"逾期记录过多、用于还款和网贷太多"。钱借太多了，终于借到了高利贷平台那里。

金融机构为了赚钱，仍在不遗余力地推销贷款——你每每读了三篇暴力催收和高利贷的新闻稿，接下来就有两篇广告在极力鼓吹"贷款生活、消费升级"的美妙；你每每接到信用卡中心的来电，十通电话中总有十个话务员劝你把账单分期或购买一款保险，几乎没有人关心过你的用卡体验。不能指望金融机构主动收手，事实上也没人在乎你是否已债台高筑，除了你自己。可你会在乎吗？你能卸下面具，走出"别人眼光"的阴影，量入为出地节俭生活吗？恐怕很难。

梭罗（还是文章开头那个梭罗）曾对时装和时髦发了一通感慨："我找裁缝做某种式样的上衣时，她郑重地告诉我：'人们现在都不这样穿。'她不动声色地提到'人们'，好像在引用命运女神那样绝对的权威。……听到这神谕一般的判决时，我沉吟了片刻，对着判决字斟句酌，以图领会个中意味，好让我搞明白'我'跟'人们'到底有多深的血缘关系，他们如此急切地用以干涉我私事的权威到底是什么。"不要活在别人的眼光里，也别活在别人的铜板里。

钱是什么？

以科技为支撑，贷款正像水一样，滴灌着经济体中的每一个角落，普惠金融孜孜以求的目标——让人人都能享受贷款的便利，正日益临近。但借款负债犹如一把利刃，并非每个人都能自如掌握。负债率是衡量企业健康状况的核心指标，多少大企业辉煌一时，却一朝毁于高负债之下。个人也是一样。钱是什么？钱是为了换取物品而需要的那部分生命。你提前享受了所谓的高配生活，也提前支用了未来拼命挣钱还钱时的那部分生命。可生命的意义就在于此吗？

贷款像水一样，无处不在。当借钱越来越容易时，借钱也该越来越谨慎。

年轻人是如何一步步
沦为过度借贷人的？

"为何现在的年轻人越来越习惯于借钱"？对这个问题，我们可以站在不同的视角给出不同的答案。从需求角度看，年轻人没有钱，所以才借钱。像那些手握存款苦寻安全高息理财产品的人，有大把的低息贷款可供选择，他们看都不想看。从供给角度看，银行零售转型，互联网金融平台崛起，消费金融迎来了前所未有的黄金期。贷款体验前所未有地便捷，贷款产品也前所未有地丰富，一如货架上琳琅满目的商品总能刺激消费者的购买欲，供给本身就能创造需求。从消费场景看，购物消费已经"入侵"生活的方方面面，朋友圈中有微商大军、有社交拼购，直播平台里有网红带货，内容社区里更是"种草"泛滥……买买买的背后，消费贷款大放异彩。

这些因素互为因果、相互强化，慢慢地，年轻人习惯了消费时去贷款，大家也习惯了年轻人用贷款去消费。不止消费，但凡工资能做到的，贷款都能做到，作为"未来"的工资，贷款已进入生活的方方面面，化为生活的一部分。当贷款成为一种生活方式，消费升级如约而至。

消费升级背后的驱动力

消费升级的背后，有两大驱动力：一是中产阶层的崛起，得益于人均收入的逐年提升，据悉这部分人群有2亿人左右；二是消费贷款的鼎力支持，让收入不足的人也能触及中产阶层的生活品质。这部分人群，也在2亿人左右。中产阶层的崛起，带来了城市消费升级，是个渐进的过程；而消费贷款的普及，则发掘出下沉市场的消费潜力，表现出相当的爆发性和突发性。"下沉市场"一词，于2017年左右为人所知，首先是"快手"走入大众视野，满足了大众人群的猎奇心理；直至"拼多多"来了，市场一下子感受到下沉市场的消费潜力。在这种突发性认知的背后，消费贷款的爆发式增长应居首功。有了额外2亿人的消费加持，消费升级显著提速。

从宏观上看，消费已成为拉动经济增长的主力，2018年76%的GDP增长靠消费，相比2014年提升27个百分点。从中观上看，50%的新车和30%的二手车销售靠贷款，一半以上的学员贷款付培训费，以至于汽车、教培、医美等大额消费行业早已与金融机构紧密捆绑。分期付款与大额消费天然契合，心理学家早就给出了答案——"一旦给出分期付款的选项，人们的注意力往往集中在每月付款额上，不再留意还款的时间"。通过延长分期年限降低单月支出，大额消费将变得与小额支出一样随意。从微观上看，消费者用贷款追求中产阶层的生活，租更好的房、买更贵的手机、追逐更多的潮牌新品。据苏宁金融2018年的双十一战报，任性付当天24期分期贷款同比实现5倍增长，戴森吹风机、华为手机、iPhone新品、联想轻薄本、西门子洗碗机等成为被追逐的爆品。被消费，是市场经济所有产品和服务的最终归宿。消费升级，为各行各业提供了新的刺激、新的机会。

过度负债如影随形

任何事都有两面性，当贷款成为一种生活方式，过度负债也必然如影随形。大多数人，用贷款改善生活，也总会有一些人，被贷款改变生活，沦为为贷款而活。在统计数据中，国内居民的杠杆率只有55.3%（2019年6月末），仍处于较低水平；但在新闻案例或调研报告中，年轻人的杠杆率已让人侧目，引发无限担忧。越是吃不饱的人，越容易撑着。年轻人群、低收入群体，长期处于"贷款饥渴"状态，一旦贷款变得"唾手可得"，往往会来者不拒。当"每个成年人都值得1万元贷款"的理念被宣传开来，消费贷款不仅是促进消费升级的美好工具，也成为摧毁一些人美好生活的罪魁祸首。国内外，概莫能外。

英国金融行为监管局曾做过一次大规模调研，数据显示，2016—2017年，英国城市居民消费贷款使用率为77%，农村地区略低，但也高达68%。其中，15%的英国人存在过度借贷问题，在伦敦，这一数字则为17%。从国际经验看，对借款的倚重，已经是普遍现象，经济越发达，借贷越普遍。从居民杠杆率国际对比看，2018年，发达国家居民杠杆率平均为72.1%，而发展中国家仅为39.9%。国民收入水平越高，负债率也越高。看上去，高杠杆似乎有一种必然性，是经济高速发展后的必然结果，为何如此呢？我们固然可以从宏观视角找出种种理由，但为了让读者更容易理解，我想从微观个体视角找理由——人是一种非理性动物。

先看一个相似的例子。众所周知，越是发达国家，肥胖问题越严重。从宏观视角找原因，饮食结构与快餐文化、食品产业及舆论引导、生活节奏及工作压力等都是原因，但具体到每个人，不过是理想身材与口腹之欲之间、理性自制与感性冲动之间的矛盾，我们总是控制不住自己罢了。从各国经验看，只要食品供给充足、价格可承受（小康社会的基本标准），肥胖总会发展为社会问题。如美国70%的成年人超重，其中近40%的人可称之为肥胖。不只欧美国家的肥胖人群数量巨大，步入小康社会的中国也不甘落后。据医学杂志《柳叶刀》的数据，2018年我国有9 000万肥胖人群，其中1 200万为重度肥胖，居全球首位。虽然世界卫生组织早已发出警告，超重和肥胖是全球第五大致死原因，但依然无法阻止全球每年有约280万人"因胖致死"。

在某种意义上，过度借贷也是如此。人人都知"借钱一时爽、还钱火葬场"，但依靠自制自律，无法阻止一个"借款人"变成"过度借款人"。于是，我们对"贷款成为一种生活方式"的关注，也不应再局限于对年轻人消费观念改变的感慨，而是付诸行动，拯救那些陷入"过度借贷"泥潭的年轻人。

我们能消除"过度借贷"吗？

我们虽然不能对每个人每顿饭摄入多少热量设上限，但能对借款人的借款额度设上限。所以，解决过度借贷并非无计可施。先来看看监管机构常常使用的"三板斧"：

一是严打高利贷、套路贷，废除不合理的债务，减轻还款负担。不仅中国监管者如此，世界各国莫不如此。如英国FCA曾于2014年出台规定，将现金贷总成本（包括利息和所有其他费用）控制在本金的100%以内，以确保"任何借款人的还款额都不会超过其借款额的2倍"。

二是严打暴力催收，让欠钱的人也能体面生活，保障其合法权益。严打暴力催收，能够给借贷行为圈定边界，避免借贷从一种金融现象演变成社会现象。毕竟，相比贷款逾期后的不良损失，暴力催收衍生的社会问题更加棘手难控。

三是严格贷款发放关，以管控多头借贷为抓手，避免债务滚雪球。明确单一借款人的最高额度和余额，这一点最关键，理论上可完美避免过度负债问题。但在现实中，金融机构既无从得知借款人的真实负债，更无从得知借款人能承受多少负债。

纵观这"三板斧"，确保借款人在借贷过程中受到公平合理的对待是可以实现的目标，至于过度借贷问题，虽然需要监管方面付出更多努力，但从结果上看，更多地取决于借款人自身。正如不少心理学家相信，"要让消费者控制预算，需要消费者具有惊人的自制力"。作为消费者，不能避免冲动消费，作为借款人，往往也不能避免过度借贷，内在的原因，实际上是一致的。

1930年，"宏观经济学之父"凯恩斯在《我们后代在经济上的可能前景》一文中，认为科技进步带来物质的极大丰富，以至于100年后的人类将无须劳动，反而会为无处不在的闲暇担忧："人类自从出现以来，第一次遇到了他真正的、永恒的问题——当从紧迫的经济束缚中解放出来以后，应该怎样来利用他的自由？科学和复利的力量将为他赢得闲暇，而他又该如何来消磨这段光阴，生活得更明智而惬意呢？"他还乐观地憧憬道："他们不会为了生活的手段而出卖自己，能够使生活的艺术永葆青春，并将之发扬光大，提升到更高境界。"

事实如何呢？诺贝尔奖获得者阿克洛夫在《钓愚：操纵与欺骗的经济学》一书中写道："2010年，一个普通美国家庭的储蓄，包括现金、支票、银行存款等（这些家庭几乎不持有债券和股票），不超过家庭月收入。"

人们依旧在为经济问题奔波。梭罗曾在150年前评论当时的美国生活，说"大多数人都生活在平静的绝望中"，仅从经济角度看，这句话在150年后依然适用——很多美国人依旧为债务所困，高负债的背后，何尝不隐藏着一种平静的绝望。当然，并非美国不够富强，阿克洛夫认为，这是现代消费主义盛行的必然结果，即便人均收入再增长5倍，可能还是这样的结果。现代社会中，借贷、消费、生活，在某种程度上已经融为一体。过度借贷，绝不仅仅是个金融问题，已经深深融入社会生活中，甚至成为文化的一部分。

病态与常态

在很多人的观念里，"过度借贷"都是一种社会病态。问题是，过度借贷，似乎正成为现代社会的新常态。当"病态"变"常态"，病态还是病态吗？

历史学家吕思勉曾这样总结社会风气的演变规律、"大多数人的见解，是不能以逻辑论的，而其欲望之所在，亦是不可以口舌争的。然人的见解，常较时势为落后。人心虽以为允洽，而时势已不容许，总是不能维持的。"人的见解，常较时势落后，把这一精辟的总结用于负债，我想也是恰当的。勤俭节约一直是传统美德，当年轻一代把借钱当作生活方式，叔叔阿姨辈，总会以不解的眼光去警示风险，大谈特谈"借钱生活是一种病态"。

问题是，当下年轻人借钱生活，究竟是以苦涩收场的文化异动，还是开社会潮流之先河呢？恐怕还无法断言。如果把借款比作诱人的高热量食品，那谁又有力量能阻止年轻人为满足口腹之欲而大吃特吃呢？我们当然应该努力去控制高负债，但起码就现阶段而言，我们还是要学会与高负债共存——控制它，也接纳它，看社会的发展，究竟把我们带向何处。

当代年轻人敢于借钱的 | 底气何来？

年轻人越来越习惯借钱，习惯地认为这是理所当然的；人们痛惜年轻人爱借钱，也痛惜他们认为这是理所当然的。人们讲，是消费主义误导了年轻人，是网络贷款祸害了年轻人，可年轻人，因为年轻，就这么容易被误导、被祸害吗？如果年轻人被误导了、被祸害了，是否监管强力纠偏后，消费金融行业的美好前景就要歇菜了？

中国有4亿中产阶层，4亿30岁以下的年轻人，这两个4亿人，是中国经济发展的最大底气，更是消费金融行业未来发展的根本依托。新中产阶层、年轻人为何爱借钱？在刻板的印象里，我们将此归结为冲动和不理性，但这只是一种想当然，年轻并不是鲁莽的代名词。我们要发掘一些更深层次的原因，以此来更好地理解他们，更好地理解行业未来的发展。

这代年轻人不一样

借钱的本质是"花未来的钱、办今天的事"，在我们老祖宗的观念里，也可称之为寅吃卯粮。寅吃卯粮即"今年吃明年的粮，明年无粮可吃"，是个负面信号非常强烈的词汇。传统文化不鼓励寅吃卯粮，自然也不认为借钱消费值得提倡。何以如此呢？

在漫长的历史长河中，战乱、饥荒连绵不断，深深融入我们祖先的记忆里，成为民族文化基因的一部分。最典型的是我们的饮食文化，花鸟鱼虫什么都能搬上餐桌，一块猪肉更是衍生出无数种吃法，是闲的吗？是饿的！我们都知道杜甫有句千古名言"朱门酒肉臭，路有冻死骨"。"冻死骨"这三个字里，不仅包括路旁的饿殍，更有杜甫的幼子，就在同一首诗里，杜甫写道"入门闻号咷，幼子饥已卒。""所愧为人父，无食致夭折。"对饥饿的恐惧一直在我们的文化血液里流淌，于是，越是对未来缺乏安全感，越是追求稳定和保障。

想一想，中国的家长为何如此注重教育。不仅自己费尽心力，连孩子也不得休息，千辛万苦、一切都割舍，只为让孩子考个好大学。因为考个好大学，才能找个稳定工作，工作稳定了，家长才能放心。一如美国学者傅高义在《日本新中产阶级》一书中总结的："对城市居民来说，在一个大公司工作带来的安全感，有些类似于土地与地方社区的归属感带给农民的安全感——能够提供他所需要的保障。"在这种文化的浸染下，谁又敢放心大胆地借钱消费、寅吃卯粮呢？不过，随着生活水平的不断提升、物质供给的持续丰富，社会在一点一滴消减我们的饥饿感，提升我们的安全感。拿70后、80后、90后来说，一代比一代生活富足，一代比一代思想解放，一代比一代敢于直面不确定性。

就拿公务员考试来说，70后和80后热衷追逐的国考，到了90后这里，便开始急速降温。从数据上看，2014年，也就是最年长的90后硕士毕业的第一年，公务员对年轻人的吸引力开始显著下滑。如果以考试人数/招录人数来衡量国考热度的话，2015—2018年，国考热度跌入历史低谷（2019年的回升与经济形势和就业形势有关），这背后反映了年轻人的心态变化——不再盲目追求保障与安定，更愿意拥抱变化的人生。这种心态，源自对未来生活的强大自信，换个角度看，这种自信也让年轻人敢于把债务扛在肩上。

日益提升的安全感

当然，自信不是凭空而来的，自信背后是日益提升的安全感。

一是长达几十年的经济持续高增长，消解了年轻人的物质焦虑。童年时期富足而幸福的生活体验，让90后对物质和享受有了不同的感受。同时，伴随着他们成长过程中的经济持续高增长，也培养了他们的文化自豪感、对社会的认同感。新一代年轻人对周遭和未来充满自信，对物质的忧虑几近消失。人类是个奇怪的生物，永不满足，衣食无忧后，便开始追问生活和生命的意义。生命的意义当然不止于囤积财富，此时，勤勉工作、储蓄理财等生存模式下的优点不再被奉为圭臬，年轻人开始强调工作与生活的平衡，开始追逐多样的人生。当年轻人可以轻松看待物质、看待收入和储蓄时，他们也自然可以轻松看待借贷。借贷不再是未来某日终将把人压垮的洪水猛兽，只不过是能更好地满足当下需求的金融工具。70后、80后畏惧触碰的工具，到了90后和00后手里，已经不是问题，需要用时，用就是了。

二是成功路径日益多元化，年轻人敢于拥抱不确定性。经济快速增长，行业加速更迭，新模式、新产业层出不穷，阶层跃迁路径日益多元化。年轻人依旧渴望成功，但衡量成功的标准不再是约定俗成的那把尺子。以高考来说，千军万马仍在挤独木桥，但那些被挤下来的人，有了更多选择；985的学历和名校的光环虽然重要，但依旧有很多路通往有意义的人生。当成功可以自定义时，人们对失败的容忍度也大幅提升。这个时候，年轻人更容易自我认同，更敢于面对借贷背后的不确定性。

三是有恒产者有恒心，房子带来终极安全感。房价持续上涨，让70后身家倍增，让80后负重前行，让90后轻松上阵。70后要么赶上福利分房，要么早早买房，一路享受上涨福利；80后只能靠六个钱包（男方爸妈、爷爷奶奶、姥姥姥爷三个钱包+女方爸妈、爷爷奶奶、姥姥姥爷三个钱包）凑钱买房；90后尤其是00后（70后的孩子），未来最多可以继承六套房。有房产傍身，驱动年轻人拼命工作的理由，不再靠压力而要看兴趣。年轻人不再强求工作的稳定性，跳槽成了家常便饭，不想干了就裸辞旅行，大不了回家"啃老"，小康生活总不是问题。这个时候，借钱消费，哪还有什么心理障碍呢？

日益健全的金钱观

物质的充裕，一定程度上还在重塑年轻人的金钱观。在商品社会的大潮中，我们担心被金钱奴役，实际上，很多人也的确被金钱奴役。而当年轻人摆脱了物质的困窘后，他们开始重新看待金钱的意义，培育起更为健康的金钱观。金钱不再是目的，金钱越来越像工具，为美好生活服务的工具。既然是工具，用之即来、挥之即去——需要的时候就用，自己的也好，借的也罢；不需要的时候，可以存起来，也可以慷慨借人。

年轻人金钱观的改变，"月光"（每月把钱花光）大概是最显著的标志。在这里，"月光"不宜再简单地理解为"今朝有酒今朝醉"的缺乏规划、得过且过，而是金钱的保障意味在下降，开始更多地表现为资源聚散的载体——人们开始更多地看重金钱流转带来的资源分配效应，而非金钱本身。另外，仅就借贷而言，仍有一些借款人是"套路贷"和过度贷款的受害者，但也不必否认，大多数年轻人正拥有更好的借贷观。

1.拥抱免息债务

在统计口径里，账单期内的免息负债也算负债；在很多金融消费者眼里，免息负债是不算负债的，每多借一分，便觉多占一分便宜。据2019年尼尔森发布的《中国消费年轻人负债状况报告》（基于3 000个样本的在线调研）数据，49%的借款人都会选择在免息期内还清贷款。而从信用卡数据看，通常付息循环贷款的占比在25%以下，约75%的持卡人会在账单到期日全额还款，以避免支付利息。花呗、任性付等带有免息期的消费贷产品越来越受欢迎，6期免息券、12期免息券愈发成为电商平台促进销售的营销武器……大多数金融消费者，一直都很精明。

2.借钱投资未来，借得其所

分析借贷结构可以发现，借钱消费的人很多，借钱充电的人也越来越多。最典型的是教育分期，虽然暴露出不少问题，但就广泛情况来看，教育贷款在助力年轻人进步成长方面正发挥着越来越重要的作用。就国内的劳动力供给结构看，我们常讨论大学教育与社会需求脱节，其实商业模式日新月异，学校教育也很难不与实际脱节。在这种背景下，第三方培训机构俨然崛起为朝阳产业，而追求上进的年轻人，从金融机构筹措学费，投入自己的周末时间为未来充电。在这个过程中，很多年轻人把借钱转化为一种自我投资。另外，越来越多的年轻人借钱做小生意。做微商也罢，开店也罢，成功也罢，失败也罢，我想，这就是普惠贷款应有的意义。

辩证看待高负债

当然，也无须讳言部分年轻人的高负债。如银保监会主席郭树清2019年6月份所言，"我国一些城市的住户部门杠杆率急速攀升，相当大比例的居民家庭负债率达到难以持续的水平。"

剖析原因，从个案角度看，非常复杂。如一些人是因为贷款买房，连首付都是东凑西借的，每月还款现金流超过工资，压力山大；一些人被博彩等不良嗜好拖下水，陷入借债的困局，总想着翻本，却越陷越深；一些人则是被套路贷、超利贷所累，债务滚雪球，压力越来越大；还有一些人，可能纯粹因生意失败，现金流断裂，背上了百万元负债；也有一些人，铁了心做老赖，借一笔是一笔，借钱成了收入来源……从行业角度看，个人信息保护不健全、从业机构鱼龙混杂也是重要原因，甚至不乏个别机构明知申请人无力还款，仍痛快放贷，想通过暴力催收榨取借款人背后的家庭资源。我们还可从社会文化角度挖一些原因。年轻人固然不再为物质焦虑，但当物质失去了作为目标的吸引力，普适性的新目标又未出现时，空虚就会乘虚而入。一些人陷入迷茫，一些人随波逐流，在这个过程中，消费贷款成为一些人填补空虚的工具。

以校园贷为例进行说明。在当前的教育体制下，人们一生中的大部分竞争被压缩至初高中阶段，紧绷生活十几年，一旦进入大学，高考指挥棒消失了，很多年轻人失去了生活重心，轻易被消费主义、追星文化、网络游戏等新潮流俘获。在这样的环境下，现金贷走入校园，俘获了大学生的心，很多人从借贷走到过度借贷，反受其害。是缺乏自制力吗？可能是缺乏目标。

总之，过度负债的背后，对应着一系列问题。这些问题的解决，需要监管、行业、社会、舆论、经侦甚至教育体系综合发挥合力。当前，我们已经看到了一些好的迹象，如大数据清查、催收严监管、非法放贷入刑、从业机构整治等。事情正在朝着好的方向发展，反过来，这也为行业的健康发展奠定了基础。

给未来一点信心

历史上，经济危机大都是债务危机。当债务高到难以为继时，经济体会丧失活力，唯有通过崩盘来完成新陈代谢——企业以破产为代价，把旧有的债务一笔勾销，新的企业涌现出来，轻装上阵，经济体再次走向繁荣。企业可以破产，那个人怎么办呢？背着巨大的债务过一生，想想都喘不过气，不得不让我们心生警惕。其实，也不必悲观。在非法放贷入刑的背景下，非法放贷产生的债务自然不受法律保护，不能对债务人构成实质性压力；持牌机构在严监管下，也在调整放贷策略，收敛过度放贷倾向，这部分债务可慢慢消化，大不了，还有个人破产作为最后的保障。消费贷款是受监管的业务，我们要相信监管机构有的是办法来消除风险隐患。严监管，站在金融机构视角，是让行业从无序走向有序；站在借款人视角，则在帮助借款人剥离超负荷债务，让年轻人再次轻装上阵。

所以，就我而言，并不担心风险，更愿意憧憬光明的一面——年轻一代拥有更大的安全感，越来越愿意借钱，未来也会借更多的钱。消费金融机构，要熬过这一两年，好日子才刚刚起步。

负债累累的90后，有没有借贷自由？

"90后的你，负债多少？"这是知乎上的一个提问，2.2万人关注，被浏览2 530万次，7 300多人作答。问题后面附带一个投票，3 800人参与，44%的人选择0负债，21%的人负债1万元以内，当然，也有18%的人负债10万元以上。只看投票结果，我们还能理性地得出结论，年轻人负债整体可控，过度负债仍是少数；但若浏览热门回答，不难发现过度负债答主们的个中辛酸、曲折滋味，作为从业者也难免要质疑借贷的合理性了。

年轻人借不到钱时，我们批评银行不作为，放贷不积极，我们强调借款是一种权利；当年轻人借了太多钱时，我们又反思金融机构太激进，一心只想着赚钱，也不看看借款人有没有还款能力。怎么好话都让"我们"说了——一会儿强调借贷是一种权利，另一会儿又批评并非每个人都享有借贷的权利。并非"我们"善变，而是矛盾的心态，对应的往往是复杂的问题。比如借贷自由，就是个复杂的问题。

对金钱的无止境追求和借贷意识的觉醒被视作现代资本主义的萌芽。18世纪，本杰明·富兰克林曾这么劝诫当时的美国人："金钱的本质就是增值。钱能生钱，钱子能生钱孙。谁要是杀死了一头母猪，就等于杀死了它所能繁衍的成千头猪；谁要是浪费了五先令，就等于谋杀了它所能产出的一切——不计其数的钱。切记，借贷人就是贷款人的奴隶。如果有人借钱给我，就是把这段时间中我用这笔钱赚的钱送给了我。"作为美国开国三杰之一，富兰克林说出这些话时，背后不是商人对金钱的贪婪，而是政治家对一种新的生活准则的倡导。

就当时的美国民众来看，劳动并非劳动者的"天职"或"义务"，只是谋生的手段；企业家追求盈利是受道德拷问的，因为"追求超过自身需要的物质利益"，有违宗教教义。在这种生活准则下，大家工作只是为了满足基本生活需要，而非追求金钱本身。如果一天的生活成本是100元，5个小时挣够100元就够了，很少有人愿意工作10小时挣200元。一如我们看当前非洲、东南亚等一些地区的劳动者，工作一个月，休闲两个月，钱花完了接着再找工作，就是这个状态。即便是企业家，也是"佛系"经营、"佛系"竞争，每天工作五六个小时，下班后和竞争对手们还能一起喝喝茶，聊聊人生。这种生活理念本身没有问题，却会导致工厂招不到合格的工人，也缺乏激励工人干活的手段，不利于现代资本主义的发展。富兰克林对新生活理念的提倡，虽然在当时被守旧派指责为"从牛身上榨油，从人身上榨钱"，但对推动现代资本主义的发展有重要意义。

马克斯·韦伯在《新教伦理与资本主义精神》一书中，把富兰克林提倡的这些准则追认为"资本主义精神"的内核——以职业的精神，系统地、合理地追求合法利润。当然，富兰克林一人的倡导无力改变人们的生活理念，更核心的力量是宗教改革带来的观念转变。当时，新兴的宗教改革家认为，信徒劳作的目的是增加上帝的荣耀，其在职业中表现出的责任心是其"蒙召获救"的重要前提。在这种新教伦理下，宗教提倡信徒要勤勉劳动，浪费时间是万恶之首——时间无限宝贵，损失任何时间都等于减少为上帝的荣耀而进行的劳作；要在固定职业中劳作——没有固定的职业，一个人只是不稳定地临时劳动，游手好闲的时间会超过劳动时间。

宗教并非提倡人们追求利润，但在世俗世界客观上带来了这样的效果：企业家找到了不竭动力去创新、去扩大再生产；劳动者则更容易服从管理、愿意学习适应新的工作流程，主动在计件工资的指挥棒下奉献自己的时间。一如马克斯·韦伯所说，"资本主义的经济秩序，需要人献身于赚钱这种'天职'"。当人们把自身奉献于工作时，现代资本主义就诞生了。要生产，就需要本钱，借贷也随之繁荣。于是，宗教伦理的推动、金钱意识的觉醒、借贷理念的转变加速了工业革命的推进，现代资本主义和市场经济从萌芽走向了主流。慢慢地，不需要宗教理念的推动，人们也开始自发追逐金钱、追求利润，财富增长褪去了宗教伦理的外衣。而借贷，为财富增值添加杠杆效应，愈发受到市场追捧，成为市场经济体系内不可或缺的一部分。

但人们很快就发现，借贷，既是市场经济的发动机，也是经济危机的根源；成也借贷，败也借贷。桥水基金创始人达利奥在《债务危机》一书中总结过借贷的利弊："由于信贷同时创造了购买力和债务，因此增加信贷是好是坏，取决于能否把借款用于生产性目的，从而创造足够多的财富来还本付息。如果能够实现这一点，资源就得到了良好的配置，债权人和债务人都能从中获利。否则，双方都不满意，资源配置很可能就不甚理想。"换言之，如果负债能产生足够大的经济效益，能使债务得到偿还，则借贷就是件好事。负债本息是确定的金额，难点在于，我们该如何衡量经济效益？

企业负债用于扩大再生产，效益体现为商品销售净收入。负债形成于当下，效益产生于未来，当下负债是明确的，未来效益却有不确定性。当企业主对未来很乐观时，100元的投入预期能带来200元的收益，还本付息绰绰有余，往往会加大负债力度，开足马力向前。如果经济预测准确，皆大欢喜；但市场是多变的，如果100元的投入只带来50元的收益，企业可能会被过度负债带来的高杠杆压垮，破产倒闭。

从单个企业推及至整个经济体，这种负债与效益的不匹配性成为经济周期的重要驱动力。大体上，高负债总是先催生经济繁荣，继而带来危机苦果，周而复始，与经济周期融为一体。站在金融监管者和宏观调控者的角度，他们总是对高负债心生警惕，但也是又爱又恨。高负债固然有风险，但低负债更有问题。低负债通常意味着投资低迷、信心不足，错失潜在发展机遇，带来失业问题，还会损经济体的长期竞争力。就像我们"宁要通胀不要通缩"一样，在负债问题上，金融监管者和宏观调控者也是"宁要高负债不要低负债"。尤其是危机后的复苏阶段，不能不依赖负债加杠杆这剂猛药。而负债加杠杆，高到一定程度，便必须着手去杠杆，否则，负债的好处越来越少、坏处越来越多，从有利变成有害了。

2014年年末，我国非金融企业部门杠杆率达到152%，远高于G20（包括中国）平均水平，自2015年起，我国开始有意控制企业部门杠杆水平。同时为了稳增长，开始鼓励居民部门加杠杆，消费金融迎来了黄金期。但个人负债与企业负债的逻辑全然不同。企业负债投资，投资产生收入，收入还本付息，现金流具有自偿性，在逻辑上，只要经营不出问题，借贷多少都是可持续的。比如，很多企业，负债常态化高于净资产（即资产负债率>50%），运营上根本没压力。

个人就不同了，个人负债消费，没有自偿性，借的债越多、压力越大，很快就会遇到天花板。借钱买一件你买不起的东西，是在向未来的自己借钱，当下借钱消费，未来必须节衣缩食偿还债务。但人往往是不理性的，个人借钱通常缺乏规划，当下借的钱太多，未来节衣缩食已无法覆盖还本支出时，债务问题就出现了。所以，对于居民加杠杆，监管者通常会更谨慎。经过三年左右的高增长（2015—2018年），2018年监管层便开始警惕居民杠杆问题。实体企业部门仍在降杠杆，但从信贷供给的角度而言，居民部门不能再降杠杆，否则会加大经济下行压力。于是，居民部门开始控制杠杆，控制杠杆过快增长，把多余的信贷资金导入小微企业。2018年下半年以来，小微金融和民营企业融资问题成为社会热点，政策加码，国有银行率先垂范，互联网巨头也吹响B端产业互联网的号角。但与2015年前后企业贷款转向消费贷款的顺畅度不同，这次从消费贷款向小微贷款的热点切换，并没有预想中顺利。

诚然，银行业的小微金融在2018年成绩喜人，尤其是国有银行，取得了令人惊叹的成绩。截至2019年9月末，五家大型银行小微企业贷款的余额是2.52万亿元，较2018年年末增长47.9%，超额完成全年任务；2018年年内新发放贷款平均利率仅为4.75%，比很多中小型金融机构的资金成本都低。但这么低的利率，只能覆盖小微群体中的优质客群，即被中小金融机构服务了几年或十几年的资深贷款企业，风险相对较低：这些企业或有充足的抵押物，或依托供应链核心企业信用，或有优质的硬数据（如税费、交易等）。国有大行凭借极低的利率优势"掐尖"，中小金融机构被迫下沉，寻找资质稍次的小微用户，但因数据积累、场景成熟度等方面原因，迟迟无法突破风控关。

由于小微信贷仍在起步阶段，信贷承接力有限，面对个人加杠杆的快速提升，只能空中加油，无法停车检修：一边要维持个人贷款的正常增速（变超速增长为正常增长，以确保整体信贷增速与GDP增长的适配性）；一边要着力调结构、控利率，压降高风险群体的借贷规模。于是，高风险借贷群体，成为居民高杠杆下所有压力的集中出口。打压高风险借贷群体，很得人心：得C端借款人维护，因为人人觉得自己风险低；得持牌机构维护，反正也不是它们的目标客群；得舆论媒体维护，那些报道多时的暴力催收高利贷新闻，终于有了说法。利益受损的，不仅是无证放贷机构和高利贷、套路贷分子，还有那些被贴上高风险标签的用户。

金融机构不是福利组织，不负有救济高风险用户的责任，这一点慢慢成为共识。问题是，风险高低，定义权掌握在金融机构手里。你觉得风险低不重要，金融机构觉得你风险低才重要。用户风险状况是一种客观现实，金融机构风险识别则是主观判断，主观判断一定能契合客户现实吗？显然不是这样。犹记得几年前，在商业银行眼中，只有公务员、央企员工、代发薪用户、有房一族等寥寥几类人是低风险用户，其他用户一律被归为高风险人群，恕不招待。结果是什么呢？70%以上的用户都被银行贴上了高风险的标签（如2015年央行征信有信贷记录人口占比为26%左右）。现在情况好了很多，那是因为一大批互联网机构、小贷公司利用大数据技术对当时的所谓"高风险群体"积极探索、主动服务，变无贷户为有贷户，变"高风险用户"为"低风险用户"。在这个过程中，用户本身也许没有变化，只是金融机构的风险识别能力提高了，有能力把真正的好用户挑出来。

可挑选的前提是得让金融机构去接触这些高风险用户，风险识别能力需要在实践中锻炼，在失败中成长。所以，当越来越多的金融机构把高风险群体拒之门外时，谁来帮那些被贴上高风险标签的低风险客群撕掉标签呢？好在，金融本就是受调控行业。我更愿意相信，此时对高风险群体关上大门，只是基于调控需求，待特定群体的高杠杆风险解除后，我们会把关上的大门重新开启，鼓励金融机构服务高风险群体，慢慢撕掉贴在高风险群体身上的高风险标签，这才是普惠金融的意义所在。

在《新教伦理与资本主义精神》一书中，马克斯·韦伯感叹道："民族或宗教的少数派，即和统治者相对的被统治者集团，由于其自愿或非自愿地被排除在政治团体之外，更容易倾向投身于盈利的道路上，其中具有天赋的成员，没有机会出任国家公职，只能在经济领域内实现其野心。近两千年来的犹太人，就是最典型的例子。"同样地，被剥夺借贷自由的"高风险群体"，被排除在正规持牌机构的视野之外，他们的借贷需求只能转向地下高利贷，直至变成真正的高风险群体。

我想，这不是我们想要的结果。

借钱不求人，但不是什么钱都能借

时至今日，借贷已经成为当代社会生活的常态。从购房购车、消费旅游，到教育装修，越来越多的民众通过向金融机构借贷的方式来解决资金缺口，但是，面对着市场上琳琅满目的借贷产品，应该如何选择呢？

一、贷款产品的优选方法

在实际生活中，每个借款人的需求和场景都存在差异。有的人可能看重更高的借款额度，也有人注重更快的放款速度，还有人关注更低的费用成本，如此，不一而足。那么，如何根据需求去选择相应的贷款产品呢？在此，我们结合放款速度和放款额度两个维度进行分析，并给出参考答案（如图2-1所示）：

```
                        放款额度
                          ↑ 高

              ┌──────────────────────┐
              │   互联网抵押类贷款      │
              │      (车/房)          │
              └──────────────────────┘
 ┌──────────────────┐  ┌──────────────────────┐
 │  传统抵押类贷款     │  │     银行消费贷          │
 │    (车/房)        │  │ (苏宁银行、升级贷        │
 └──────────────────┘  │  民生银行、公喜贷        │
                       │  华夏银行、易生活贷)      │
                       └──────────────────────┘
 慢                                              快
 ────────────────────────────────────────────→  放款速度

              ┌──────────────────────┐
              │  互联网消费现金贷        │
              │ (蚂蚁借呗、苏宁任性贷、  │
              │   百度有钱花)           │
              └──────────────────────┘

                          ↓ 低
```

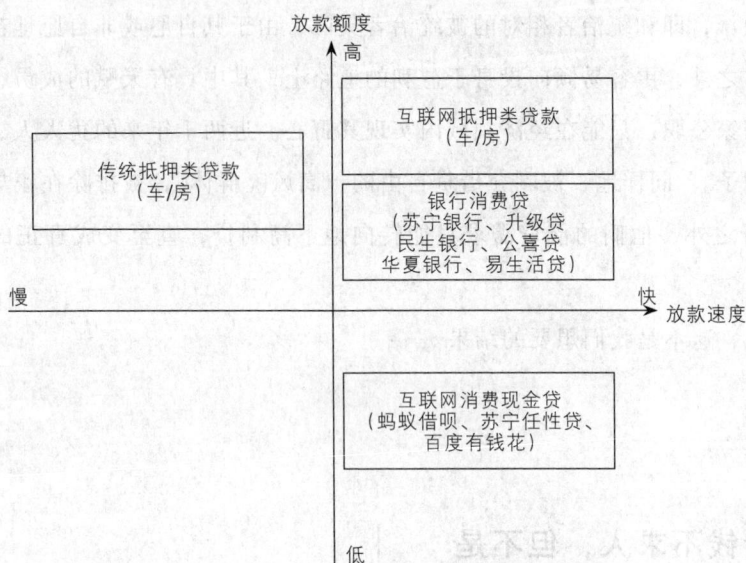

图 2-1　贷款产品分类示意图

1.对于放款速度和额度都有要求的借款人，可以优先考虑银行消费贷和互联网抵押类贷款。

（1）银行消费贷，为银行发放的一类消费型纯信用贷款，基本上属于普通消费者能够借到的额度最高、速度最快、利率最低的信用贷款。

在额度方面，根据客户的信用质量差异，银行消费贷一般在30万元（普通消费者信用贷款的上限）以内。在放款速度方面，银行消费贷产品采取线上线下申请相结合，审批速度较快。以苏宁银行的升级贷为例，支持手机App申请，最快当天能够出贷款审批结果；同时，因为采取预授信模式，只要客户通过审批，被给予了一定授信额度，即可在授信期间（一般为1~3年），随时获得资金，如此也使得放款速度非常快。另外，因为属于银行贷款，此类贷款的利息费用相对较低，年化利率一般为6%~7%。需要说明的是，银行消费贷的门槛往往比较高。除了要求没有征信记录的瑕疵以外，银行消费贷还要求借款人有长期稳定的职业经历（最好在知名企业）和可观的薪资，可以长期追溯（三年以上）的社保流水等。所以，虽然每个人都可以申请银行消费贷，但是能否申请到自己预期的授信额度，就要看自己的征信记录表现了。

（2）互联网抵押贷款，更加灵活，但成本较高。有多灵活呢？可以从以下一些产品形态来直观感受：

A.房屋/车辆二次抵押。传统的房贷和车贷属于一次抵押，如一个200万元的房子，首付三成60万元，贷款140万元，那么此次贷款属于一次抵押。假设还了几年，贷款只剩下了100万元，那么房主手中的房屋价值也有100万元，在这种情况下，房主可以用手中100万元的房屋价值，向互联网贷款机构申请二次抵押贷款。车辆也可以进行类似的操作。B.车辆抵押开回。与房屋类不动产不同，车辆作为动产，难于管理，一般采取封存的形式实现质押，如此可能影响到车主的正常使用。很多互联网金融平台，可以灵活到在抵押的车辆上装一个GPS定位装置，允许客户开回继续使用。当然，天下没有免费的午餐，更加灵活的借款形式，意味着金融机构也会收取较高的服务费，急需用钱又无法通过银行消费贷借钱的人可以考虑一下。

2.对于额度要求不高的借款人，互联网消费现金贷是个不错的选择。

互联网消费现金贷，是由互联网金融平台通过在线方式进行审批和发放的一种纯信用现金贷。常见的互联网消费现金贷包括苏宁任性贷、蚂蚁借呗、百度有钱花等。这些产品最大的特点是科技性——包括人脸识别、大数据风控等一系列风控措施被引入到申请过程中，客户只需要通过手机App，即可简单便捷地申请授信额度。审批效率高也是此类产品的突出特点，如苏宁任性贷从申请到审批，最快三分钟可以反馈结果和获批额度。不过，互联网消费现金贷的授信额度存在一定限制（一般在5万元左右，超过10万元比较困难），因为纯互联网形式的风控审核与放贷技术仍然在探索和完善过程中，大额的放款由于风险较大，所以一般不为互联网金融机构所接受。即便互联网金融机构有一些大额的授信产品，也往往采取邀请制，只有特别稳定优质的客户才有可能被给予大额的授信额度。另外，互联网消费现金贷的费率虽略高于银行消费贷，但准入门槛比银行消费贷低一些。值得一提的是，互联网消费现金贷一般采取预授信模式，用户可以提前申请获取授信额度，这样需要用款的时候可以更加从容。

3.对于买车买房这一类特定的人群，用得最多的还是传统的房/车抵押贷款。

（1）房屋抵押贷款。房屋抵押贷款一般向银行申请，审核较慢（一般需要1~2个月），但额度非常大，对于很多借款人来说，可能是这辈子能够贷到的最大的一笔款项。在利率方面，也是非常低的。2019年10月8日，房贷新政出台。有关新政对于房贷利率的影响，欢迎参考《房贷利率新政落地，你家的房贷利息会涨多少？》一文。2019年的房贷利率为5%~7%。如果需要申请房屋抵押贷款，建议借款人首先使用住房公积金贷款，若使用商业贷款，也可以多咨询几家银行，货比三家。

（2）车辆抵押贷款。这里的车辆抵押贷款，特指首次购车时申请的贷款（与前面介绍的互联网汽车抵押贷款相区别）。此类车贷一般由银行或者各家汽车厂商旗下的汽车金融公司（如宝马金融、奔驰金融等）来发放，属于比较经济适用型的一类贷款。

给借款人的几点建议

相信你已经注意到，在以上产品中，除了抵押类借款，往往采取预授信的模式——客户先通过申请审核，获得相应金融机构的一定授信额度，然后在授信期内（一般为1~3年），根据实际用款需求，获得贷款。因此，借款人在平时尚无借款需求的时候，就可以向金融机构申请授信，到真正用款的时候，可从容使用授信额度。之所以这么建议，主要有以下三点原因：

（1）用款时间不确定：每个人的用款需求存在一定的不确定性。可能是突发意外或者疾病急需用钱，也可能是遇到很合适的一个商品（房子/首饰）。如果因为资金不足，错过了治疗或者购买是非常可惜的事情。如果当事人能够提前拿到一些授信额度，即使遇到紧急用款的情况，也会多一分自如和从容。

（2）获批额度不确定：每个人获批的额度是不确定的。一方面，申请人的收入水平、信用状况是动态变化的，平时能够申请到某个额度，到了真正急需用钱时，是否还能申请到同样的额度是不确定的；另一方面，即使当事人的状态不发生变化，金融机构也会根据市场的状况，调整授信策略，最终影响到个人能够申请到的额度（对已经授信的额度，一般不会有影响，但也不排除会被调低）。

（3）授信免费：对于正规机构，授信审批过程是免费的，只有到实际用款时才开始计息。所以，申请一些授信额度，即使最后不用，也不过是授信期限到期，额度作废，如果再用款重新申请，对于借款人没有任何的费用损失。

综上所述，建议借款人向正规的金融机构申请一些授信额度，这样需要用款的时候，才能从容不迫，应对自如。

申请贷款就像相亲，这些问题你永远绕不过

很多人都有需要借钱的时候，比如买房、买车、装修，差个三五万元乃至几十万元，向金融机构申请贷款是一个不错的选择。金融机构收到贷款申请后，通常会对申请人进行信用风险评估：根据申请人提供的收入和资产证明以及人民银行征信报告等信息，来评估申请人的还款意愿和还款能力，预测贷款逾期的可能性，最后再决定是否发放贷款。

这个过程和相亲见家长很类似：一位单身男士去相亲，女方家长通常会根据

男方的外貌、性格和物质条件，来判断其是否适合自己的女儿。差别在于，金融机构评估的是贷款逾期的风险，家长评估的是婚姻不幸福的风险。就连金融机构做信用风险评估时所使用的数据，也和相亲时所考虑的因素类似，无非是候选人的年龄、工作、收入、房子、车子、是否有贷款等。

无论是金融机构还是女方家长，肯定更欢迎年龄合适、工作稳定、月入10万元、住房宽敞、出门驾豪车的优秀人士。至于其名下是否有贷款则可能有些特殊，小贷公司可能会更偏好名下有房贷的用户，毕竟是经过大银行审核的优质客户，有供房压力通常会努力工作；而相亲家长们当然不希望自己的女儿嫁过去后还要省吃俭用一起还房贷。稍微较真一点的家长，还会打听对方有没有什么不良的婚恋历史，或者现在是不是有正在交往的相亲对象。与之相类似，金融机构通常需要查询申请人的人民银行征信报告，看看申请人是否曾有贷款或信用卡逾期记录以及其他未结清贷款的状况。有逾期记录，说明申请人的信用意识可能相对较弱；有未结清贷款的，每月还款金额较多，则会影响申请人的还款能力。

而在互联网时代，金融机构每天都要面对海量的贷款、信用卡申请者，全靠人工来审批工作量非常大，因此有了用信用风险模型辅助风险控制的做法。这就好比一个女孩子很优秀，许多单身男士慕名而来，女方家长可没有耐心面试每一个候选人，便设立了一些规则和条件来帮助筛选心仪的未来女婿。下面，我们继续以相亲为例，给大家介绍在信用风险评估中几个常用的模型和方法。

1.逻辑回归模型。

家长根据自己的偏好，给女儿的相亲对象的各方面因素赋予不同的权重，权重越高说明家长越看重其对应的因素，加权求和得到的分数越高表明条件越接近家长的要求，这就是逻辑回归模型。例如，标准化之后的身高、月收入、住房面积的权重分别是0.1、0.5和0.8，那么说明家长更关心物质条件，而不太在意外表。

2.决策树模型。

家长根据女儿相亲对象的若干特定条件，依次判断是否拒绝或同意见面，这就是决策树（如图2-2所示）：

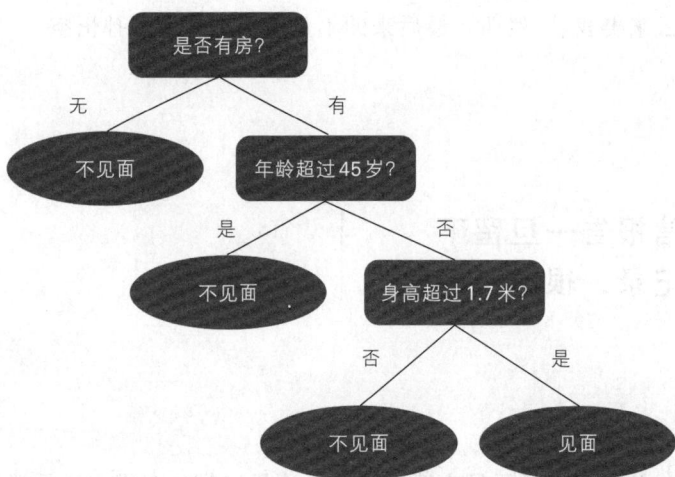

图2-2　相亲决策树

3.随机森林模型。

有时候一个家长做不了主，于是全家出动去相亲，最后几个人投票表决是否同意，这就是随机森林。

4.深度学习模型。

一个阅人无数的老人凭借感觉判断相亲对方是否合适，但是又很难解释接受或拒绝的原因，这就是深度学习模型。

5.去共线。

构建逻辑回归等模型时需要解决共线问题，对于存在着高度相关性的变量，彼此携带的信息相似，使得信息冗余，我们需要去掉相关系数较高的变量。比如在相亲的时候，一个现实的家长过分在意房子、车子、收入等物质条件，这种筛选逻辑肯定是存在偏颇的，一个英明的家长还需要考虑精神层面的交流，比如爱好、学历等。然而，风险控制并不是靠信用风险模型就足够了，也需要和反欺诈技术配合。毕竟知人知面不知心，房产证可能是假的、车子可能是租的。这就好比《大话西游》里，紫霞仙子说："我的如意郎君是一个盖世英雄，他有一天会踏着七彩祥云来娶我。"然而，最后来的不是至尊宝，而是孙悟空。

征信报告一旦留下
这些记录，很难贷到款

在大部分情况下，只要是申请贷款，无论是房贷、车贷，还是消费贷款，银行、互联网金融公司或者其他金融机构都会去查看你的个人征信报告。个人征信报告里面的信息，决定着你的贷款是否会被审批通过，很多人贷款被拒就是征信报告不合格。那么，你知道哪些信息是加分项能让你顺利通过贷款审批，哪些信息是减分项直接导致了你的贷款被拒吗？这就是我们要回答的问题。

这三类征信记录会给贷款申请加分

首先来看会给我们的贷款审批加分的是哪些因素。

（1）有房贷记录。房贷是绝大多数人个人贷款中额度最高的贷款，而银行对于房贷的审批又非常严格。因此，有房贷的申请人，通常个人信用表现较好，在放贷后有更高的概率会按时还款。苏宁金融的统计数据显示，在至少有一笔房贷的申请人中，只有大约7%的人会在日后产生一个月以上的逾期，这是没有房贷的申请人逾期率的一半。所以，在贷款审批过程中，金融机构会偏向对有房贷记录的申请者发放贷款。

（2）个人信用历史较长或信用类型较丰富。这里我们所说的个人信用历史主要指的是信用卡和各种贷款的使用时长。一般来说，第一张信用卡或第一笔贷款

的开户时间距今越长，申请人在未来的表现越好。信用历史很短的消费贷款申请人往往会被认为短期内急需用钱，存在一定的欺诈风险。而丰富的信用类型或较长的信用历史往往意味着申请人得到了多家金融机构的认可，信用水平明显高于信用历史短的申请人。以信用卡为例，在有两年以上信用卡使用经历的人中，大约有10%的人会在日后产生一个月以上的逾期，而在信用卡使用经历不足两年的人中，大约有15%的人将会在日后产生一个月以上的逾期。

（3）受教育水平较高。人民银行的征信报告不仅记录了信用历史，还记录了一些个人基本信息，例如受教育水平。苏宁金融的风控妹经过分析发现，大专及以上学历的申请人的逾期率明显低于学历较低的申请人。

这三类征信记录会给贷款申请减分

看完了征信报告上的加分项，下面让我们来了解一下会对贷款申请造成不良影响的因素有哪些。

（1）代偿记录。代偿是由于个人没有还款能力，而由担保人或保险公司代替偿还形成的记录，这属于最严重的违约行为之一。大部分有代偿记录的申请者会直接被拒绝贷款。

（2）逾期记录。如果你只有过一两次忘记还款的情况，并在相关机构催收后迅速还清，那么基本不会影响到以后的贷款审批。但如果多次逾期，尤其是存在"连三累六"（两年内连续三个月或者累计六次逾期还款）的申请人，在申请贷款时，大概率会被拒绝。

（3）多次征信查询记录。在你每一次申请贷款或信用卡时，银行或相关金融机构都会查看你的征信报告，并向人民银行上报查询原因是"贷款审批"或者"信用卡审批"，而这一查询行为也会被记入报告中。无论贷款或信用卡是否申请成功、批准后是否使用，查询记录都不会消失。通常，对在短期内有多次查询人民银行征信记录的申请人发放贷款的话，他们日后产生坏账的风险较高。

看完了上述内容，相信大家对个人征信报告有了基本的了解。当然，以上这些只是反映了征信报告中的部分信息。在实际的贷款审批过程中，金融机构会结合一系列规则和风控模型的结果，来判断是否对申请人放贷。我们想要提高贷款申请的通过率，一定要维持良好的个人征信记录，务必避免代偿和呆账的产生，尽量减少逾期的次数。同时，在申请贷款时要考虑充分，不要一时冲动在多家机构连续申请贷款，以免给自己的征信报告留下污点。

除了征信，有这些情形
　　也会被银行拒贷！

最近有朋友申请贷款被拒了，找我咨询。他感到非常困惑，自己的工作和收入相对稳定，平时也按时还信用卡，不存在信用问题，但还是被银行拒贷了，而且未给出任何理由。咨询银行的工作人员，得到的答复非常官方："您未达到我行该产品的授信要求。"相信这也是许多被拒贷的朋友经常遇到的情况。当你把贷款申请提交给银行后，到底发生了什么呢？

先看信贷审批流程

在收到客户提交的贷款申请之后，银行会做哪些事呢？请看图2-3详解：

1.反欺诈检查。用户的贷款申请会进入一个反欺诈系统，进行反欺诈检查。这个系统，并不审查具体的贷款需求，而是对客户提交信息的真实性进行确认。主要包括：

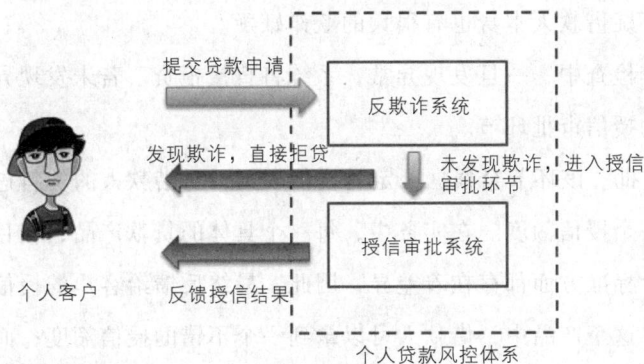

图2-3　个人贷款授信流程示意图

资料来源：苏宁金融研究院。

（1）连接各个外部系统，对客户信息进行核实。常见的信息数据来源见表2-1：

表2-1　　　　　　　　个人贷款审核常用数据来源列表

外部数据来源	主要功能
公安信息系统	核实借款人的身份信息
央行征信	核实借款人在银行体系内的信用状况
学信网	核实借款人学历学籍信息
中国执行信息公开网	核实借款人可能涉及的司法诉讼信息
第三方征信数据库	利用第三方提供的征信信息，进一步核实借款人的信用状况，常见的第三方数据库包括芝麻信用、苏宁信用、同盾等

（2）与内部的黑名单匹配，排除信用存在风险的高危人群。

（3）通过一系列的反欺诈规则集，识别和排除有欺诈嫌疑的高危人群。一个常见的反欺诈规则是，如果借款人所填写的近亲属或者联系人在欺诈黑名单中，那么有理由怀疑借款人本身也有很大的欺诈嫌疑。

在反欺诈检查中，一旦发现异常，系统将直接拒贷。若未发现异常，才可能进入下一步的授信审批环节。

2.授信审批。该环节会根据一定的授信规则，对借款人的资料进行评估，并反馈给客户一个授信额度。在实务中，每一个具体的贷款产品，在目标客群、评估模型、定价标准方面都存在着差异，因此，最终反馈给客户的授信额度也不尽相同。可能在这个产品中，借款人可以拿到一个不错的授信额度；而在另一个产品中，借款人可能被拒贷。那么为什么银行不愿意告知拒贷理由呢？原因很简单——为了保证风控规则和模型的有效性。

在实务中，这些风控规则和模型都是银行的核心机密，一旦被破解，任何人都可以尝试利用规则，轻松贷到款。从银行的角度，如同出门不上锁一样，结果是灾难性的。为此，银行在风控体系方面，往往采取黑盒运作——即具体的风控规则，以及真实的拒贷原因，仅限少数风控专业人员知晓。信息不透明，使得风控系统更难被分析和攻破。所以，当银行的客服人员给出模棱两可的回答时，还真的不能怪他们，因为他们确实不清楚。

你被拒贷的真实原因

虽然银行不愿意披露拒贷理由，相信很多人还是会奇怪，平时也没什么贷款不良记录，为什么会遭遇拒贷呢？原因不外乎以下5个：

1.征信瑕疵。征信问题是多数人被拒贷最常见的原因。除了那些恶意借款不还的人，更多人可能仅仅是忘记还款，或者还款不及时（如信用卡还款，未到达当期的最低还款额）。这些行为看似非恶意，情节轻微，但是根据《征信业管理条例》，这些征信瑕疵的记录将被保存在人民银行的征信数据库中长达5年之久，进而对客户的借款申请造成影响。至于征信瑕疵的影响大小，跟所申请产品的风控政策相关。例如，某些风控政策较松的产品，是可以接受一定的征信记录瑕疵的，当然，天下没有免费的午餐，这些产品往往要收取更高的费率。

2.负债过重。负债过重是很多人被拒贷的第二大常见原因。在实务中，金融机构会对借款申请人当前的负债与收入水平进行评估，如果认为申请人负债水平已经过高，那么其被拒贷的概率也进一步增大。如某人每月税后到手的收入为2万元，在理想的情况下，银行允许其每个月最多还款1万元（另外1万元用以维持生活，或应对不时之需）。假设此时，银行发现他名下已经有一个每月1万元的房贷按揭，那么他想再获得新贷款的可能性不大。高负债对于借款人的生活质量和抗风险能力都有较大的影响，哪家银行都不希望自己发放的贷款成为压垮骆驼的最后一根稻草，因为骆驼倒了，钱也还不上了。

3.客群不匹配。客群不匹配也是贷款申请被拒的常见原因之一。每一款贷款产品都有明确的目标客户。不同客户的审批逻辑完全是不一样的，如国企员工每月授薪，受经济的影响不大，而小企业主看似每月也有不错的收入流水，但是受经济的影响要大得多。所以，在实务中，每一款产品仅针对特定对象进行审批，非目标客户的申请基本上没有成功的可能性。建议大家在申请贷款前，认真阅读宣传材料或者向银行工作人员咨询，选择适合自己的产品进行申请。

4.特殊职业。特殊职业是一个非常隐蔽的拒贷理由。矿工、海员、战地记者等高危险、高流动性人员，在贷款申请时难免会比较困难。所谓"非常隐蔽"，是指每一个银行都不会在宣传材料中提到这个情况，但是高危险、高流动性的职业特点，会让大部分银行望而却步。

5.银行放贷政策缩紧。在真实环境中，许多人无论是在征信、负债、客群匹配还是在职业方面都没问题，然而贷款申请仍然被拒了。其实这里还有一个原因：银行放贷政策缩紧。比如，银行发现宏观经济资金面偏紧，或者前期贷款的质量不行，坏账率过高。在这种情况下，银行会主动踩刹车，收紧放贷，借款人也就面临着拒贷的风险。这与借款人资质无关，只是因为银行的政策变了。

提高贷款通过率的一些建议

前面介绍了常见的拒贷理由，那么在实际操作中，借款人可以通过哪些措施来提升自己的贷款通过率呢？请注意以下几点：

1.信用管理。管理好自己的信用是提升贷款通过率最有效的办法。一方面，对于待还的分期借款，建议设置还款提醒，及时还款，如果方便的话，还可以将银行卡和需要还款的信用卡进行绑定，到期自动扣款；另一方面，当发现自己的征信信息存在错误或遗漏时，建议利用央行完备的征信申诉渠道，向相关的征信机构提出异议，维护好自身的合法权益。

2.负债管理。做好负债管理也是提升贷款通过率，保障生活质量的必要途径。首先，在借贷总量方面，建议量力而为，留有余量，具体来说就是将每月月供还款金额控制在税后收入的50%以内，剩下的另一半收入可以用来应对不时之需，保障生活质量。其次，在期限方面，建议先选择长期贷款，待日后经济宽裕了也可以考虑提前还款（提前还款可能存在一定手续费）。最后，务必找正规的金融机构贷款，对贷款的额度、利率、期限、权利和义务有充分的了解，避免陷入"套路贷"的陷阱。

3.选择合适的产品。在信用没问题的前提下，选择相匹配的贷款产品是提高贷款通过率的重要保障。另外，选贷款产品，跟选衣服是一样的，唯有匹配合身才能将产品的效用发挥到最大。所以，在贷款前，建议通过各种渠道（互联网/线下网点咨询）了解各类贷款产品的信息，货比三家。很多人在买衣服的时候，又逛淘宝，又逛实体店，精挑细选，也不过是为了一件几百上千元的衣服。而对于动辄上万元，甚至上百万元的贷款决策却没有那么上心，这肯定是不合适的。

4.如实用款。在大部分的贷款产品中，对于贷款用途是有要求的。如消费贷只能进行消费，不能买房或者投资股市。现实中，有人会耍小聪明，如以消费贷名义借款，去交购房款首付，或者投入股市想博取更多收益。似乎只要贷款到手了，想干什么是银行是无法控制的。其实不然，要知道资金在银行账户间流动，对于监管机构而言这些资金是透明的。无论是消费、买房还是买股票，监管机构要查起来，可以看得一清二楚。据统计，2019年全年，银保监系统共公示30多张针对消费贷业务违规的罚单，其中有近20张罚单是因为消费贷资金违规流向房地产市场，罚单金额总数超过千万元。由此可以看出，贷款用途一直是监管部门的关注重点，一旦被查到，对于金融机构和个人的结果都是灾难性的。金融机构面临着罚款，而个人可能被记入征信，影响今后的贷款。

5.其他的一些加分项。在实务中，还有一些加分项，在产品宣传的时候不会提到，但是对于提高审核通过率却起着积极作用。具体包括：（1）有房/车。如果借款人有房或有车，意味着有一定的经济实力和可供变现偿债的资产，更容易获得贷款。（2）学历。据统计，学历高的借款人更容易获得贷款，因此多读书还是有用的。（3）收入。收入高意味着更高的偿债能力，更容易获得贷款；（4）工作。在收入相同的情况下，工作单位的性质对于贷款也会有影响，如相对于中小企业，大企业员工的工作更加稳定，更加容易拿到贷款。

以上是贷款申请背后的那些事，希望对您申请贷款有所帮助，祝大家申请顺利！

怎样从银行借到更多钱？

今天，朋友愤愤不平地打来电话吐槽："我和部门同事一起申请的信用卡，我们的年龄、级别、工资收入都差不多，结果，我只拿到1万元额度，那个同事却拿到了5万元，这是什么道理？"为什么条件看起来差不多的人，获得的授信额度会出现如此大的差异？究竟哪些因素会影响到银行最终的授信决策？如何更好地维护征信，成为一个更受金融机构欢迎的客户？下面，我们将一一作答。

个人授信流程

对于大多数贷款申请人而言，银行如同一个黑盒。当我们把授信申请资料提交给银行后，就进入了紧张的等待阶段。这段时间可能长达数月（如房贷），也可能短到几分钟（如苏宁银行升级贷）。之后，便可以得到银行反馈的授信结果。那么，在黑盒中到底发生了什么呢？

在实际操作中，银行对于个人客户的贷款申请主要进行两个操作：

一是反欺诈检查。用户的贷款申请会进入一个反欺诈系统，进行反欺诈检查。这个系统，并不审查具体的贷款需求，而是对客户提交信息的真实性进行交叉验证。所谓交叉验证，即通过第三方的数据源，对客户填写的资料进行确认。常见的征信数据来源见表2-1。

所以在填写申请时，建议大家能够如实填写，一旦提交的信息与征信数据源存在较大的冲突，则可能因为存在欺诈嫌疑而被直接拒贷。只有反欺诈审查未发现异常，才可能进入到下一步的授信审批环节。

二是授信审批。该环节会根据一定的授信规则，对借款人的资料进行评估，并反馈给客户一个授信额度。在实务中，每一个具体的贷款产品，在目标客群、评估模型、定价标准方面都存在着差异，因此，最终反馈给客户的授信额度也不尽相同。可能在这个产品中，借款人可以拿到不错的额度；但在另一个产品中，该借款人可能直接被拒贷。

授信影响因素

上面介绍了金融机构给个人授信的基本流程，但是在实际操作中，究竟有哪些因素会对银行的决策造成影响呢？在此，按照因素影响力的大小进行排序：

1.征信记录，这是影响最大的"负面"指标。

查询和分析征信记录是所有银行贷款产品的标配，也是对授信决策影响最大的"负面"指标。具体来说，无瑕疵的征信记录不一定能够帮助客户获得更多的贷款（后面还会介绍更多的影响因素），但征信记录的瑕疵足以"一票否决"绝大部分的贷款申请。这些征信记录的瑕疵包括：（1）贷款逾期及违约记录（贷款及信用卡逾期额度、期限、逾期最高金额等）；（2）非银行违约记录，包括最近5年内的欠税记录、民事判决记录、强制执行记录、行政处罚记录及电信欠费记录等。除此之外，2020年1月，央行上线了更加严格的二代征信系统，对于"离婚式购房"、"0账单"养卡套利、"销户洗征信"、利用时间差"并发贷款"等行为进行打击。关于央行二代征信系统的新特征，我们已在文章《"最严"征信系统今日正式上线，失信投机者将无所遁形》中做了详细解读。在此，建议大家在日常生活中遵约守信，尽量避免不良征信记录的产生。

2.收入与负债水平，这是授信额度测算的基础。

如果说前面介绍的征信记录是"一票否决"的负面指标，收入与负债水平的高低则直接决定了授信审批的具体额度。从定性的角度，客户的收入越高，负债水平越低，则代表着资质更好，更容易拿到较高的授信额度。在此，以一个房贷授信的范例来解释授信额度的计算。

例1：假设某人每月到手工资收入为2万元，无其他的贷款和负债，以20年房贷计算，他最多可以申请多少房贷呢？

首先必须明确，银行认可的月供还款额度一般仅为到手工资的一半，在表

2-2中，仅为1万元，剩下的另一半的收入是用来应对不时之需，保障生活质量的，不允许被用来还贷款。接下来，可以通过表2-2中的测算得到——客户如果申请20年房贷，最高可贷额度为151.53万元。

表2-2　　　　　　　　　　　　房贷最高可贷额度测算表

每月还款（万元）	贷款期数	最高可贷金额（万元）
1	360（30年）	186.28
1	300（25年）	171.06
1	240（20年）	151.53
1	120（10年）	94.28
1	60（5年）	52.99

资料来源：苏宁金融研究院。

　　例2：如果该客户目前已经有一个5 000元/月的车贷在还，在其他条件相同的情况下，他最高可申请多少房贷？

　　在银行眼里，客户每月可还贷额度仍然是1万元，其中有5 000元要用来还车贷，因此，能够用来还房贷的额度只有5 000元。通过查测算表（即成比例地放缩表中数据），因为房贷月供减少了一半，所以，20年房贷的可贷额度也减少了一半，即75.76万元。相较于例1，例2中的客户由于负债水平的升高（车贷），导致房贷额度大幅减少。因此，建议大家平时管理好自己的负债水平，当真正需要大规模使用贷款时（如买房），才有把握拿到更加充足的额度。在收入数据采集方面，过去仅仅需要借款人提交工资证明即可，如此可能存在一定的水分。目前，随着公积金和社保数据的线上化，金融机构往往通过社保数据进一步核验客户的真实收入水平，那种希望通过虚开工资证明获取更高授信额度的可能性越来越小。

3.资产规模，这是授信审批的重要依据。

在申请信用卡或者贷款时，您有没有被金融机构要求提供车房等资产信息的经验？没错，这些资产往往成为证明客户经济实力的标志，被作为银行贷款决策的重要依据。在实务中，对于客户资产，金融机构常见的态度一般有两种：一是参考类信贷产品——此类产品的授信基础仍然是客户的工资收入和负债情况。但是，提供充分的资产证明进一步提升了客户的可信度，使得客户在授信额度和贷款利率方面享受到优惠。二是抵押类产品——此类产品更加直接，弱化了对客户其他方面条件的要求，以抵押资产来实现放款。如此操作，放款规模更大，速度更快，受到有资产客户的欢迎。因此，对于有资产的客户，可以在参考类信贷和抵押类产品中灵活选择和搭配，以期获得更合适、更优惠的贷款服务。

4.与银行有更多的联系，让金融机构更了解你。

如果有两个亲戚找你借钱，一个素昧平生，鲜有来往；另一个经常联系，逢年过节两家还经常串门聚会。在其他情况都相同的情况下，你会趋向借给谁？其实，银行在受理你的贷款申请时也面临着同样的问题。与银行更多地交易，让金融机构更多地了解你，对于提升授信额度有着积极意义。在这里有人会说，不可能有事没事就找银行借款啊，而且前面也提到，负债过高的情况势必影响授信额度。其实，除了借款，与银行建立联系的机会还有很多：

（1）存款。存款是体现客户实力的最直接方法。根据存款规模和周期的不同，每家银行都会建立自己的VIP客户等级体系。高级别客户在借款时，往往也容易得到相对优惠的利率和授信额度。

（2）消费支付。我们在消费支付中，如果使用银行卡或者信用卡，相关的信息也会被银行所了解和记录。通过对我们长期的消费地点、品类、规模和还款情况的分析，银行可以更好地了解我们的消费习惯、经济实力、还款能力和意愿，更加有的放矢地安排和发放贷款。

（3）其他一些交易。除了存款和消费，我们还可能与银行有其他的一些联系，如发放工资、提取公积金等，这些行为也足以证明我们的收入能力，让银行更加放心地向我们提供借款。

总之，除了借款，建议大家在存款、消费支付、工资发放等一系列领域内与金融机构建立联系，如此，在我们真的需要资金时也能得到信任，获得充足的授信额度。

5.职业偏好，这是一个重要的授信考虑因素。

虽然在宣传材料里不会提及，职业确实是银行授信考虑的重要因素。表2-3展现了金融机构对于不同贷款客户的职业偏好：

从银行的角度来看，公职人员或者像医生、教师这样的事业编人员属于特别优质的客群。一方面，这些人工作和收入非常稳定；另一方面，一旦出现逾期和不良，可能会对他们的公职身份造成影响，因此这些人群表现出更高的还款能力和意愿，也成为诸多金融机构争抢的对象。

表2-3 贷款客户职业偏好

等级	常见职业	特点
特别优质	公务员/医生/教师	工作稳定度高，还款能力和意愿较强
优质	白领/高净值客户	收入可观，受行业波动影响较小，资产规模大
一般	蓝领/小企业主	收入有限，或者受到行业波动影响较大
高危	矿工/战地记者/海员	工作危险系数高，流动性大

资料来源：苏宁金融研究院。

白领授薪人群由于收入可观，工作相对稳定，受行业波动影响较小，也成为金融机构争相服务的优质客群。无论是在贷款额度还是贷款利率方面，都会有一定的优势。很多银行都会有针对性地设计产品，如苏宁银行升级贷，针对江苏省内持续缴纳社保的白领人群，做到了在线申请，迅速批贷，取得了不错的效果。另外，高净值客户，也因为可供抵押的资产规模大、风险低，受到金融机构的欢迎。蓝领和小企业主，由于收入有限，或受行业波动影响较大，故在贷款审批时也会受到银行更加审慎的评估。在大部分情况下，这部分客群仍能拿到贷款，但贷款的规模往往偏小，利率偏高。当然，针对小微企业，在国家的指导下，各个银行都会有一些针对性的扶持产品，特别是在新冠肺炎疫情期间。截至2020年3月4日，江苏省共发放支农、支小再贷款7.43亿元，惠及受疫情影响严重以及复工复产的涉农和小微企业493家，解决了众多小微企业的燃眉之急。最后，一些高危的职业，如矿工、战地记者和海员等，由于工作危险系数较高，流动性大，往往很难得到金融机构的授信。

6.提前申请额度是一个好习惯。

不可否认，时机也是影响贷款授信额度的重要因素。在真实环境中，很多人无论是在征信、负债还是职业方面都没问题，然而贷款申请仍然被拒了。其实这里还有一个原因：银行放贷政策缩紧。比如，受到疫情的影响，银行发现贷款资产质量出现问题，逾期率过高。在这种情况下，银行会主动踩刹车，收紧放贷，同一个借款人在疫情前可能可以获得相关额度，疫情中可能被拒贷。在这种情况下，贷款授信额度与借款人资质无关，只是因为银行的政策变了。因此，如果可能，建议申请人提前申请授信额度。一方面，授信额度并不需要立即使用，可以在有效期内（半年/三年/永久，因产品而异）灵活使用；另一方面，授信额度的申请是免费的，只有实际用款时才开始计息。所以，在经济形势好，信贷政策宽松时，要及时申请额度，做到手中有粮，心中不慌。

最后，回答文章开头的问题，即使条件看起来相同的两个人，可能在征信记录、收入与负债水平、资产规模、与银行的联系频率、职业发展与申请贷款时机方面存在着巨大的差距，最终出现了授信额度的不同。

借钱，有些利息是不用还的

在百度中搜索关键字"高利贷"，可以得到3 160万个搜索结果。从"高利贷陷阱"到"暴力催收"，"高利贷"如同病毒一般渗透到社会生活的方方面面，为普通人带来难以承受之痛。那么，解毒的药在哪儿？早在2015年，最高人民法院就向社会通报了《关于审理民间借贷案件适用法律若干问题的规定》，对于利率作出了明确的规定。从此，借款人对于超过法定额度的利息是可以不用还的，你知道吗？

合法借贷与高利贷的分界

借贷作为社会的润滑剂，存在一定的合理性。通过合法借贷，借款人获得生活或者生产所需要的资金。但是，如果利率过高而形成高利贷，对于社会生产的破坏作用也很大。在几年前的"于欢辱母杀人案"中，高利贷不仅摧毁了于欢家庭经营的企业，还引发了刑事案件，使得于欢和恶意催收者的家庭都蒙受了意想不到的损失。基于这种情况，最高人民法院对民间借贷利率进行了一系列的规制。具体来说，法律对于借贷关系的保护，有一个"两线三区"的规则，具体如下：

根据真实的借款利率（内部收益率），以24%和36%分别划两条线，将利率分为三个区间：（1）司法保护区，即内部收益率（年化）在24%以内的利息收入，受到司法保护，出借机构如果凭借款合同请求借款人还本付息，法院是予以支持的。如果在该区域内的借款人拒绝还款，出借机构可以凭法院的判决申请强制执行。（2）自然债务区，即内部收益率（年化）在24%~36%的利息收入，该部分属于"可还可不还，还了也白还"的区域。如果借款人对处于该区域的利息拒绝偿还，出借机构凭合同起诉还款，无法得到法院的支持。但是，如果借款人主动还了这部分利息，事后想反悔的话，法院也不会支持。（3）无效区，即内部收益率（年化）在36%以上的利息收入，该部分利息收入无效，借款人可以直接拒绝还款。如果借款已经还了，但事后反悔，也可以诉请法院支持返还该部分无效利息。

在此，我们结合真实借款利率（内部收益率）为23%、30%、38%的三款借款合同进行解释，分别讨论如下：（1）年化利率为23%的借款，属于合法借贷，受到法律的保护。如果借款人拒绝还本付息，出借机构可以诉请法院维护权益，必要时可以对借款人的财产进行强制执行。（2）对于年化利率为30%的借款，如果借款人拒绝还本付息，出借机构只能向法院请求对本金和24%的利息进行返还，对于处于自然债务区的6%的利息，借款人可以拒绝偿还。但是，如果借款人对于6%的利息已经返还了，但事后反悔了，以利率过高为由希望取回，法院也不予支持。（3）对于年化利率为38%的借款，借款人也只需要偿还本金和24%的利息，超过部分可以拒付。但是，如果借款人已经还了全部本金和利息，事后又反悔了，可以请求法院判决退还超过36%的部分，即2%的利息，对于退还36%以下利息的请求，法院不予支持。

综上可知，无论借款合同的利率报价有多高，借款人最多只要还清本金和年化利率为24%的利息就可以了。对于多还部分，低于36%的部分属于"还了也白还"，高于36%的部分，则可以请求出借人或出借机构归还。

遇到暴力催收如何保护自己？

需要指出的是，当借款人出现还款逾期的时候，出借机构进入催收状态。常见的催收方式包括短信催收、电话催收、上门催收和司法催收。正规平台一般按照这个顺序，规范操作。首先，大部分客户可能是忘记还款，在这种情况下，采用短信和电话的方式提醒客户即时还款。其次，对于部分故意不还款的客户，机构还会通过电话的方式，或者委托当地的工作人员上门提醒客户还款，告知不还款可能产生的法律风险。最后，如果客户仍然拒绝还款，机构往往会委托律师事务所，通过司法的方式催收款项。整个过程都会录音录像，合法合规。

但也不排除部分非正规机构，采取一些极端手段开展催收，其中涉及的违法行为主要有三种：（1）侵犯公民隐私的违法行为。这包括通过网络爬虫程序等违法手段收集公民的个人隐私，最近警方对此种行为进行了重点打击，大部分网络爬虫程序被摧毁和有效控制。另外，部分小机构将逾期的公民信息直接公布在互联网上，也涉嫌侵犯公民个人隐私。因为只有官方（如人民银行征信中心）有资格认定和公布老赖的信息，督促其还款，其他形式的信息公布涉嫌违法。更稳妥的办法，应该是将逾期信息上报官方发布（监管部门也在鼓励包括互联网金融机构在内的各个机构接入央行征信数据库）。（2）侮辱和诽谤行为。所谓侮辱行为，是指利用一些不恰当的语言或者手段对逾期借款人的人格尊严和名誉进行攻击，诽谤行为则更加恶劣，涉嫌捏造事实，对借款人的人格和名誉进行攻击。这些行为都是违法的，情节严重的则构成犯罪，可以追究刑事责任。（3）非法拘禁行为。这是非法催收中最严重的违法行为，即采用强制手段限制借款人的人身自由，强迫其还款。其间还可能涉及严重的暴力和侮辱行为，这直接构成非法拘禁罪，可以直接报案，并请求公安机关开展营救。

以上是在催收过程中可能涉及的一些违法行为，当出现这些行为时，建议向公安机关或者专业的法律人士寻求帮助，维护自己的合法权益。

给借款人的一点建议

另外，需要指出的是，借款人如果是向机构借款，建议优先选择正规大平台，因为：（1）产品更加规范：大平台因为受到更加严格的监管，在产品设计方面也更加规范，无论是在利率还是在还款方式方面，都更加符合监管要求。另外，由于大平台的资金成本更低，因此，在放贷利率方面相对于中小机构具有优势。（2）流程更加正规：大平台拥有更加规范的法务体系和内控体系，在流程方面，会更加正规，较少出现违规的操作。大平台的品牌效应，也客观上要求其保持具有相对规范的流程，不能因为一笔违规的贷款毁掉了整个平台的品牌声誉。（3）操作更便捷：大平台往往有较强的技术实力和第三方支付牌照，故在借款和还款方面更加便捷。

综上所述，选择好借款平台，向蚂蚁金服、苏宁金融等正规大平台进行借款，才是借款人享受便捷、规范、正规借款服务最好的方式。

银行办出一张信用卡，
　　竟然有十项收入

你知道消费金融领域，历史最悠久的产品是什么吗？信用卡！从1978年中国银行广东分行代理发行了香港东亚银行的"东美VISA"信用卡开始，在改革开放的40多年的时间里，我国信用卡行业取得了长足的发展。根据央行数据，截至 2018 年年底，我国信用卡发卡 6.86 亿张，信贷余额 15.4 万亿元，成为我国信贷业务中一支不可忽视的力量。伴随着信用卡的发展，信用卡套现、不良坏账攀升等一系列问题也逐渐暴露出来。截至 2018 年年底，我国信用卡逾期半年未偿还总额 788 亿元，同比增长 18.93%。信用卡到底是什么东西？在对持卡人几乎免费的情况下，银行是如何在信用卡业务中实现盈利的？大众在使用信用卡时又需要注意什么呢？下面将给出一些解答。

信用卡的盈利模式

所谓信用卡，顾名思义，是基于信用状况允许客户在一定授信额度内进行透支的银行卡。根据人民银行的数据，截至 2018 年，我国信用卡人均持卡量 0.47 张，虽然与发达国家还有一定差距（美国人均持卡 2.9 张），但考虑到我国 14 亿的人口基数，信用卡的发卡量是相当可观的。众所周知，信用卡有最长 50 天的免息期，如果持卡人能够在免息期内及时还款，基本上可以实现无成本的资金占用。相信很多人会好奇信用卡的盈利模式。作为发行方的银行，是如何在向广大持卡人提供优质服务的同时，实现盈利的呢？

在银行的编制体系中，信用卡中心一般直接隶属于总行，独立开展业务，独立核算。这也意味着信用卡中心如同一个小银行，业务人员在前台展业办卡（路边几个小桌子，带着银行的 logo 申请表和一些办卡小礼品），独立的风控信审团队紧跟其后，还有独立的电话客服人员，自成体系。信用卡业务的收入来源主要有两大类，具体如图 2-4 所示：

如图 2-4 所示，信用卡的收入结构包括显性收入和隐性收入两个部分。其中，显性收入包含 7 个方面：

（1）利息收入。利息收入包括超过免息期未还款的刷卡消费额，或者现金取现额。需要指出的是，信用卡账单一般都设一个最低还款额，只要每期还款超过最低还款额，就不算持卡人逾期。但实际上，未偿还部分将会按照年化利率

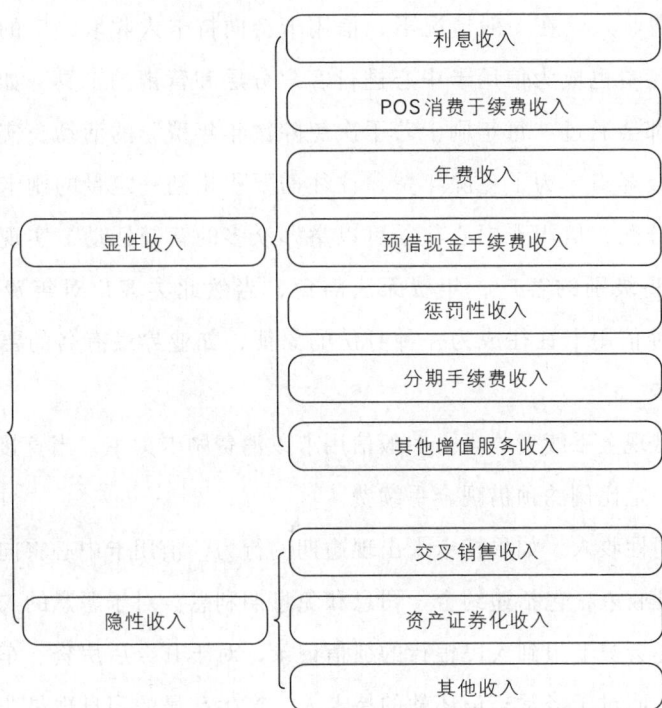

图2-4 信用卡收入结构

资料来源：苏宁金融研究院。

18%收取利息。所以，从盈利的角度来看，信用卡中心是有动力去鼓励客户仅仅还款一部分的。另外，现金取现是没有免息期一说的，从取出来那一刻就开始计息，随借随还，按日计息。

（2）POS机消费手续费。作为刷卡服务，信用卡的使用确实为商家提供了便利。因此，对于每一笔信用卡刷卡消费，商家需要向服务方缴纳一定的服务费（一般按照刷卡金额的一定比例）。这部分服务费将按一定比例在银联、发卡行、收单行以及第三方支付机构之间分配，虽然各家可能分摊到的比例非常有限，但是面对动辄成百上千亿元的刷卡交易量，各家能够分配到的刷卡手续费收入也是相当可观的。

（3）年费收入。在一般情况下，信用卡会向持卡人收取一定的年费。在实际操作中，年费也成为信用卡中心进行客户分层和营销的工具。如对于入门级客户，一般都会通过"每年刷卡若干次免除次年年费"的活动，实现年费的豁免。而贵宾级客户，为了免除年费，往往需要积累到一定量的刷卡积分，透过这些积分的分配，信用卡中心往往可以举办众多的营销活动，实现客户资源变现。对于更高级别的客户，年费无法豁免，当然此类客户对年费已经不再敏感，拥有该种信用卡往往成为一种身份的象征，如业界最有名的要数美国运通百夫长黑金卡。

（4）预借现金手续费收入。一般信用卡以消费刷卡为主，当直接取现时，会向客户收取一定比例的预借现金手续费。

（5）惩罚性收入。如果持卡人出现逾期的行为，信用卡中心将向持卡人收取较高的惩罚性收入，包括违约金、罚息和免息期利息。对于恶意的欠款人，相关的逾期信息还会被上报到人民银行的征信记录，对于其今后房贷、车贷等金融行为构成影响。而对于经常忘记还款的持卡人，产生高昂的罚息也是非常可惜的事情。所以，养成及时还款的好习惯真的非常重要。当然，对于忘记还款的持卡人，银行还是留出了一些空间，包括：①宽限期，即在当期账单最后还款日之后，银行一般还会给出两到三天的宽限期，在宽限期内还款，一般不会收取任何的多余费用。②申请免除罚息的机会，如果还是因为不小心错过了宽限期还款，这个时候还有一个补救的机会——申请免除罚息，很多银行都开通了这样的操作，需要通过客服电话人工接入申请，且一年一次。

（6）分期手续费。不知道是否有人接到信用卡中心的主动外呼电话，鼓励你将账单进行分期，或者给一笔现金分期，等额本息还款，且不收利息，仅每个月收取固定的分期手续费。常见的月费率是按借款总额的0.75%，看起来年化总费率为0.75%×12=9%左右，似乎还可以接受。但是需要指出的是，这里的借款总额一直是按总本金计算，但是实际的借款本金却因为等额本息，随着时间的推移不断减少。所以分期还款的实际利息要远高于看起来9%的年化费率。表2-4展示了根据某银行的费率情况测算出来的真实利率值：

表2-4 信用卡分期真实利率测算表

期数	1	3	6	9	12	18	24	36
每期手续费费率	1.50%	0.80%	0.80%	0.76%	0.73%	0.75%	0.75%	0.75%
内部收益率（年化）	18.00%	14.34%	16.27%	16.13%	15.79%	16.42%	16.43%	16.24%

资料来源：苏宁金融研究院。

（7）其他增值服务收入。除了金融服务，大部分的信用卡中心还开通了信用卡商城的增值服务，以电商模式实现流量的变现。

除了上文提到的显性收入，信用卡中心还存在三部分的隐性收入：①交叉销售收入。信用卡中心掌握了大量的客户资源，通过资源筛选，向目标客户推送相关服务，可以实现交叉销售收入。常见的是向信用卡客户推销保险或者纪念币等商品。②资产证券化收入。对于信用卡贷款，往往可以通过资产证券化的方法实现融资。作为增信手段，银行往往会持有资产证券化的劣后级债券。在一切运行正常的情况下，因为杠杆效应，劣后级债券往往容易得到超额收益。③其他收入。除了前面的销售收入，信用卡中心还有其他的收入来源，如信用卡中心掌握了大量的客户消费行为数据，通过对这些数据进行分析与研究，形成研究报告后，对于商家的销售有积极的意义。

以上是对信用卡盈利模式的介绍。一方面，对于免息期内按时还款的持卡人，银行在提供几乎免费服务的同时，从商家获取不错的收益，颇有互联网经济中"羊毛出在猪身上"的感觉；另一方面，免息期无法按时还款的持卡人，高昂的息费（年化利率18%）也为银行提供了不错的收入来源。那么，对于持卡人来说，在用卡时应该注意些什么呢？

持卡人注意事项

信用卡是这样一张神奇的卡片，用得好，是一个非常好的财务规划工具，生活因此更加便利；用得不好，又会成为一副枷锁，不少人成为它的奴隶。因此，在使用中，持卡人需要注意：

（1）理性消费，量入为出。以信用卡为代表的消费金融本质上只是完成了消费能力的转移，即将消费者未来的收入转化为现在的消费能力。如此，消费者本身的收入并不会因为信用卡的引入而增加。故理性消费，合理规划，量入为出，对于持卡人至关重要。有多少收入能力，就消费多少，超过收入能力的消费只会带来无尽的麻烦。幻想依靠信用卡拆东墙补西墙只会把问题越拖越大。

（2）珍惜信用，按时还款。信用是现代文明的基础，在2006年央行就上线了征信系统来采集个人信用信息，时至今日，已采集了约9.9亿自然人的信息。信用的影响力与日俱增，失信的人除了申请车贷、房贷等金融行为受影响，在消费、出行方式和子女教育方面也将受到影响。所以，珍惜信用，按时还款，对于每一个持卡人都有现实的意义。

（3）提高警惕，远离中介。社会上还有一群信用卡中介人群，研究各类信用卡的风控漏洞，教唆持卡人利用漏洞套取资金，以卡养卡。这样的中介请一定远离。一方面，这些投机取巧的方法只是教人套取超过其未来支付能力的资金，即使短期有效，长期也难以为继，而且随着新的征信系统的上线和方法的失效，财务漏洞难免要暴露出来；另一方面，这种行为已经涉嫌违法违规，甚至犯了"信用卡诈骗罪"。短期的蝇头小利与长期财务法律风险相比，得不偿失。

第 3 章

个人信用

起底个人征信

"君子之言，信而有征，故怨远于其身"，征信一词最早来源于《左传·昭公八年》（公元前534年），"信而有征"即为征求、验证信用。由此可见，征信是一个自古至今就被关注的话题。国内唯一可以开展个人征信业务的百行征信表示，已启动个人征信报告查询的服务试点。人民银行征信中心也开始运行新的征信系统，提供新的个人征信报告（即个人征信报告2.0）。个人征信，到底是一个怎样的市场？

发展历史

我国的征信机构最早是1932年设立的"中华征信所"，真正发展是在改革开放以后。后来，党的十六大、党的十八大正式提出了建设社会信用体系的战略目标和具体要求。2013年3月15日，《征信业管理条例》正式实施，从此征信行业进入了依法发展的快车道。

征信业务按照信用信息主体不同，分为企业征信业务和个人征信业务，顾名思义，其分别采集、加工企业信用信息和个人信用信息并提供服务。个人征信业务始于2004年，经历了2013年立法、2014年开始收费、2015年试点等阶段。2018年2月，央行正式下发首张个人征信行业牌照给百行征信，2019年1月1日，百行征信首期三款征信产品上线测试。我国个人征信发展史如图3-1所示：

央行征信　　央行个人
中心成立　　信息数据库　　立法　　　收费　　　8家试点开始　　重要法律　　百行征信　　百行征信获得　　百行征信　　百行征信
　　　　　　正式运营　　　　　　　　　　　　　探索发展　　　落地　　　成立　　　我国首张个人　　展开合作　　商业化
　　　　　　　　　　　　　　　　　　　　　　　　　　　　　　　　　　　　　征信业务牌照

2004年4月　2006年3月　2013年　2014年6月3日　2015年　　2016年　2017年11月　2018年2月22日　2018年6月28日　下一步

　　　　　　　　　　　　　　　　　开放民间个人征信市场
　　　　　　　　　　《征信业管理条件》　试点　　　　　　　　　　　　　发牌　　　　合作　　　　评测
　　　　　　　　　　　　　　　　　　　　　　　明确需求　　互联网金融协　与互联网金融机　招标
　　　　　　　　　　《征信机构管理办法》　规范流程　立法　　　会持股36%，　构、消费金融机
　　　　　　　　　　　　　　　　　　　　　　　　　　　　　　8家试点各持　构签署信用信息　运营
　　　　　　　　　　　　8亿，60%覆盖　　　　　　　　　　　股8%　　　共享合作协议

　　　　　　数据库建设期　　　　　　　　　　　数据全覆盖　　　　　　　　　　数据增值

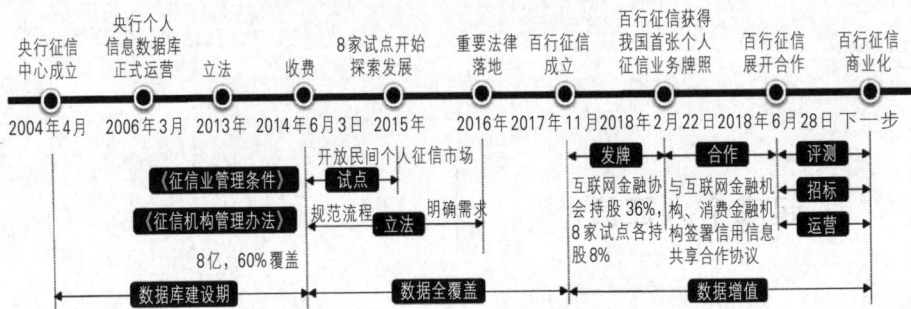

图3-1　我国个人征信发展史

资料来源：财通证券、苏宁金融研究院。

发展背景

在个人征信业务中，最重要的产品之一是个人征信报告（以下简称报告）。报告体现了个人的信用情况，反映了个人在日常生活中的守信程度，并且已经广泛用于消费、金融、行政服务等领域。对于金融行业来说，应用最多的是贷款，也是报告应用最多的场景，贷款的增长直接促进了个人征信的发展。

图3-2显示，从2004—2019年，我国的金融机构消费贷款从不足2万亿元增长至近40多万亿元，增长了近20倍。报告作为消费信贷交易过程中最重要的环节，能够帮助机构辨别消费者信用风险，是金融机构在放贷时的重要参考信息。同时，新型互联网金融的业态对个人征信行业提出了现实要求。以典型的P2P行业为例，平台与个人的信息不对称放大了P2P平台的经营风险，缺乏合法有效的催收手段催生了更多的"老赖"，这又进一步加剧了P2P行业的风险发生。个人征信行业的发展既能减少机构的信息不对称，降低风险，又能够通过个人征信记录减少"老赖行为"。完善互联网金融行业的征信情况，是监管的需求，也是市场的需求。2017—2019年P2P平台运营情况如图3-3所示：

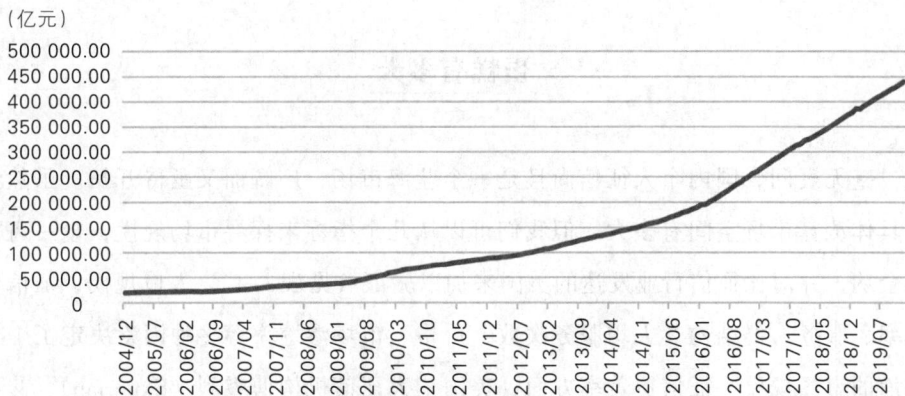

图3-2 2004—2019年金融机构消费贷款余额

数据来源：wind。

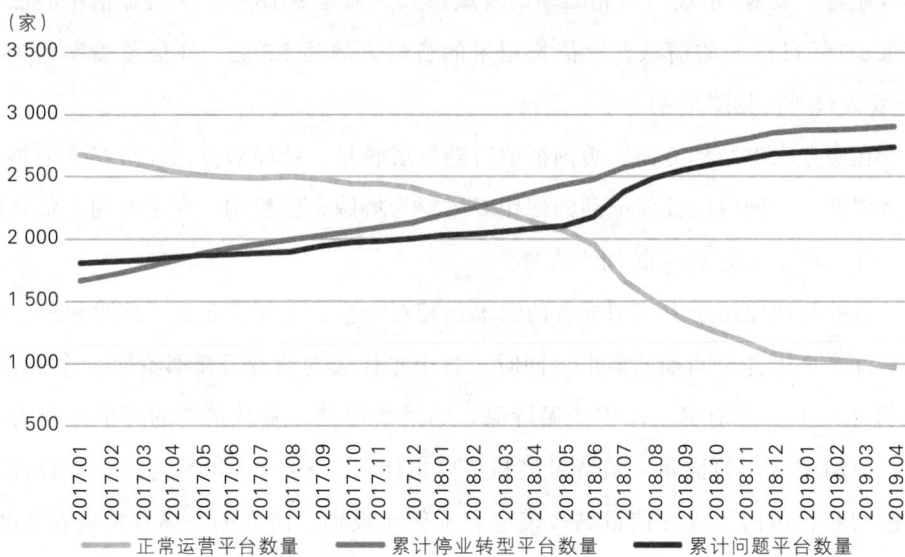

图3-3 2017—2019年P2P平台运营情况

数据来源：网贷之家，苏宁金融研究院。

蛋糕有多大

毫无疑问，国内个人征信尚且是一个蓝海市场，广阔而又亟待开拓。虽然无法具体测算市场空间有多大，但我们可以从几个指标来探寻市场规模，窥一斑而知全豹，并对比征信行业发达的美国来加以验证（见表3-1）。人口规模、征信覆盖率、服务人群结构、人均服务次数、价格、市场渗透率等多种因素决定了个人征信的市场规模。征信覆盖率方面，美国三大征信机构博睿利（Experian）、艾可菲（Equifax）、全联（TransUnion）覆盖了全美90%以上的人口，其他新兴征信机构如Credit Karma、ZestFinance等作为补充，基本覆盖全美的人口征信。我国的征信行业是"政府+市场"双轮驱动的发展模式，截至2018年，央行征信中心已经收录8.9亿自然人的信息，有信贷记录的自然人数达5.3亿，征信覆盖率为38%（与总人口对比见图3-4）。

在服务人群结构方面，美国征信行业发展较早，产品服务已经贯穿人的整个生命周期，而国内的征信产品的使用者主要为持牌金融机构，并主要用于信贷服务，针对的主要为16～60周岁人群。

目前我国使用个人信用报告的情况还相对较少，对招聘企业、保险机构、司法案件、个人并无明确的需求。同时，各个年代人的消费习惯都不同，除80后、90后外，主要的消费主体仍然保持保守的消费习惯，贷款消费的习惯还没有养成。而随着时间的推移，消费习惯和消费主体将以80后、90后为主。综合以上因素判断，国内个人征信市场规模应有千亿元级别，潜在的市场规模应在2 000亿元～4 000亿元。

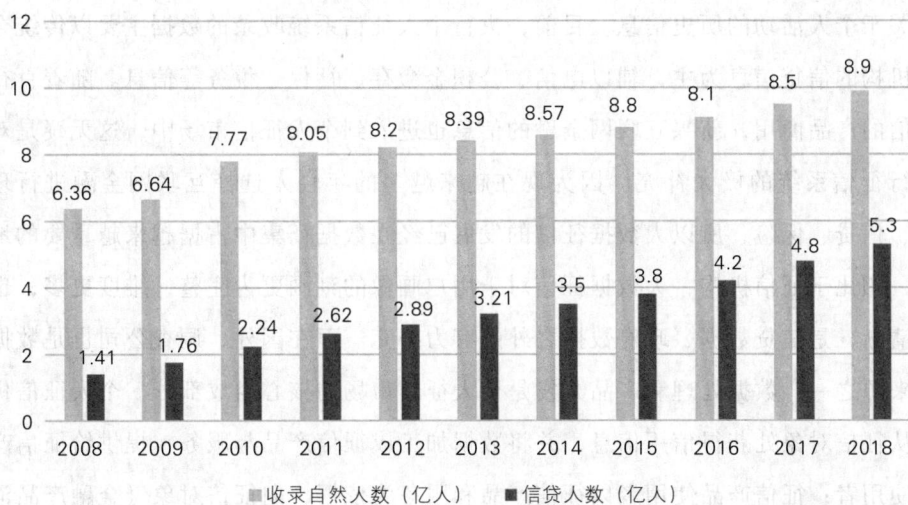

图 3-4 央行个人征信系统收录人数

数据来源：央行征信中心，苏宁金融研究院。

表 3-1 中美个人征信市场影响因素对比

	人口 规模	征信 覆盖率	服务 人群结构	人均 服务次数	价格（RMB）	市场 渗透率
美国	3.3亿	95%	少年~老年	3.7次/人/年	50元/次	85%以上
中国	13.9亿	38%	成年	3.7次/人/年	10元/次	40%以下

数据来源：央行个人征信中心，苏宁金融研究院。

谁能分而食之

既然这是一个广阔的蓝海市场，那么，又有哪些玩家能够参与到这个前景美好的产业中呢？在此，我们从个人征信的产业链说起。

个人征信的产业链较为简单，主要分为前期数据收集、数据处理和产品开发、征信产品的应用。在数据收集环节中，征信公司是信息汇集地，收集几乎所有关于个人活动的历史信息。目前，央行个人征信系统收录的数据主要以传统金融机构的信贷信息为主，辅以电信、公积金缴存、社保、税务等信息。随着百行征信的产品商用，新兴互联网金融的信息也进入到个人征信市场中，这无疑是对央行征信系统的极大补充。因为现在越来越多的年轻人选择互联网金融进行理财、信贷、保险，所以大数据征信的发展已经在数据征集中占据越来越重要的地位，相比于征信机构，大数据征信对于用户画像的刻画更为完整，维度更多，也更清晰，是信贷数据、政府数据之外的有力补充。而在国外，调查公司也是数据的来源之一。数据处理和产品开发是个人征信市场的核心组成部分。个人征信机构从征信对象处获得信用信息，并将数据加工成征信产品与服务，提供给征信产品使用者；征信产品使用者以征信产品和服务为依据，向征信对象（金融产品消费者）提供信贷及其他业务，如图3-5所示：

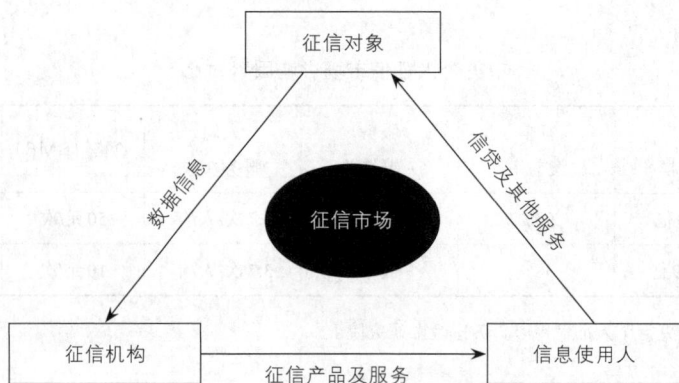

图3-5　个人征信市场的组成

在这个过程中，因为数据处理涉及很多技术，总体而言需要数据库技术、个人数据配对处理、特征变量技术。每一种技术都有对应的行业公司提供相应的服务，然后由加工处理后的数据形成产品，如个人信用报告、信用分等，最后提供给征信的使用者。从图3-5中可以看到，虽然个人征信产业链并不复杂，但涉及较多行业和技术。在数据收集过程中，征信机构、大数据征信机构、第三方数据处理公司、第三方调查公司等起决定性作用。在数据处理过程中，掌握关键技术的公司占据优势，如SAP、Oracle、FICO等。目前，国内此类市场和公司尚处于发展初期，除了百行征信的八家股东（芝麻信用、腾讯征信、深圳前海征信、鹏元征信、中诚信征信、考拉征信、中智诚征信、北京华道征信）外，其他的大数据公司、从事数据挖掘与数据处理的公司同样有着广阔的市场。而基于个人征信数据衍生出来的特别关注名单、信息核验、反欺诈等产品也逐渐进入市场。

个人如何保护自己的征信

征信是一个与个人信息、数据极度相关的产业，我国征信行业发展尚未成熟，在法律、制度、监管方面都有不完善的地方，个人征信的应用范围也很有限。但随着行业的完善，个人征信的应用将从金融扩展到旅游、教育、医疗、金融、行政服务、职业招聘甚至各种日常生活场景，这就要求我们对于个人的征信记录有必要的保护和维护。在法律、监管、行业层面有很多值得期待和改善的地方，但我们首先要自己保持关注。

第一，不要过多申请信用卡。每申请一次信用卡，都会留下信用征信机构的查询记录，过多的查询记录会使得贷款方对你的还款能力产生怀疑，直接影响贷款的通过率。

第二，及时处理长期不用或比较少用的信用卡。多数信用卡都有年费，因欠年费导致的逾期与正常消费还款逾期的效果相同。

第三，及时还款，无论是信用卡还是其他产品。有人认为在非银行的平台上借款不会影响征信，事实上很多互联网金融类的公司已经接入征信系统，接入机构的范围也在不断扩大。

第四，及时缴纳日常生活费用。如水、电、煤气、电话费等。

第五，在需要互联网金融类产品时，选择正规平台的产品。如蚂蚁借呗、腾讯微粒贷、苏宁任性贷等。

第六，定期查询（个人查询）征信报告，对有疑问的记录及时进行申诉。

最后，需要提醒的是，信用不是一纸空文，也不是看不见、摸不着的概念，而是个人永远携带的财富。信用时代，为每一份合同负责，为每一个签字负责，为你个人的信用负责。

征信被查多次房贷遭拒，谨防掉进征信污点大坑

前不久，有人因个人征信被查次数太多导致按揭贷款遭拒的新闻，上了头条。看到这个消息，风控妹真心疼这位同学。房屋按揭贷款被拒很可能带来一连串的负面效应：房价继续上涨，好不容易攒齐的首付瞬间只够7成；房租继续上涨导致生活质量直线下降……想到这里，我已经全身不住颤栗不敢再想！

今天，就认真给大家讲讲导致你贷款遭拒的"征信报告污点"，除了人们常说的还款逾期和现在很火的被查次数过多，还有哪些呢？我们该怎么做才会完美避开这些坑，实现我们成功贷款买房买车，过上幸福生活的心愿呢？先来看一下，有哪些行为即使没贷过款也会造成不良征信记录。相信大家认真读完后，一定可以完美绕开"征信污点大坑"。

1. "我没用过贷款，但被查次数多"

（1）你可能根本没有提取贷款，但是你申请贷款的时候审核机构是需要查询你的征信报告的，并且向人民银行上报的查询原因是"贷款申请"，之后无论该

笔贷款是否被提取，被查记录都不会消失。如果你连续在多个贷款机构申请贷款，那这些被查记录就会成为你的征信污点，在申请房贷的时候被判为疑似首付贷，即使申请普通贷款也会被认为最近急需用钱。所以风控妹真心提醒，贷款申请要谨慎，不要图一时爽快耽误房屋按揭的大事。

（2）被查次数多还有一种可能就是身份被盗用。随着互联网的普及，个人信息泄露的场景越来越多，不法分子获悉我们的个人信息并拿去申请贷款，我们的征信报告也会出现多次被查记录。面对这种情况，有效的避免方法就是定期查询征信报告，并着重看查询记录一栏，发现异常记录及时向人民银行及其分支机构提起异议处理，请参考《征信报告居然这么重要！可是你知道如何自查吗？》这篇文章。另外需要提醒的是，保护好个人身份证及其复印件，复印件交给其他人时写明"再次复印无效"或者"仅用于××××"，尽量避免被他人盗用。

2．"哥们找我做担保，必须答应"

友谊很重要，但贷款这事是不能只看感情的。金融机构是否给你放款最关注两点：一是还款意愿，二是还款能力。征信报告中任何威胁到这两点的信息都会直接影响贷款审批。而为他人担保也是会记录在征信报告中的，一旦被担保人无法正常还款，你的征信报告就会多一条不良记录，所以，在答应亲友的贷款担保前，要全面权衡一下亲友的还款能力。

3．"经常看到电费催缴单，我才想起来去交"

殊不知，日常生活中的生活缴费也是会被纳入到个人征信系统中的，所以经常性地发生缴费逾期也会让银行误以为你是一个还款意愿不强的客户，从而拒绝你的贷款申请。但风控妹也经常记不住这个月是该缴水费了还是该缴电费了，还好有苏宁金融App提供的生活缴费服务，只需要动动手指就可以完成缴费，还有50元话费券可以领取，不用跑银行还可以赚话费，很划算，而最重要的是你离良好征信报告又近了一步！

以上都是非贷款项可能产生的征信污点，如果大家已经有贷款就更要注意了，按时还款是必需的，还要注意利率的变化，如果国家基准利率上调，一定要多存入一点，防止还款额不足的情况出现。

信用过低危及房贷，
教你5招提升个人信用

贷款有过几次逾期未还，拥有很多张信用卡但都没怎么用，想申请房贷车贷，要查征信报告，上面记录了哪些信息？我们都知道，优秀的个人信用非常重要，它和生活息息相关，如果有一天因为疏忽忘记还款，这影响大吗？关于这些问题，下面我们将逐一进行详细剖析。

信用报告

当你向金融机构申请贷款时，金融机构会在征得你同意的情况下，查阅你的"经济身份证"——中国人民银行个人信用报告。它是一份由中国人民银行征信中心出具的记录，会客观收集和展示已发生的客户信用事件，但不对客户做任何评价。目前个人信用报告分为三个版本：个人版、银行版和社会版。我们需要关注的是其中的个人版，主要供消费者了解自己的信用记录。每人每年可免费查询自己的人民银行信用报告2次，可以通过网络查询或前往中国人民银行网点查询，携带身份证即可。

在查看个人信用报告时，需要注意：除了查看是否有信息不符外，需要特别关注一下"查询记录"这栏，看看有没有你不知道的查询记录，这表示有他人或机构越权查询你的报告，这种情况可向机构质询，或向人民银行反映。另外，被查询次数反映了一段时间内申请贷款或信用卡的次数，如果在一段时间内你的报告查询次数非常多，但实际上你并未得到新贷款或新信用卡，那一般会被认为你多次申请均未成功，这对以后申请贷款或信用卡是不利的。如果报告上有记录逾期等不良事件，请尽快终止该事件，因为终止后它还会在征信报告中展示5年。所以，平时尽量不要发生逾期，不小心忘了，也可以先跟银行进行沟通，否则在报告中留下不良记录，一展示就是5年。

信用分

信用评分的目的是，通过信用分，帮助金融机构判断放款给客户的风险；对于个人客户而言，也希望它能侧面展示自己的信用情况，方便自己的申请。

目前信用分体系在美国已经比较成熟。我们以大多数美国银行采用的FICO评分为例来了解一下，它的分数大致为左偏的正态分布，分数极高和极低的人都很少，常见的分数为300～850分，评分越高代表违约率越低，银行也更愿意放款给这样的客户。一般740分以上属于信用优秀，申请基本无压力。FICO主要采用了5类变量作考量：信用历史记录（35%）、贷款总额（30%）、信用历史长度（15%）、信用类型（10%）、新开信用账户（10%）。

其中，最重要的是历史记录，这项类似我们的人民银行信用报告，着重看已发生的信用事件，包含了个人各种信用账户的贷款、还款记录、是否有逾期等行为以及逾期偿还的情况。占比重第二大的是贷款总额，会细分不同类型的贷款，计算贷款总额占信用额度的百分比，一般这个百分比越低，对信用积分越有利。这不难理解，假如用户已经借贷的总数接近他的额度总和，还要再申请新贷款，那么银行也会再三考虑他的还款能力。第三项是信用历史长度，基本反映了用户的忠诚度和对信用产品的熟悉程度，使用历史越长，相对来说得分越高。第四项是信用类型，反映了个人管理多种类型信用账户的能力，在一定程度上反映了用户的活跃度、灵活性等。最后一项是新开信用账户，基本反映了用户在短时间内有多少新开账户。需要提醒的是，用户应避免在短时间内持有较多的新开账户，而且如果信用历史还不长，更容易被怀疑具有高信用风险。

值得一提的是，人们常说的逾期情况在信用分历史记录中，大约占35%，如果不是特别严重，比如恶意逾期不还，只是偶尔忘了一两次，对整体的信用分影响是有限的，所以有时忘了还，尽快补上后，不用太过担心。

提高个人信用的小技巧

从以上信息，我们可以总结一些有助于提高个人信用的小技巧：

（1）不要浪费每年查询人民银行征信报告的机会。准确掌握自己的信用记录，有问题及时与人民银行分支机构和信贷机构进行沟通；遇到对报告内容有异议的，可向人民银行提出异议申请。

（2）根据还贷能力来申请适当数目的贷款。尽量不要让使用且未还的贷款数量占总额度的比例过高；对于信用卡，如果银行给的额度不够用怎么办？可以每月多次使用并提前还款，让银行看到你的消费能力与良好信用。

（3）谨慎开卡，信用账户并不是越多越好的。不要为了临时活动去开不必要的卡，开了卡如果基本不用的话，对信用反而有害无利。例如，当你遇到真正需要的好信用卡时，信用账户数过多，银行也会考虑批不批，批多少额度；所以，应该尽量选择自己真正需要的，或者有一定申请难度的信用卡，这样如果申请成功，也是对你信用水平的一种认可。

（4）及早申请信用卡，建立信用历史。可以多尝试一些信贷产品，丰富自己使用的信用类型，当然别忘了及时还贷，不要因为信用类型多了而顾此失彼发生逾期，那就得不偿失了。

（5）申请贷款、信用卡的时间间隔不宜过短。如果短时间内大量申请贷款或信用卡，很容易被怀疑是高风险用户。所以刚开始建立信用账户的读者也不用着急，选择自己心仪的卡，一步步积累信用就好。

贷款上征信，其实是好事

疫情之下，借款人资金流紧张，逾期压力大，这个时候，他们发现逾期上征信成了脖子上的枷锁，开始放大征信的负面意义。在一些借款人看来，贷款上征信，不外乎是方便银行做风控罢了，于借款人而言，是额外负担，是一道随时可能勒紧的枷锁。在选择贷款产品时，借款人开始戴上有色眼镜，把贷款产品区分为"上征信产品"和"不上征信产品"。对于前者，他们能避则避；对于后者，则偏爱有加。有些借款人，为了不上征信，甚至连送到手的红包都不要。比如苏宁任性付，曾经力推24期免息分期活动，有些用户认为任性付要上征信，24期免息优惠不要也罢。下面，我们就来谈谈贷款上征信的问题。

为何要上征信？

首先我们需要明确，"贷款上征信"到底是怎么一回事。简单来讲，就是借款人在金融机构申请贷款后，其贷款信息（金额、期限等）及还款记录（是否逾期等）被上报至征信系统，并在以后供其他金融机构合法查询使用。广义上的"贷款上征信"是指贷款信息被记录并查询，这种记录不仅包含央行征信系统，还包括百行征信以及其他各类提供信贷信息数据库服务的公司。而狭义的"贷款上征信"即一般所说的贷款信息报送至央行征信系统。

对于银行业金融机构而言，贷款信息上报至央行征信系统是基本的法律要求。根据中国人民银行2005年3号令《个人信用信息基础数据库管理暂行办法》第六条规定：商业银行应当遵守中国人民银行发布的个人信用数据库标准及其有关要求，准确、完整、及时地向个人信用数据库报送个人信用信息。银保监会（原银监会）在2010年发布的《个人贷款管理暂行办法》规定：贷款人应建立和完善借款人信用记录和评价体系。定期跟踪分析评估借款人履行借款合同约定内容的情况，并作为与借款人后续合作的信用评价基础。当然，这些办法及规定除了适用于银行外，同样适用于消费金融公司等经国务院银行业监督管理机构批准的专门从事信贷业务的其他金融机构（即持牌机构）。因此，对于正规的持牌机构，从事信贷业务、贷款上征信是最基本的要求之一。除此之外，信用信息的记录是"用信"的基础，不管是国家、企业还是个人，想要用信，则必须首先有信用信息可用，将信贷信息报送至征信系统，是建立个人信用信息记录的关键。

如果我们将视角投向国外，其实同样如此。在美国，信用体系的核心法律——《公平信用报告法》（即FCRA），虽然没有赋予信贷机构向征信机构强制报送信用交易数据的义务，但在美国消费者数据行业协会的统一指导下，几大征信机构联合数据提供机构共同制定了数据报送标准——《数据报送资源指南》，以确保信贷机构数据的报送。英国、瑞士、瑞典等欧洲国家与美国类似，征信机构为私人组建，数据报送机制通过市场及行业协会等力量形成。而法国、希腊、土耳其等国家则和中国类似，以政府为主导向信贷机构采集信息。其他国家大体符合这两种模式，或两种模式结合，全世界莫不如此。

于借款人，上征信利弊几何？

很显然，信贷信息是否被记录关乎个人信用记录的完整性，进而影响全社会的信用体系建设。那么对于借款人，贷款上征信到底有何影响？

以信用体系最为完备的美国为例，美国信用制度至今已有160多年的历史，信用体系发展得非常完善。个人可以通过信用方式获得支付能力而进行消费、投资和经营。在美国，公民都有自己的社会保障号（SSN），每个公民的信用状况都可以通过征信机构做出的信用报告而得到评估。这种报告为政府部门和金融机构的资金借贷和管理提供了可靠的信用依据，同时也能够终身制约一个人不守信的行为。信用档案被美国人看作第二身份证，在日常生活中，小到在银行开个户、办一张普通的手机卡，大到买保险、贷款买房，都与消费者的个人信用记录休戚相关。如果一个人有过失信记录，那么他在社会生活中将会受到很大程度的限制。反之，好的征信记录则意味着更高的信用分，借款人通过它可以获取更优惠的贷款利率、更高额度的贷款。

那什么才是好的信用记录呢？我们不妨举个例子：用户甲，在征信报告中无任何信贷记录；用户乙，在征信报告5年中共有3次借贷记录，无逾期记录；用户丙，在征信报告5年中共有3次借贷记录，有一次逾期记录，但已还清。在一般情况下，信贷机构对于这三种用户的贷款申请也有不尽相同的判断。对于甲：征信记录好干净，虽然没有其他贷款记录，但正因为如此，如何保证甲的还款能力？对于乙：有贷款记录而且全部准时还款，这说明其还款能力有保障，这种客户需要争取。对于丙：虽然有一次逾期记录，但还款能力和还款意愿有保证，客户质量同样良好。

因此，我们可以看到，好的信用记录不是没有任何信贷记录的信用白户，这样的信用记录虽然"干净整洁"，却缺少参考价值。短期内有多家机构多次借贷的信贷记录，同样有其问题，这样的用户可能会有债务过高、偿债能力不足的风险。客户有一些适当的借贷记录，且按时偿还贷款无逾期，不仅不会对贷款产生不利影响，还会为贷款申请加分，申请会更容易，他们也能够享受更高的额度和更优惠的借贷利率。而逾期也并不代表信贷机构对借款人"判了死刑"，短期轻微的违约记录也不会对贷款申请有影响。同时，二代征信报告记录的是5年还款记录（包括还款状态、逾期金额），最多在信用报告中体现5

年，5年之后，负面征信会自动消除，之后则不再受到逾期记录的影响。但是严重的逾期（如逾期90天以上）会对个人造成信用污点，严重影响借款人以后的贷款、工作等。

其实不管上征信记录好坏与否，贷款上征信记录都有一个基础的作用，即让人获得更公平的信贷机会。征信机构提供给银行的是用户的信用历史客观记录，让事实说话，减少了信贷员的主观审核对贷款申请结果的影响，使每个人得到更公平的信贷机会。

为何有些借款产品可以不上征信？

同样是借款产品，但有的产品要上征信，有的产品可以不上征信。这是为什么呢？

首先我们说持牌的银行业金融机构，其产品不上征信原因有三：一是新成立的法人银行没有接入央行征信系统。接入央行征信系统是一个复杂的过程，对系统、数据量、人员等都有较高要求，必须具备一定条件才有可能正式接入。二是法人银行虽然已经接入央行征信系统，但因为违反相关法律法规，而被暂停接入。三是个别信贷产品不在个人信用报告里记录，如公积金贷款，过去曾经有部分该类产品不纳入个人征信中。所以，对于正常、合规的机构与产品而言，基本很少出现贷款不上征信的情况。而对于其他的网络借贷、小额贷款等产品，因为不持牌或者资质不够，因此没有接入征信系统。同时，贷款不上征信又相当于增加了贷款平台的风险，相应的贷款产品也会利率更高、额度更小，以减小其发放贷款的风险。

但不上征信并不意味着借款人的借贷信息就无法查询，事实上，除了央行的征信系统外，百行征信以及其他各类提供信贷信息数据库服务的公司，也是金融机构评判用户信用水平的重要补充手段。例如，金融机构通过购买网贷平台、小贷公司等平台借贷信息的数据库服务，以更加全面地了解借款人在央行征信系统外的信贷情况，综合评定借款人的借款请求。因此，那些认为不上征信的借款就不会影响以后申请车贷、房贷等银行贷款产品的想法并不可取。

结语

必须承认，消费贷款已经成为人们日常生活中不可或缺的金融产品，银行信用卡、苏宁任性付、蚂蚁花呗等产品，极大地满足了我们的日常消费需求，让生活更加便捷。当面对琳琅满目的贷款产品时，你需要记住这样一个原则：贷款不是坏事，一直频繁贷款才是坏事；有贷款记录要注意，没有贷款记录更要注意；贷款上征信不可怕，贷款逾期不还才可怕。秉承这样一个原则，选择最适合自己的、最优惠的产品，才是使用贷款产品的最佳方式。

关于二代征信
系统的几点常识

自2020年1月19日起，中国人民银行征信中心面向社会公众和金融机构提供二代格式信用报告查询服务。对于广大群众来说，有必要了解到底什么是央行征信系统；二代央行征信有哪些新特征；对大家的生活会有什么样的影响；在日常生活中，公众需要注意什么，以避免可能的征信风险。下面，我们试图给出一些答案。

什么是央行征信系统？

央行征信系统是指中国人民银行所开发的采集企业和居民个人信用信息的基础数据库，旨在为各类经济活动提供较为准确、全面的信息服务。以个人征信报告为例，当前采集的信息主要包括5个方面：（1）个人基本信息。客户本人的基本信息，包括：身份信息（含出生日期、婚姻状况、手机号码、单位电话、住宅电话、学历、学位信息），配偶信息（配偶姓名、证件类型、证件号码、工作单位、联系电话），居住信息（含过往居住地址、居住状况），职业信息（过往工作单位及单位地址）。（2）信贷交易信息。客户的银行体系内的信贷交易信息，包括：信用提示（贷款和信用卡的汇总信息），逾期及违约信息（贷款及贷记卡逾期数量、月数、逾期最高金额等），授信及负债信息（未销户贷记卡、准贷记卡数量、授信总额、透支余额等信息）。（3）非银行信用信息。客户在其他部门系统中的信用信息，包括最近5年的欠税记录、民事判决记录、强制执行记录、行政处罚记录及电信欠费记录等。（4）本人声明与异议。本人声明是指客户本人对征信报告中某些无法核实的异议所做的说明。异议标注是指征信中心异议处理人员，针对征信报告中异议信息所做的标注，或因技术原因无法及时对异议事项进行更正时所做的特别说明。（5）查询历史。信贷审批查询记录的汇总和明细。

以上5个方面的信息，作为银行对于客户信用状况评价的重要依据，在实务中被广泛使用。

与此同时，征信系统的建立使得社会上出现了一系列基于信用的"奖优罚劣"机制，使信用价值凸显。对于信用记录良好者，各类行为成本颇低。而记录不良者，除了申请贷款和信用卡受到阻碍，还有可能影响其消费、出行方式、子女教育，甚至面临着法律诉讼的风险。

根据央行的统计，截至2019年年底，征信系统已收录10.2亿自然人、2 834.1万户企业和其他组织的信息，规模位居世界前列；个人征信系统接入机构3 737家、企业征信系统达3 613家，基本覆盖各类正规放贷机构；2019年，个人和企业征信系统累计查询量分别为24亿次和1.1亿次，日均查询量分别为657万次和29.6万次。征信系统的推出，为我国控制金融风险、降低融资成本、优化金融服务质量、提升社会信用意识等方面发挥了积极的作用。

二代央行征信系统的新特征

从2006年上线至2020年，一代征信系统已经走过了14年，在提升社会信用意识、优化金融服务质量的同时，也暴露出一系列的问题。本次上线的二代征信系统针对一代征信系统存在的问题，进行了优化。相对于一代征信系统，二代征信系统主要有两大新特征：

1.更严谨，让投机者无所遁形。

在一代征信系统中，受限于当时的条件，所采集数据的范围和更新频率都存在一定的局限性。在实务中，这些局限性，被投机者所发现并利用。一时间，"离婚式购房""信用卡0账单套利"等一系列匪夷所思的政策套利操作频频见诸报端。对于投机套利者的宽容，实际上是对于遵纪守法者的惩罚。针对以上套利行为，央行对二代征信系统进行了更加严谨的优化，让投机者无所遁形：

（1）引入"共同借款"，提升"离婚式购房"难度

所谓"共同借款"是指一笔贷款由两个或两个以上借款人共同承担连带偿还责任的借款。这里最典型的情况是夫妻贷款购房，在之前的征信系统中，这样一笔贷款仅仅显示在主贷方名下，夫妻中的另一方，可以通过"假离婚"的方式，享受"首套房"的"低利率低首付"优惠政策。随着"共同借款"的引入，房贷记录将在夫妻双方的征信报告中显示。夫妻即使离婚了，房贷记录仍然存在于双方的征信中，不排除某些夫妻通过婚后财产分割的办法，剥离一方债务，实现"首套房"套利的情况，如此操作的难度和成本已大幅提升。这对于"离婚式购房"的行为将产生有效的抑制。那么，如果是真离婚，是否影响再购房呢？官方

的解释是：征信系统将按照金融机构报送的信息，及时更新。比如离婚后，发生共同借款协议解除的情况，首先需要由金融机构向征信系统报送更新信息，然后，根据报送内容，征信系统将不再展示无债务责任一方的贷款信息。另外，根据介绍，2020年1月19日上线的二代格式信用报告中尚未展示个人"共同借款"信息，需待下一步，金融机构开始采用二代格式报送数据后，这类信息才开始展示。因此，"共同借款"信息要真正发挥作用尚需时日。

（2）新增"还款金额"，使"0账单"养卡套利失效

在一代征信系统的征信报告中，每次信用卡的还款金额是不被记录的，因此有投机者研究出"0账单"养卡套利策略，即在每次账单日之前一日全额还款，账单日之后又将资金刷出。如此操作，投机者在占用了信用卡的授信资金的同时，每期账单为0。"0账单"使得投机者的负债水平看起来很低，有利于投机者申请更多的贷款和信用卡额度。在二代征信系统的征信报告中，每次的还款额度都即时披露，如此，投机者提前还款，"0账单"养卡的行为也暴露出来，"0账单"策略失去意义。

（3）销户仍保留还款记录，使"销户洗征信"方法失效

在一代征信系统的征信报告中，随着信用卡的销户，相关的还款记录不再显示。"销户洗征信"的方法也被发明出来：对于有严重逾期记录的持卡人，只要还清欠款，再将账户注销掉，即可以得到一份"干干净净"的征信报告。在二代征信系统的征信报告中，即使信用卡被销户，还款记录仍然会被保留5年，"销户洗征信"的方法彻底失效。若要人不知，除非己莫为，珍惜自己的信用，按时还款，避免逾期才是正道。

（4）更新时间缩短，使利用时间差"并发贷款"方法失效

在一代征信系统的征信报告中，征信更新时间较长（通常为一个月甚至更长），有投机者利用时间差，同时向多家金融机构申请贷款。由于征信信息更新不及时，投机者有可能得到超过其还款能力的多笔贷款。在二代征信系统的征信报告中，征信更新时间缩短至T+1天，各金融机构可以根据借款人最新的资产负

债情况，合理地提供授信服务。借款人企图利用时间差，同时获取多笔贷款的方法失效。

（5）征信信息多样化，更多维度的信息被引入

在二代征信系统中，增加了更多维度的信用信息接入和展示，目前已知的信息增加项包括：个人信息增加展示"个人为企业提供担保""就业状况""国籍""联系电话"等，直观展示个人"5年还款记录"；企业信息增加展示"上级机构""企业规模""所属行业"等。关于之前盛传的水、电、煤气等缴费信息的采集，官方最新的消息是，本次上线的二代信用报告中暂不采集这些信息，而未来采集这些数据的前提是取得信息主体的授权。未来在采集个人水费、电费等公用事业缴费信息时，征信中心将与相关数据来源单位协商，并将严格落实《征信业管理条例》第十三条"采集个人信息应当经信息主体本人同意，未经本人同意不得采集"的规定，在数据来源单位取得信息主体授权同意，并确保数据质量和安全后，才会进行采集和展示。"

（6）新增反欺诈提醒

据了解，在二代征信系统中，客户如果发现信息被盗用，可以在征信报告上发布"反欺诈警示"，对金融机构进行提醒，对于客户和金融机构起到保护作用。

2.更体贴，从监管思维到服务思维。

除了更加严谨的信息采集，二代征信系统的设计思维也发生了巨大变化，更多地体现出"以人为本"，为客户服务的理念。主要表现在：

（1）新增申诉渠道

针对征信信息采集过程中可能出现的问题，在二代征信系统中，为用户开辟了申诉流程，并且对受理效率提出了时效性要求。根据《征信业管理条例》，当客户（信息主体）对于征信信息存在错误或遗漏的时候，可以向征信机构（人民银行）或者信息提供者（一般为某信息采集的银行）提出异议，并在征信报告中添加异议声明。受理机构需要在收到异议之日起，20日内将核查处理结果书面答复异议人。如果客户仍然不满足，还可以向所在地的征信业监督管理部门派出

机构投诉或者开展司法诉讼。新的申诉渠道以用户为中心，提供了解决征信异议问题的三个层级（银行/监管/法院）解决方案，同时限定了各个机关的受理时限，为问题的解决提供了保障。

（2）安全保护

除了申诉渠道，用户信息安全也成为二代征信系统的关注重点。根据之前发生的信息安全事件，央行颁布了"102号"文——《关于进一步加强征信信息安全管理的通知》，一系列信息安全保障机制被引入新系统。一方面，二代征信系统要求合规使用，金融机构必须首先得到用户的授权，才能进行查询。严禁将查询到的客户征信信息给第三方使用。另一方面，二代征信系统针对可能出现的违规事件，建立了一套"自查自纠，风险报告，应急处置，年度考评，安全巡检"的机制，真正做到"强化征信监管，确保征信安全"。

注意事项

千呼万唤始出来，犹抱琵琶半遮面。面对着号称"史上最严"的二代征信系统的落地，社会大众需要注意以下几点：

（1）诚实守信，注意自己的信用管理。无论社会如何发展，诚实守信是我们的立足之本。征信系统设立的目也是通过构建社会信用体系，奖优罚劣，让信用真正产生价值。随着征信系统演进，那些信用良好的人会发现，平日点滴积累的信用会给生活带来便利。诚实守信，畅行天下；失信失德，寸步难行。

（2）远离不法贷款中介。在社会上存在大量的贷款中介，教客户如何养信用卡，如何洗征信，如何套取贷款。这些人的手法除了存在一定欺骗性之外，无外乎利用了前面所描述的一系列征信漏洞。随着二代征信系统对于漏洞的修补，这些投机操作除了劳神费力浪费钱之外，不会产生任何效果。而投机操作所留下来的一系列异常的申请记录，反而有可能降低当事人的信用评价。所以，面对不法贷款中介的招揽和诱惑，务必果断拒绝。

（3）提升维权意识。二代征信系统向用户开放了多条异议申诉渠道，在发现自己的合法权益被侵害的时候，我们应该利用好这些渠道，主动维权。一方面，当我们的身份被盗用时，可以及时申请发布"反欺诈"警示，将盗用风险降到最低；另一方面，当征信信息存在错误或遗漏的时候，可以向征信机构提出异议，要求征信机构在20日内书面答复。总之，如何用好这些渠道，维护好自身的合法权益，是我们每个人需要关心的事情。

从长期来看，二代征信系统的推出只是我国征信系统演进长河中的一个节点。一代征信向二代征信演进的过程，也是我国信用体系持续完善的过程。期待着二代征信体系的落地能够将我国的信用社会建设推到一个新的高度。

你可能已经上了征信"灰名单"

当前，除了银行发行的信用卡，还有很多民营金融机构提供了丰富的现金贷产品，如腾讯金融的微粒贷、苏宁金融的任性贷等。随着更多的现金贷产品不断进入市场，大家逐渐对"黑名单""白名单"等词汇越来越熟悉，也知道一旦上了黑名单，无论是申请信用卡还是在其他金融机构申请贷款都会被拒。但很多人不知道的是，征信也有"灰名单"。一旦你上了灰名单，也有很大可能会被拒贷呢！来，先看一则网友发帖（如图3-6所示）：

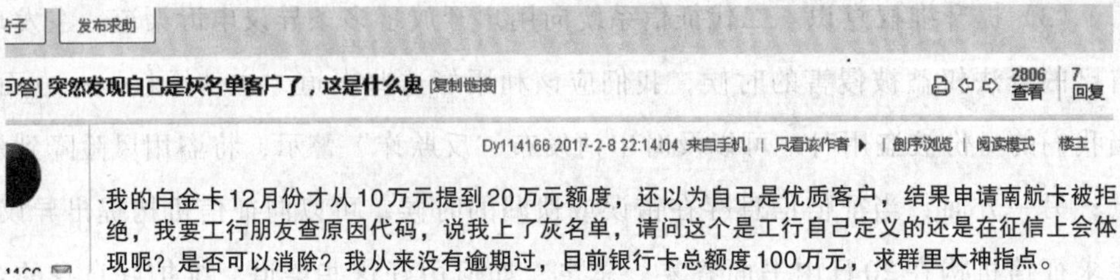

图3-6 网友发帖

从图3-6可以看到，灰名单不但真实存在，而且真的会给用户造成拒贷。今天，风控妹就给大家好好讲讲，征信灰名单是什么，有什么作用，什么行为会上灰名单，该如何解锁灰名单。

征信灰名单是什么？

简单来说，灰名单就是介于白名单和黑名单之间的名单。黑名单，是指由于用户有不良信用记录，金融机构对此类用户无论申请信用卡还是贷款都是直接拒绝，而且金融机构会上报央行，被央行记录在案。灰名单相对而言程度低很多，一般指金融机构检测出了该用户过往或现在有"敏感行为"，而这些行为在金融机构的历史记录或大数据上往往与失约存在一定相关性，即存在一定的失约风险。

征信灰名单有什么作用？

一旦上了灰名单，在申请贷款的时候就会被信审高度关注，信贷申请会遭遇更加严格的审查，比如需要电核、面核等，而且被拒的概率很大。所以，灰名单虽然不会被央行记录，但在很大程度上会直接造成信用卡申请失败或贷款被拒。

哪些行为会上灰名单?

（1）习惯性逾期。有些人可能觉得逾期个一天两天不是什么大事，或者真的很忙总是记不住还信用卡的日子，逾期大不了就是被客服催一下，催了我就还上，也不会有什么影响。殊不知，如果长期有逾期行为，不但会引起借款平台的担心，降低你的借款额度，还会上征信灰名单，最终造成拒贷款被拒。

（2）不上征信的网贷就随意申请。虽然这些网贷公司不上征信，但是你的某些行为会被大数据记录在案，如果申请太多就会被怀疑借款用意是不是拆东墙补西墙，贷款被拒也就难免了。

（3）多头借贷。购买的欲望过于强烈，总感觉钱不够用，于是同时在多家机构申请贷款，或利用"时间差"在不同平台申请网贷，以为自己可以拿到很高的额度，但你可能不知道，不同网贷平台会共享信息，这样不但会触发金融机构风控规则被判定为多头借贷，还会把自己的征信报告变差，而被金融机构直接划进灰名单。

（4）短时间内频繁申请信用卡。这与频繁申请贷款没有区别，也会被认为是极度缺钱的用户。

（5）通过多家中介代办。中介拿到你的信息就会集中反复去各大机构录入你的信息，这样你就会被征信大数据标记为"极度饥渴型客户"，被打上这个标记，你的贷款申请会变得越来越难，所以，尽量不要将自己的信息给贷款中介。

（6）被判定为有骗贷倾向。当然，大家并不想去骗贷，可是风控大数据会分析你的行为，解读出一些倾向，比如，借款用途不明确或与事实不符、手机号没实名认证、手机号使用时间短于3个月等，都会被认为放款风险系数高而被暂时放进灰名单。

（7）有高额借款历史。一些申请人曾经有过高额借款历史，即使已经还清，也会被金融机构重点考察，这些一般都是遇到无法处理的情况或者涉及不良背景的人才会出现的情况。无论申请人还清与否都会被认为有风险。

（8）频繁查征信报告。在个人信用报告中，查询记录包括了查询日期、查询操作员、查询原因等内容，也是银行重要参考项，若查询记录过多，就会影响金融机构对客户的信用评定及放贷。不过，需要说明的是，个人信用报告的查询原因分为本人查询、信用卡审批、担保资格审查、贷后管理、贷款审批、异议查询等。其中信用卡审批、担保资格审查、贷款审批按风险要素属于负面类，这类查询记录过多会产生不利影响，而本人查询不算在内。例如，如果一段时间内，信用报告因为贷款、信用卡审批等原因多次被不同的银行查询，但查询记录显示该段时间内，用户没有得到新贷款或成功申请信用卡，这就说明该用户财务状况不佳，是否审批放款，金融机构就要考虑了。

如何脱离灰名单？

如果真的发现自己上了灰名单，也不要担心，因为灰名单都是有一定期限的，各家金融机构有不同，大多是一个月到一年不等。首先，你可以去相应机构询问自己上灰名单的具体原因，是不是有自己遗忘的、含有逾期的信用卡等。其次，从那个时刻开始好好维护自己的信用记录，不再产生上述不良行为，相信过了银行的观察期，不良记录就会从灰名单中被删除了。最后，风控妹真情提示：个人信用直接影响我们的贷款担保、个人购车、申请信用卡甚至是求职等生活的方方面面。为此，一定要关注自己的信用，信用一旦被影响，养信用可是比养卡还要难的！

普通人如何自查征信报告？

风控妹第一次听说"征信报告"的时候，也是满脸写满了问号，并不知道这跟我有什么关系，更别说去自查了。前不久，一位好友因为征信不良，房贷申请被拒了，由此我才认识到了征信对我们每个人的影响。

征信报告有多重要？

征信报告就是"经济身份证"，是让银行可以信任你，贷款给你，发信用卡给你的有力证据。良好的征信报告不但可以帮你快速获得贷款，还可以使你享受到较低的利率，而不好的信用报告可能直接导致贷款无法审批成功，即使审批成功也极可能是较高的利率。所以，自查征信报告的重点就是——确认查询记录中的信息与自己的实际行为是否相符，发现问题尽早解决，防止在你需要申请贷款和信用卡的时候耽误事儿。

啥时候查合适？

2013年1月21日颁布的《征信业管理条例》第十七条规定：个人一年有2次免费查询的机会。在你向银行申请贷款或信用卡之前，最好提前2个月以上自查一下征信记录，如果发现有错误即时提起异议处理，因为异议处理需要20天左右的时间才会有结论，而记录在征信报告中生效也需要一段时间，2个月是为了给自己的征信记录修改留足时间。即使不申请贷款和信用卡，风控妹还是建议每年至少应查一次征信报告，方便及时发现问题、解决问题。

去哪里查？怎么查？

个人查询征信报告的渠道有现场查询和网上查询两种。下面我们将详细介绍：

1.现场查询：在央行征信中心查询网点进行现场查询。

（1）必备材料：个人有效身份证件+《个人信用报告本人查询申请表》。
（2）具体方法：各地查询网点地址信息可以在央行征信中心官网查询，也可拨打电话4008108866查询当地机构地址。目前，全国共有200多个查询点，一般来说，各地的市政服务中心都会提供征信查询服务。图3-7就是央行征信中心的查询点介绍截图，以江苏省为例，覆盖了盐城、镇江、泰州、宿迁等13个城市。
（3）如果在外出差临时需要征信报告怎么办？很简单，就在当地查！个人信用信息基础数据库的网络覆盖全国各地，无论在哪都可以到所在地的中国人民银行分支机构查询。（4）能帮家人或朋友查信用报告吗？对爸妈这代人来说，听过"征信"的没几个，但随着房价飞涨，父母们买房也可能面临着房贷问题，自然就要与征信报告打交道。作为儿女，我们很想帮父母搞定这些事情，但征信报告属于个人信息，在没有得到他人授权的情况下，个人是无权查询他人信用报告的。遇到这种情况，怎么办呢？大家只要请当事人签署授权委托书并经过公证处证明+委托人和代理人的有效身份证件原件和复印件+个人信用报告本人查询申请表，就可以去央行征信中心查询点代查征信报告了。

北京市分中心 [详细]

上海市分中心 [详细]

天津市分中心 [详细]

重庆市分中心 [详细]

辽宁省分中心 [详细]

江苏省分中心 [详细]

　南京市

　南京市政务服务中心

　地址：南京市江东中路265号

　电话：025-68505335

图3-7　全国各征信分中心及查询点联系方式

2.网上查询：相比现场查询的地理位置和时间限制，网上查询更方便。

（1）查询网址：登录征信中心官网，如图3-8所示：

个人征信记录，尽在掌握！

☑ 个人信用信息提示

☑ 个人信用信息概要

☑ 个人信用报告

马上开始

（验证试用版）

图3-8　征信中心官网

　　通过"互联网个人信用信息服务平台"实名注册后，就可以申请查询个人信用信息产品了，包括：个人信用信息提示、个人信用信息概要、个人信用报告。为了保证用户信用信息安全，央行的注册过程比较复杂，会采用银行卡验证、数字证书验证、问题验证等多种验证方式，具体操作流程见 https：//ipcrs.pbccrc.

org.cn/html/help_center5.html。需要注意的是，如果选择银联卡验证，银行卡身份验证功能支持的银行卡须开通银联在线支付功能。经苏宁金融风控妹亲测，注册账户需要7个步骤大约10分钟左右。注册完毕后重新登录，选择个人信用信息产品，提交查询申请。

不太方便的是，查询结果并非实时的，需要等待24小时后，再登录平台，点击"信息服务"—>"获取查询结果"，再输入平台发送到用户手机上的身份验证码，就可以查看选择的信用信息产品的输出了。图3-9是人民银行征信官网的信用报告样例，供参考：

报告编号：20101130030000014210351		查询时间：2010.11.30 09:30:15		报告时间：2010.11.30
姓名：欧阳冠军	证件类型：身份证	证件号码：41010519750324xxxx		已婚

信贷记录

这部分包含您的信用卡、贷款和其他信贷记录。金额类数据均以人民币计算，精确到元。

信息概要 逾期记录可能影响对您的信用评价。

	资产处置信息		保证人代偿信息
笔数	1		2

	信用卡	住房贷款	其他贷款
账户数	7	3	4
未结清/未销户账户数	4	2	3
发生过逾期的账户数	4	1	1
发生过90天以上逾期的账户数	4	0	0
为他人担保笔数	0	0	1

图3-9　人民银行征信官网的信用报告样例

3.次查询机会用完了还想查怎么办？

按照《征信业管理条例》和《国家发展改革委关于中国人民银行征信中心服务收费标准有关问题的批复》（发改价格〔2016〕54号）规定：中国人民银行征信中心自2016年1月15日起，个人到柜台查询自身信用报告，每年第3次起的收费标准由每次25元降低至10元，通过互联网查询及每年前2次到柜台查询继续实行免费。鉴于此，风控妹建议：个人查询征信报告最好不要选择征信代查，不光收费高，查询途径也不好确定，还有可能给自己的征信记录增加风险。

最后，通过一个重点回顾结束本文：（1）一年2次免费查询征信报告的机会要抓住；（2）查询方法尽量选择网上，因为更加自由不受地理位置和时间的限制；（3）征信报告最好不要选择征信代查，以免给自己的征信记录增加风险。

征信报告出错了，如何补救？

随着芝麻信用、腾讯征信的发布，大家越来越感受到个人信用在日常生活中的重要性，良好的个人征信可以免押金住酒店、租房、租共享单车，甚至还可以得到很高的贷款额度以及极低的利率。而在千千万万、五花八门的个人征信产品中，央行征信报告是最具权威的，也是各大银行和贷款机构最看重的征信数据来源。所以，如果你的央行征信报告中"多出"了一些不良记录，那你的买房、买车、迎娶白富美的美好梦想就有可能全部破灭。

此处苏宁金融风控妹说的是"多出"了不良记录，就是说央行征信报告出错了！出错是指征信报告中的记录与事实不符合。比如，你按时足额还了信用卡、按时足额缴纳了房屋贷款，但是央行征信报告却有记录显示你的信用卡或房屋贷款逾期。

What？央行征信报告也会出错？！

当然会出错！所有数据会从不同机构报送到征信系统，过程长、环节多，中间很有可能出现错误，常见的错误包括：自身填写信息有误，客户经理录入错误，放贷机构数据处理有误，征信中心整合数据有误等。当然随着数据收集与处理自动化程度的提高，此类错误也会越来越少的。

出错了是花钱改还是找征信中心改？

网络上很多类似的广告或服务提供商声称可以帮助修复信用记录、代销征信记录，也就是俗称的"铲单广告"。那花了钱是不是就可以实现征信修复呢？

当然不能！央行表示，放贷机构会直接将征信记录报送征信中心，征信中心根据不同机构（放贷机构、公用事业单位等）报送的数据，使之匹配。当发生错误时，相应报送数据的机构需要自查并重新报送征信中心。所以，不仅无任何授权的第三方服务提供商，就连征信中心也不能擅自修改、删除数据。

那到底找谁改，怎么改？

有两种渠道可以对个人征信报告中的错误或遗漏信息提出异议申请：一个是业务经办机构，另一个是征信中心（分中心）。

什么叫业务经办机构？通俗地说，就是错误的数据是哪里出的，就去哪里申请修改。如果是个人电信缴费信息错误，就可以去电信公司提出异议申请；如果是个人养老保险或住房公积金缴费记录有错，可以向当地社保或公积金经办机构提出异议申请；如果是房屋贷款或者信用卡信息有错，就要去放贷或发卡银行提出异议申请。无论去哪里申请异议处理，都必须携带本人有效身份证原件，如果是向征信中心提出申请还要填写《个人征信异议申请表》，在中国人民银行征信中心官网可以直接下载此表，当然也可以委托他人帮助办理。异议申请受理后怎么办？当然是耐心等待了，征信中心会联系提供异议信息的商业银行进行核查，并于受理异议申请后的20日内回复异议申请人。实际上可能不需要这么长时间，目前的平均处理时间是十几天。到规定的20日后，异议申请人可到征信分中心领取回复函。为什么处理异议需要20天？业务经办机构要找到原始凭证进行核对，需要经过层层审查，所以需要的时间较长。

异议处理结果有哪些？一般有两种：征信报告与实际情况不符，更正信用记录；征信报告与实际情况相符，保持信用记录不变。如果对异议处理结果仍然不满意，那你还有三招可以用：（1）声明：向征信中心申请在征信报告中添加"本人声明"，说明情况，声明方法同样在央行征信中心官网可以查到；（2）投诉：向当地人民银行征信管理部门或金融消费者权益保护部门投诉，可以在30日内收到反馈；（3）诉讼：向有管辖权的法院起诉，通过司法程序解决诉求。

最后，衷心地希望大家不要在征信报告中出错，如果遇到也不要紧张，按照上述步骤操作，最终是可以修复的。

征信报告留下污点，如何拯救？

"500元帮你修复征信报告，消除征信污点，还你征信记录清白，从此房贷、车贷、各种贷不再因征信被卡……"看到上述广告，你会心动吗？我猜并不会！因为你并无征信污点，或者说，你根本不知道自己的征信有无污点，也从未关心过自己的征信报告。但是，对于一个征信已经"花了"的人，征信修复已经触及了痛点。在这里，需要提醒的是，你看到的"征信修复"未必是你所需要的征信修复，正所谓"骑白马的不一定是王子，也有可能是唐僧"，毕竟没有一个骗子会标榜自己就是骗子。那么，征信修复到底是否靠谱，已经"花了"的征信，有机会修复吗？

征信修复具有广泛的含义，在此，我们仅讨论个人征信的修复。

在说明征信修复时，就不得不提一下修复的对象之一——"个人征信报告"。在《起底个人征信》和《二代征信报告快上线了！这四种投机套利行为将彻底失效》这两篇文章中，我们已经对个人征信行业和个人征信报告做了详细的介绍，此处不再赘述。根据中国人民银行征信中心相关数据，个人征信异议的申请数量自2006年统计以来，呈波动上升趋势。虽然中国人民银行征信中心未披露2015—2017年的具体数据，但按照《征信业管理条例》和《国家发展改革委关于中国人民银行征信中心服务收费标准有关问题的批复》（发改价格〔2016〕54号）规定，中国人民银行征信中心自2016年1月15日起全面开通了线上线下个人信用报告的查询业务，异议的申请数量自2016年有了爆发式增长，到2018年年末，全年个人征信异议申请数量超过4.1万次（如图3-10所示）。

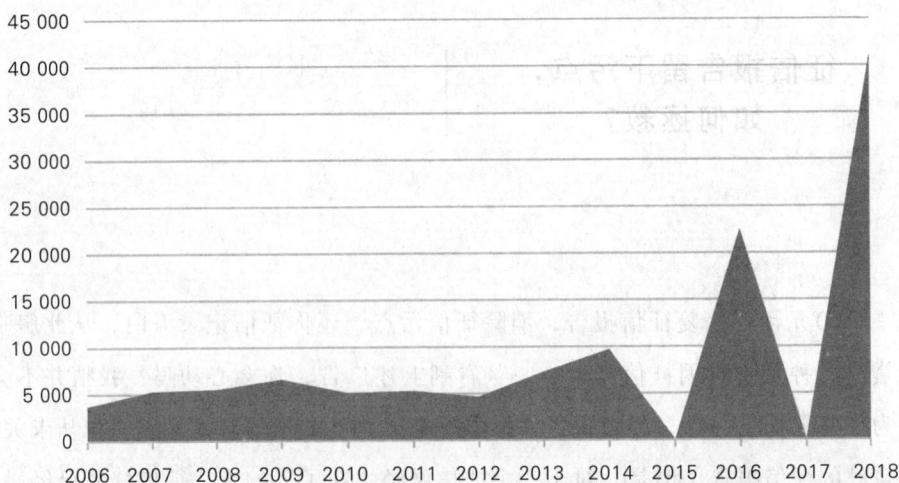

图3-10 2006—2018年个人征信异议申请数量

数据来源：中国人民银行征信中心，苏宁金融研究院。

由此可以看出，人们对于个人征信报告越来越重视，信用修复的意识逐渐崛起。但是，个人征信异议的申请仅仅是信用修复的方式之一，《征信业管理条例》和《关于加强和规范守信联合激励和失信联合惩戒对象名单管理工作的指导意见》等相关法律法规赋予了公民进行信用修复的权利。那么，在明确信用污点可以被修复的情况下，我们需要知道大概有哪些情况会造成信用污点。

信用修复是信用管理的重要组成部分，但在我国，并无相关法律对其进行统一的定义和界定，已出台的法律法规主要是对"信用修复"的支持和鼓励。但根据信用主体及其意愿，信用修复大概可分为三类。

第一类是由于信用主体主观意愿不积极导致的。例如，在银行贷款时，到期拒不还款或不能还款的。由于互联网金融的快速发展，这类失信行为逐渐增多，很多人通过"薅羊毛""撸口子"等方式在互联网金融平台借款后，拒不归还或逾期归还，在平台接入中国人民银行征信中心后，上报逾期/未还记录，最终显示在个人征信报告之中。那么，针对该类信用记录，是否具有可修复性呢？答案是肯定的。法律法规赋予了每个人"改过自新"的机会，其修复方式我们将在后面详述。

第二类是由于信用主体客观遗忘导致的，比如信用卡/贷款忘还。针对此种情况，多数机构都设置了一定的"宽限期"，即在信用卡还款日到期后的一定时间内（一般为2~5天），及时归还，逾期记录并不会显示在征信报告中。但是这个"宽限期"并非无限次，若总是在"宽限期"才还款的人，机构也会根据实际情况，将逾期记录予以上报。针对这种逾期信息，除了和前一类同样的修复方式外，还有其他修复方式。

第三类是非信用主体本身的原因，非本人意愿不积极导致的。其原因主要是信用信息收集、处理过程中出现错误或"身份盗窃"。例如，很多人因为过去的身份证号重复而导致的非本人贷款信息，以及无故"被法人""被办卡""被贷款"等现象。该类信息所引起的征信报告信息错误，在人民银行征信中心申诉申请中占比较大。

目前，信用修复行业及工作在国内并未有足够的市场并得到重视，因为个人征信在我国的发展历史比较短。但国外不同，欧美日韩等发达国家个人征信已经极其发达，是社会生活的重要组成部分。梳理部分发达国家的信用修复市场，能够更好地为我国信用修复市场发展提供借鉴。

提到国外征信，自然不能不提美国，美国是征信行业市场化发展的典型代表。美国于1971年实施《公平信用报告法》，公民可免费获取信用报告，民众愈发重视自身信用状况并提高自身的信用（与我国目前极其相似）。20世纪80年代起，市场开始出现信用修复机构。但此时的信用修复机构大多以牟利为目的，先收费并承诺消除信用报告中的一切不良信息（包括合法的负面信息），大量消费者因此被骗，由此引发社会各界对信用修复市场的重视。在此背景下，1996年美国颁布《信用修复机构法》，并打击各类违法、虚假的信用修复机构。2007年美国成立行业协会——美国信用修复机构协会组织（NACSO），制定相关行业准则，并起到重要作用。根据NACSO官网披露的数据，2015年全美登记在册的信用修复机构超过1 500家，信用修复服务的投诉案件共1 751件，创历史新低，相比2006年的10 857件降幅明显。

法律构成了信用修复市场的核心，《信用修复机构法》的核心内容主要分为五个方面：第一，明确信用修复机构的定义，即通过各种方式向客户提供服务或咨询，客户改善信用记录、历史、评分，并由此获取收益的机构。第二，明确信用修复机构的禁止事项。禁止提供消费者信用情况不实陈述；禁止掩盖不良信息，妨碍信用评级、记录、历史的展示；禁止机构虚假传播服务；禁止任何可能导致欺诈、欺骗的行为；禁止预先收费。可以说，禁止行为以外的市场，为征信修复提供了大量的创新空间和商业模式。第三，明确信用修复机构的披露义务和合同必备条款，即相关提示和权利义务条款。第四，列明信用修复机构的违规责任，即相关惩罚性条款。第五，明确监管部门的执法权力，即明确各级政府及其他组织的权力、责任分配。

从以上可以看出，美国的信用修复市场是在市场要求下，通过一部部法律串联而成的，并且美国也是世界上唯一一个对信用修复专门立法的国家。相关法律及各级组织的建立，有力地推动了行业的发展。

与美国不同，英国并没有对信用修复进行专门立法，而是通过设置信息专员署、信息法庭、破产服务局等一系列机构，对个人信用不良进行修复。其中信息专员署是指定专门的信用修复机构，并履行公共监督职能。在宣传教育方面，英国则设有金融服务管理局（FSA），对公众进行征信宣传教育，并开设"消费者求助"网页和"消费者热线"为消费者服务。

在亚洲的国家中，韩国的个人不良信用处罚则是出名的严格。比如，1~5年内不得从金融机构贷款、信用卡停用、签证受限、财产被强制处理。在立法方面，韩国与英国相似，无专门信用修复法，但于1995年颁布了《信用信息使用及保护法》，赋予公民免费查询和更正权。在信用修复实践方面，韩国设立信用恢复委员会，对失信个人进行教育。此外，韩国还设有专门的信用咨询与修复服务公司，为个人提供专业的信用修复服务。

相比较而言，我国目前的信用修复市场仍处于初级阶段，相关的法律法规亟待完善，有需求的个人也无法寻找到相关机构提供服务，市场化程度仍然有待发展。

虽然我国的信用修复市场目前的市场化程度较低，但仍然存在可执行的信用修复方式供消费者使用。下面列举几种方式给消费者提供借鉴。

第一，自动修复。《征信业管理条例》规定"征信机构对个人不良信息的保存期限，自不良行为或者事件终止之日起为5年；超过5年的，应当予以删除"；《最高人民法院关于公布失信被执行人名单信息的若干规定》则规定"纳入失信被执行人名单的期限为二年"。简单来讲就是，5年前的逾期记录，征信报告不予体现。只要归还了欠款，逾期记录到期就删除。这点对于那些有欠款未还的人群具有警示价值，逾期的信用记录并不会伴随你终生，但若是欠款未还，将持续体现在征信中。金钱的得失仅是一时，信用的伴随才是一生。

第二，异议申请。异议申请即对于征信报告中非本人发生的信息予以申诉，中国人民银行征信中心提供了申诉的入口和流程，有异议的应及时申诉处理。

第三，自主解释。自主解释即"本人声明"，当出现某些必要情况时，信用主体需要进一步说明特殊情况时，可以提交"本人声明"。本人声明中对非主观恶意违约等的相关解释有助于争取金融机构的理解，为建立新的良好信用记录创造更多机会，因此本人声明的内容对于青年修复个人信用具有积极意义。目前，该种方式并不常见，仅在部分城市的地方性法规中有规定，也缺乏可执行的路径。

第四，参与公益性质的服务。一些省市尝试让信息主体通过参加社会公益活动来的方式来修复个人不良信息。例如，江苏省宿迁市规定，"经认定，当年参与志愿服务满50小时的普通志愿者，对因拖欠水电费产生的不良记录予以修复"，但该种修复方式仍旧极少，通过社会公益修复的个人不良信息也仅限公共事业缴费、违规等公共信用信息领域，不包括信贷逾期等核心的金融领域不良信息。

除了以上提到的几种信用修复方式外，欧美成熟的征信市场还有其他几种信用修复方式，这些方式能够为我国信用修复的发展提供一定的借鉴。

第一，建立政府主导的信用修复机构，援助失信人群。例如，韩国的援助委员会、英国的信用修复中心等。第二，建立市场化的信用修复市场，为信用主体提供多样化的信用修复咨询服务。信用修复机构可根据严重程度，针对性地提出信用修复建议，提供流程化、专业化的个人信用修复服务，如提供清理、重组债务、理财、分期偿还债务等建议，协助进行申诉等。第三，法院主导进行个人信用重建，为个人破产者重建个人信用。除此之外，以法律法规为基础，发展政府+市场机构的多样化参与主体，建立完整的监管体系，明确市场各方权责，也是行业发展的必由之路。随着信用概念的普及和信用体系建设的推进，已经有越来越多的人重视个人信用的维护。最后，需要指出的是，建立有效的监管机制，通过制度让失信者有更多的"改过自新"的机会，是对失信者的救赎，也更能体现失信惩戒的价值。

第 4 章

隐私保护

警惕手机App越界
偷窥你的隐私

    只让你选择一件物品出门，你会选择什么呢？相信大家心里已经有了答案，那就是手机。你的工作生活是不是已经被手机填满？早上起来查看天气，手机App自动提醒你注意防晒；开车经过某一个城市，手机App马上推荐相关城市的衣食住行。作为资深手机控，我们充分享受各类App带来的便利。另外，你的手机是否频繁收到一堆优惠活动的垃圾短信；除了快递小哥给你打电话，更多时候对方直接报上你的大名，当你以为是老朋友或者同事时，却发现对方让你带上小孩来参加课程体验，或者告诉你某房源又有优惠。对于个人隐私泄露，你是否深恶痛绝呢？对于手机越来越多的新功能，你了解吗？

    现在，我们就来解读一下恶意App如何窃取你的隐私，并教你如何防范。

隐私泄露屡禁不止，精准诈骗频发

    2020年5月15日，工业和信息化部发布关于侵害用户权益行为的App通报（2020年第一批）。依据《网络安全法》《电信条例》《电信和互联网用户个人信息保护规定》等法律法规，工业和信息化部组织第三方检测机构对手机应用软件进行检查，对发现存在问题的企业进行督促整改。这些App以及它们涉及的违法违规行为是什么呢？

据通报，当当、店长直聘、e代驾、大街等16款App在列，这些应用软件均涉及私自收集个人信息问题，另外还包括私自共享给第三方、超范围收集个人信息、不给权限不让用、强制用户使用定向推送、过度索取权限、账号注销难等7大类问题。工业和信息化部要求，存在问题的App应在2020年5月25日前完成整改落实工作，逾期不整改的，工业和信息化部将依法依规组织开展相关处置工作。

2018年8月，中消协发布的《App个人信息泄露情况调查报告》表明，App已经成为个人信息泄露的重灾区，遇到过个人信息泄露情况的人数占比为85.2%，没有遇到过个人信息泄露情况的人数占比为14.8%。当消费者个人信息泄露后，约86.5%的受访者曾收到推销电话或短信的骚扰，约75.0%的受访者接到诈骗电话，约63.4%的受访者收到垃圾邮件。调查结果还显示，如果手机App导致个人信息泄露，大家担心的问题是：（1）信息被利用从事诈骗窃取活动，约占70.5%；（2）信息被贩卖或交换给第三方，约占52.4%；（3）被推销广告骚扰，约占37.7%；（4）名誉受损，约占6.6%。

值得关注的是，最终有大约三分之一的受访者选择"自认倒霉"，一方面可能是基于无力应对的选择，另一方面也可能是应对无效后的接受现状。骗子获取用户信息以后，最严重的后果是对个人进行"量身定做"的精准诈骗，这种骗术很难被当事者识破，因为骗子往往能够准确地说出当事者一些较为私密的信息，足以"以假乱真"，让用户放松警惕。2019年9月20日，黑龙江双鸭山一位刘女士报警称，她前几日在第三方平台上购买了一张飞机票，就在飞机起飞的前一天，她突然收到短信称行程取消。她打电话联系退款，结果被骗15 000元。

隐私泄露原因多样，套路满满识别难

用户个人隐私泄露原因多样，本节主要从黑灰产人员、App开发者、App本身和用户自身四方面进行分析。

1.黑灰产人员通过对系统反编译、攻击篡改、植入后门等方式对数据进行窃取。

2013年10月，国内安全漏洞监测平台"乌云网"披露，自称是中国最大的酒店数字客房服务商的浙江某某公司，因为安全漏洞问题，使与其有合作关系的大批酒店的开房记录在网上泄露。数天后，一个名为"2000w开房数据"的文件出现在网上，其中包含2 000万条在酒店开房的个人信息，容量达1.7G。在开房数据中，开房时间介于2010年下半年至2013年上半年，包含姓名、性别、国籍、民族、身份证号、生日、地址、邮编、手机、固话、传真、邮箱、公司、住宿时间14个字段。黑客利用平台漏洞，收集网站和App应用程序泄露的个人信息，再尝试登录其他网站系统进行"撞库"，不断非法获取用户信息。通过手机号、身份证号将用户碎片信息不断关联清洗，再把这些信息"打包"卖给不法分子，以此牟利。目前，"人肉搜索"已经成为一门灰色生意，价格从数百元到数千元不等，而这些信息均来自黑灰产人士用于储备个人信息的"社工库"。需要指出的是，社工库及"人肉搜索"行为严重触犯了《网络安全法》及其他有关法律、行政法规关于个人信息保护的规定。

2.App开发者技术实力参差不齐，数据管理不善容易造成数据泄露。

一般中小公司App开发者技术能力薄弱，在数据安全技术力量上欠缺，数据保护意识不强。这给了黑客可乘之机。以金融行业App为例，这些和"钱"有关的App安全性到底怎么样？2019年9月11日，中国信息通信研究院的报告团队从232个安卓应用市场中收录了133 327款金融行业App。经检测发现，共有20.48%的金融行业App被嵌入了第三方SDK，嵌入的SDK数量共计高达104 005个。在嵌入SDK的金融行业App中，有45%的App嵌入了5个及以上的SDK。而第三方SDK存在隐蔽收集用户信息、自身安全漏洞易被不法分子利用等安全风险。而这批App中仅17.08%进行了安全加固，超过80%的金融行业App在应用市场"裸奔"，未进行任何的安全加固。基于Java语言编写的安卓应用程序如不进行加固，则其打包的APK文件很容易被反编译工具进行逆向分析，进而暴露风险。

3.App本身过度索取手机权限带来隐私泄露风险。

对App来说，获取手机权限一部分是因为功能需求（如导航软件获取位置信息）；而另一方面也是为了尽可能多地收集用户数据，更加详尽地了解用户特性，进而有针对性地进行推广，提高用户体验等。App最热衷收集的就是获取用户位置和通讯录信息。根据《App个人信息泄露情况调查报告》，读取位置信息权限和访问联系人权限是安装和使用手机App时遇到的普遍情况，分别占86.8%和62.3%。受访者被要求读取通话记录权限（占47.5%）、读取短信记录权限（占39.3%）、打开摄像头权限（占39.3%）、话筒录音权限（占24.6%）的比例也相对较高。App在安装的时候，有一个服务协议与隐私政策，长达几页甚至十几页且文字密集。一些软件不授权就无法使用，绝大部分用户没有兴趣阅读并直接默认选择同意。一些看似"正规"的App在条款内埋下陷阱，披着"合法"的外衣，以"本人已经阅读且同意履行"为由收集用户个人信息。当这些App发现用户维权时，它们就以"已经在条款中说明要求，用户已经同意"的理由为自己开脱。

4.用户自身安全意识缺乏，经不住"诱惑"容易造成隐私泄露。

在互联网时代，大量用户不知道怎么正确管理账号密码，普遍存在安全意识缺乏，容易"中毒"或被钓鱼软件欺骗。大量高仿低质的App充斥在市场。我们以在iOS AppStore搜索"查社保"为例，同时出现几十个类似App，普通用户很难区分哪一个App是官方出品，排名靠前的App有可能是通过刷评论、刷下载量等手段冲上去的。用户在注册使用的过程中，其数据被这些App保留下来。2019年"3·15"消费者保护日，"社保掌上通"App因过度收集用户信息数据被央视点名，用户填写各种资料注册这款App后，这款App会通过隐藏的用户条款窃取用户社保信息，现在这款App已经被全网下架。还有一些App通过优惠短信链接、扫码打折等诱惑信息，诱导用户直接下载App。这时用户要擦亮双眼，不要图方便或只看评价等，在不清楚App来源的情况下，不要下载和输入个人信息。在App某些功能提示需要读取通讯录时，一定要慎重考虑这个要求是否合理，增强自身的辨别能力和隐私保护意识。

热衷获取个人隐私，商业利益是诱因

商业的本质是逐利的，正确合理地使用数据本无可厚非。正如百度 CEO 李彦宏所说，中国人多数情况下愿意用隐私换便利，但用户仍然不希望被过度查看自己的个人数据，如聊天记录、通话记录等。除"贩卖和交换个人信息""诈骗窃取活动"等不法行为外，个人信息是如何被拿来做推销广告的呢？本节就为你简单介绍一下其中的奥秘。

首先，在注册使用购物或者社交 App 时，你的姓名、手机号、性别和地址等信息会被记录下来。其次，在使用 App 的过程中，你的行为数据如浏览时间、地理位置、浏览路径、消费记录等上千个行为都会保存下来。接下来，系统建立模型，从这些基本数据和行为数据中构建标签，试图从无数个标签中构建出你的用户画像。例如，你看到一款"电视"产品的介绍，系统开始计算你对"电视"的购买欲程度。通过一个简单的标签加权算法：购买欲权重=行为权重×停留时间×衰减因子，当你对"电视"产品进行评论、点赞、转发和收藏等操作后，你的行为权重会增加。停留时长是加分项，如果浏览"电视"的时间长，表示你对其有兴趣。短暂的停留无法代表你长期的兴趣，单次浏览行为的权重会随着时间的流逝不断衰减。最后，系统根据这些标签，通过你的浏览行为给你推荐商品；也可以将其他跟你相似用户的浏览记录和购买过的商品推荐给你。在互联网诞生初期，《纽约客》曾有一句闻名全球的俚语："在互联网上，没有人知道你是一条狗。"

防范隐私泄露，提升个人安全意识

在互联网时代该如何守护我们的个人隐私呢？这需要 App 开发者、应用发行市场和App使用者共同努力。

1.App开发者履行责任，从源头上保护个人隐私安全。

一个App上线，要经历设计、开发和上线环节。App开发者需自觉遵守《APP违法违规收集使用个人信息行为认定方法》等相关法律；遵循个人数据采集的基本原则，包括目的明确、最少够用、公开告知、个人同意等。对信息泄密建立所谓的"问责制"，使所有人能更重视数据问题的解决之道。

2.应用分发平台完善审核机制，帮助用户守好"最后一道门"。

我国境内应用商店数量已超过200家，大部分应用商店都采取了一定措施来保障用户的安全体验，严格审核把关，提升用户体验尤为重要。一些应用分发平台已经采用"恶意行为检测"+"隐私泄露检查"+"安全漏洞扫描"+"人工实名复检"四重检测体系，以多种安全审核措施保障上架应用的安全合规。

3.App使用者加强信息安全保护意识，不让非法应用程序"有机可乘"。

App使用者具体可通过下述四种方法加强个人信息安全保护：（1）对App分等级管理，设置不同的账号密码。涉及资金类的App和一般App，设置两套不同的账户和密码可防止连环盗号。（2）不要随意登录免费WiFi，不要随意刷二维码。下载App时最好从官方网站上下载，或通过合格经营的第三方应用市场下载，并适当查核发布者的资质。对山寨App，或存在窃取个人信息、恶意扣费等问题的App，提前了解甄别，以防落入山寨陷阱。（3）关闭App的敏感权限。查看应用索取的权限，读取通讯录、读取短信和通话记录等敏感权限尽量关闭。对于苹果手机，点击设置隐私，查看哪些程序还在使用你的"定位""通讯录"等服务。关闭设置通用-后台应用刷新功能，有些App通过后台应用刷新功能收集用户信息。对于安卓手机，慎开USB调试模式，因为手机一旦开启USB调试模式，PC端的软件可以快速地对手机进行root操作。一旦有了root权限，手机的锁屏密码、绑定账号等信息很容易被其他软件随意调用，其安全风险不言而喻。（4）个人信息不要随意填写，不主动泄露。平时接收快递，使用X先生/女士，优先使用小区自提柜，不对应具体门牌号，或使用隐私小号进行联系等。

个人信息保护已经成为两会热点话题。2020年5月25日，十三届全国人大常委会二次会议在下一步主要工作安排中指出，将制定个人信息保护法、数据安全法。央行将严打无证经营违规获取个人隐私数据。个人隐私数据的违规收集和野蛮使用时代即将终结。

无意中的链接分享就能
泄露你的隐私

曾经有个朋友满脸困惑地问："据说谷歌可以搜索到私人电子邮件，真的吗？"回答前，我们需要解释一下网络爬虫的作用。今天，搜索引擎已经成为大家上网冲浪的标配，甚至有"内事不决问百度，外事不决问谷歌"的说法。搜索引擎可以根据用户的需要提供内容丰富的网上信息，相对于传统的纸质信息媒介，从根本上改变了人们获取及处理信息的习惯，极大提高了效率。而其基础就在于大量收集网页信息的网络爬虫。在搜索引擎发展的初期，程序员相互炫耀的一个指标就是，自己的爬虫收集的网页数量。

网络爬虫

搜索引擎收集网上信息的主要手段就是网络爬虫（也叫网页蜘蛛、网络机器人）。它是一种"自动化浏览网络"的程序，按照一定的规则，自动抓取互联网信息，比如：网页、各类文档、图片、音频、视频等。搜索引擎通过索引技术组织这些信息，根据用户的查询快速地提供搜索结果。具体来说，如果把互联网上的网页或网站理解为一个个节点，大量的网页或网站将通过超链接形成网状结构。人们在浏览网页时，通过点击网页上的链接，从一个节点跳转到下一个节点，就像是在一张网上行走。网络爬虫模拟了该行为，但是速度更快，跳转的节点更全面，所以被形象地称为网络爬虫或网络蜘蛛。

随着网络的迅速发展，不断优化的网络爬虫技术正在有效地应对各种挑战，为高效搜索用户关注的特定领域与主题提供了有力支撑，也为中小网站的推广提供了有效的途径，为此，网站针对搜索引擎爬虫的优化（SEO）曾风靡一时。

爬取原理

需要说明的是，网络爬虫从一些初始网页 URL（网页地址）开始抓取网页，在此过程中，不断从当前页面上抽取新的链接用于爬取，循环往复扩充到整个网络，为搜索引擎或大型网络服务商采集数据。网络爬虫的爬行范围广、数量大，对于爬行速度和存储空间要求较高。同时，由于待刷新的页面很多，所以通常采用并行的方式。

图 4-1 所示的是一个通用的爬虫框架流程。首先精心选择一部分网页，以这些网页的链接地址作为种子 URL 放入待抓取的 URL 队列中，爬虫从 URL 队列依次读取每个 URL，通过 DNS 解析转换为对应的 IP 地址，然后将其和网页相对路径交给网页下载器，网页下载器负责网页内容的下载。一方面将下载的内容存储到数据库中，等待后续处理；另一方面将该网页的 URL 添加到已抓取队列（这个队列记载了已经下载过的网页 URL，避免重复抓取）。此外，从刚下载的网页中抽取出新的 URL，如果该链接没有被抓取过，则添加入待抓取 URL 队列，在之后的调度中下载对应的网页。这样循环往复，直到待抓取 URL 队列为空（实际上不会为空，会有其他的条件终止爬取），代表完成了一轮完整的抓取过程。

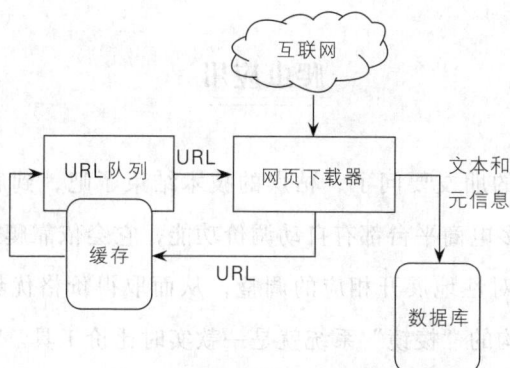

图 4-1 通用爬虫的框架流程

由于互联网上网页数量太过巨大，在实践中通常会有不同的爬行策略，常用的有：深度优先策略、广度优先策略。网站典型的网页层次关系通常像一棵树，如果把主页看作树根，其他的网页则是枝杈上的树叶。具体来说如下：

（1）深度优先策略是在垂直方向上，逐个分支爬取，依次访问下一级网页，直到不能再深入为止。爬虫在完成一个爬行分支后，返回到上一链接节点搜索其他分支。当所有分支遍历完后，爬行任务结束。这种策略比较适合垂直搜索或站内搜索，但在爬行页面内容层次较深的网站时会造成资源的巨大浪费。

（2）广度优先策略是在水平方向上，逐个层面爬取，优先爬行处于较浅层次的页面。当某一层次的全部页面抓取完后，再深入下一层爬行。这种策略能够有效控制页面的爬行深度，避免遇到一个无穷深层分支时无法结束爬行的问题，其不足之处在于需较长时间才能爬行到目录层次较深的页面。

爬虫技术也面临着一系列的难题，比如：互联网上存在的大量重复网页、动态页面、动画特效页面等，增加了信息获取的难度。现有的搜索引擎能抓取的网页不超过互联网所有网页总数的一半，极端的估计少于16%。

爬虫应用

坚持看到这里的朋友要问了，枯燥的技术结束了吧，到底爬虫还有什么用呢？众所周知，很多电商平台都有自动调价功能，它会依靠爬虫程序扫描同类网站商品的价格，针对性地展开相应的调整，从而取得价格优势，为销量提供保证。例如，苏宁易购的"棱镜"系统就是一款实时比价工具。利用网络爬虫获取其他电商平台的同款商品的价格、促销、评论等商品信息，给业务人员的工作带来了极大便利。

其实，自从亚马逊十多年前推出该自动比价模式以来，机器人驱动的定价给整个零售行业带来了巨大的变革。以往，零售店最多每周调价一次，因为更换标签的成本和时间成本都很高。而在电子商务世界，零售商却可以随时调价，有时候甚至达到每天数次，这都得益于竞争对手定价数据等。在电子商务行业，使用爬虫成为一场"猫捉老鼠"的游戏。企业一方面希望阻止竞争对手爬取自己的网站，另一方面又想渗透对手的网站。尽管拥有各类技术防范措施，但爬取机器人的数量还是令人震惊的。除了竞争对手外，有的爬取机器人还来自科研院所，甚至是企图入侵网站账号的不法分子。

爬虫安全性

这里，必须说下网络爬虫的安全性问题。由于网络爬虫的策略是尽可能多地"爬过"网站中的高价值信息，会根据特定策略尽可能多地访问页面，占用网络带宽并增加网络服务器的处理开销，不少小型网站的站长发现当网络爬虫光顾的时候，访问流量将会有明显的增长。例如，某个网站上有一个 10MB（如 PDF 格式）的文件，使用爬虫抓取该文件 1 000 次，就会使网站产生大量出站流量（可在数分钟内达到 GB 级），引起的后果很可能是灾难性的。这种攻击达到的效果似曾相识，类似臭名昭著的DDoS攻击，使网页服务在大量的暴力访问下，资源耗尽而停止提供服务。

此外，恶意用户还可能通过网络爬虫抓取各种敏感资料用于不正当用途，主要表现在以下几个方面：（1）网站入侵，大多数基于网页服务的系统都附带了测试页面及调试用后门程序等。通过这些页面或程序甚至可以绕过认证直接访问服务器敏感数据，成为恶意用户分析攻击的有效情报来源。而且这些文件的存在本身也暗示网站中存在潜在的安全漏洞。（2）搜索管理员登录页面，许多在线系统提供了基于网页的管理接口，允许管理员对其进行远程管理与控制。如果管理员疏于防范，一旦其登录页面被恶意用户搜索到，将面临极大的威胁。（3）搜索互联网用户的个人资料，互联网用户的个人资料包括姓名、身份证号、电话、邮箱地址、QQ号、通讯地址等个人信息，恶意用户获取后有可能实施攻击或诈骗。因此，采取适当的措施限制网络爬虫的访问权限，向网络爬虫开放网站希望推广的页面，屏蔽比较敏感的页面，对于保持网站的安全运行、保护用户的隐私是极其重要的。所以，谷歌在正常情况下不应该抓取私人邮件，但不排除在特别情况下，由于服务器的管理漏洞而发生信息泄露的可能。

最后，介绍一个搜索引擎Shodan，被称为"黑暗"谷歌，也被称为世界上最可怕的搜索引擎。它看上去跟普通搜索引擎一样，但是可以搜到网络上存在的摄像头、路由器、打印机等数据采集监控系统，并根据其所属国家、操作系统、品牌以及其他属性进行分类。如果说谷歌和百度是网站内容搜索引擎，那么，Shodan则是网络设备搜索引擎，在物联网应用中提供了探索的场景。

如果你接过这种电话，
说明信息被泄露了

　　房子还没交付，你就被各种装修公司和家具公司的推销电话轮番骚扰；按揭的汽车还没拿到，你就接到了来自各色汽车配饰和车险公司的推销电话……相信大家都有过类似经历。不知从何时起，我家的事忽然变成了"大家"的事，这事除了买家知道卖家知道，连面都没见过的陌生人都知道。那"陌生人"到底是从哪里，又如何获取我们个人信息的呢？

　　2018年，美国最大的社交网站"Facebook（脸谱）"被曝5 000万用户数据遭到泄露。受此影响，Facebook股价大跌，市值一夜间蒸发了367亿美元不说，其CEO扎克伯格也是斯文扫地，不仅在《泰晤士报》《纽约时报》《华尔街日报》等英美主要媒体刊登"致歉信"，还被美国官员要求出席于2018年4月10日举行的关于数据隐私的听证会。

　　风控妹大概分析了下Facebook数据泄露的路径，简单点说就是——某公司在Facebook上以"测性格，领奖金"为噱头发布了一个小程序，小程序本身所问的问题是一些关于性格的无关痛痒的小问题，用户回答完后可以得到5美元的奖金。但是，用户在做性格测试之前需把部分Facebook信息授权给这个第三方程序，其中不只有头像、昵称，还有用户在Facebook上的好友列表和好友的一些状态信息。于是，成千上万的人做了这份性格测试，成千上万份数据也通过这个小程序到达了不靠谱的第三方，这就是泄密门中所说的5 000万用户信息的来历。接下来，第三方数据分析公司利用这些数据构建了一个算法，用来分析 Facebook 个人简介并确定与投票行为相关的个性特征。这些特征可以用来锁定在选举中态度摇摆不定的选民，并针对他们制作更有可能引起共鸣的定制化消息，最终影响选举的结果。

整个过程看起来几乎是无懈可击的，但请注意一点——"在性格测试之前，需要用户同意把自己与 Facebook 相关的个人信息授权给小程序开发者使用"。这就相当于你为某个身世来历完全未知的访客敞开了你家的大门，或者至少是其中一个房间的大门，访客可以自由进入参观拍照，而你也无权知道这些照片会被用来做什么，因为你已把照片所有权授权给了访客。

如果说，一些科技公司是因为疏忽了对第三方公司数据使用的监管最终造成了数据泄露，那某些职能部门的管理人员因为贪婪而将用户个人数据对外售卖就罪无可恕了。2018 年 3 月 21 日，南京市中级人民法院判处南京市一名机关单位公务员刘某四年有期徒刑、罚金 9 万元人民币，原因是刘某利用职务便利非法泄露 82 万余条包含个人信息的企业信息。其售卖的信息主要包括企业名称、企业法定代表人或联系人姓名、居民身份证号、手机号码、固定电话号码等信息，而这些信息经过转售后，被某些公司用来拨打电话推销业务。而上面两个案例只是很多个人信息泄露渠道中的两个，暴露的只是冰山一角。

当然，无论是法律还是科技都会为了更好地保护个人信息安全而不断发展，比如最近两年的两会上，年年都有人大代表提出个人信息保护问题，建议内容包括：改进实名信息采集方式，减少实名信息采集的内容；加大监督检查力度，建立第三方评估机制，督促网络运营和公共服务单位严格依法收集用户信息；建立健全内部管理制度，有效降低"内鬼"窃密风险等。我们相信，相关法律早晚都会落地。但在立法落地之前，我们该如何保护个人信息不被不明不白地获取和利用呢？下面先来看一张苏宁金融风控妹随意挑选的一位同事的安卓手机应用管理页的截图（如图 4-2 所示）。

图4-2　安卓手机权限管理页的截图

　　从图4-2中可以看到，目前随便一个App都会要求20项左右的权限授权。而安卓系统总共有多少种权限呢？其实也就是100多种，具体数值会因为安卓系统的版本不同而略有不同，图4-3是风控妹随意找来的一个安卓软件开发权限申请说明中的一小部分权限。

```
1  Android.permission.ACCESS_CHECKIN_PROPERTIES允许读写访问"properties"表在checkin数据库中，改值可
2
3     android.permission.ACCESS_COARSE_LOCATION允许一个程序访问CellID或WiFi热点来获取粗略的位置(Al
4
5     android.permission.ACCESS_FINE_LOCATION允许一个程序访问精良位置(如GPS) (Allows an applicati
6
7     android.permission.ACCESS_LOCATION_EXTRA_COMMANDS允许应用程序访问额外的位置提供命令(Allows a
8
9     android.permission.ACCESS_MOCK_LOCATION允许程序创建模拟位置提供用于测试(Allows an applicati
10
11    android.permission.ACCESS_NETWORK_STATE允许程序访问有关GSM网络信息(Allows applications to a
12
13    android.permission.ACCESS_SURFACE_FLINGER允许程序使用SurfaceFlinger底层特性(Allows an appl
14
15    android.permission.ACCESS_WIFI_STATE允许程序访问Wi-Fi网络状态信息(Allows applications to ac
16
17    android.permission.ADD_SYSTEM_SERVICE允许程序发布系统级服务(Allows an application to publi
18
19    android.permission.BATTERY_STATS允许程序更新手机电池统计信息(Allows an application to updat
20
21    android.permission.BLUETOOTH允许程序连接到已配对的蓝牙设备(Allows applications to connect t
22
23    android.permission.BLUETOOTH_ADMIN允许程序发现和配对蓝牙设备(Allows applications to discove
24
```

图 4-3　安卓软件开发权限申请说明中的一小部分权限

　　那一个普通 App 随随便便就要求授权安卓权限系统中 20% 的权限合理吗？风控妹就"读取通讯录联系人"这项权限做了个小调查，发现与"联系人"完全不搭边的购物、音乐甚至笔记类 App 都要求获取联系人读取权限。真让人震惊！（如图 4-4 所示）

　　那我们是不是拒绝这些授权就无法使用 App 了呢？风控妹测试了笔记和音乐类 App，发现关掉包括"读取通讯录联系人"的多项授权后，App 依然可以正常使用。可见，有相当一部分权限要求与 App 本身的功能无关，也就是说，这些权限要求都是不合理的。那该如何一次性管理手机上所有 App 的权限呢？下面我们就来科普一下权限管理页面的到达路径：打开"设置"按钮，抵达"权限管理"页面，逐个检查权限项目，判断相关软件的授权要求是否合理，对自己认为不合理的授权选择"禁止"。

图4-4 获取联系人读取权限的部分App

需要说明的是，不同品牌的手机，其"权限管理"所在的位置稍有不同，但一般手机的权限管理都可以在设置中找到，如果实在找不到，可通过"百度搜索"来查询解决。现在，就请大家动动手指，打开"权限管理"页面，为个人隐私保护跨出有意义的第一步！下面以vivo手机的监听通话状态权限为例截图说明（如图4-5所示）：

图4-5　vivo手机中监听通话状态权限的截图

当心，你的个人信息
是这样变现的

因为一个视频，微信再次被列为"监测用户聊天记录"的目标。

最近，微信官方通过"谣言过滤器"推文，澄清"微信监听用户聊天记录"的谣言。该谣言起于某短视频声称微信正在监听用户的聊天记录，并传授"关闭微信监听的诀窍"。虽然其内容实际上是指导用户如何关闭微信个性化广告，但事关个人隐私，甚至是个人聊天信息的安全，有关"个人信息安全"这一话题，挑动了广大互联网用户的敏感神经。历年两会关于"加快个人信息保护立法"的提案都会被热议，但个人信息权益的复杂性和法律的严肃性，使得个人信息保护法一直难以制定。大数据时代，如何保护自己的个人信息需要每一个人警惕。在我们看见的、看不见的地方，个人信息黑产规模在不断扩大，信息"裸奔"的时代，了解个人信息保护尤为重要。

你的信息是如何泄露的？

如果我们将任何一种通过"获取信息牟利"的行为定义为一种诈骗行为，那么一个典型的"诈骗组织"可以分为两部分：社工库（基础数据库）和欺诈获利。"社工"的意思是社会工程，在黑客圈指一种黑客攻击以获取情报和信息的方法。而"社工库"就是诈骗组织把通过社工窃取的信息全部存储起来整合成的一个数据库。社工库是通过各种手段收集信息所组成的一个数据库，其数据来源如图4-6所示。

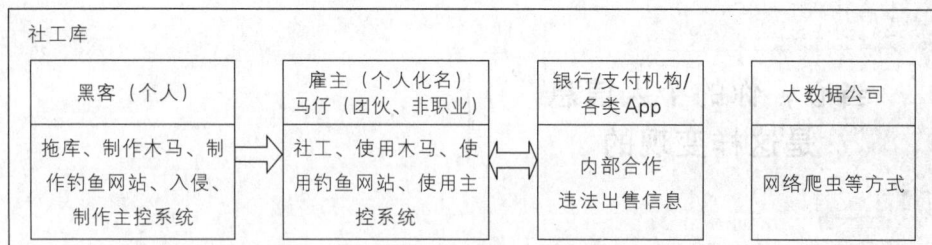

社工库			
黑客（个人）	雇主（个人化名）马仔（团伙、非职业）	银行/支付机构/各类App	大数据公司
拖库、制作木马、制作钓鱼网站、入侵、制作主控系统	社工、使用木马、使用钓鱼网站、使用主控系统	内部合作违法出售信息	网络爬虫等方式

图4-6 社工库中的数据来源

资料来源：苏宁金融研究院。

数据库中集合了海量的信息，包括但不局限于姓名、出生日期、身份证号、手机号、各类网站的账号、密码、安全问题、家庭住址、家庭亲戚关系、收货信息、交易信息等。而社工库也会因诈骗的规模、技术的高低等因素各有不同。社工库数据的个人信息来源主要有三种：第一种是黑客非法入侵，通过盗号、木马等方式盗取大量信息；第二种是能够接触到个人信息的内部工作人员盗取出售信息；第三种是网络爬虫等方式非法爬取的数据信息。

黑客会通过入侵、拖库、制作木马、制作钓鱼网站、制作欺诈主控系统等技术手段，雇用大量"马仔"做社工、使用木马、使用钓鱼网站，而马仔们得到黑客技术方面的支持后，更容易获取有价值的信息。例如，2017年，某大型国际高端酒店就曾发生大规模信息泄露，涉及的银行卡信息超过几十万元，损失高达几千万元。而通过内部工作人员盗取信息则显得更"高效"，也更容易获取有价值的个人信息。例如，网络曝光的某银行员工私自贩卖个人客户信息的行为。至于通过爬虫等技术方式获取信息的行为，随着监管行为的更加严格和反爬虫技术的发展，正在慢慢减少。

变现其实是个"技术活"

有了庞大数据量和详细信息的社工库，诈骗组织就有了一个获利的基础，将这些信息"变现"也就不成问题了，个人信息获利方式如图4-7所示。

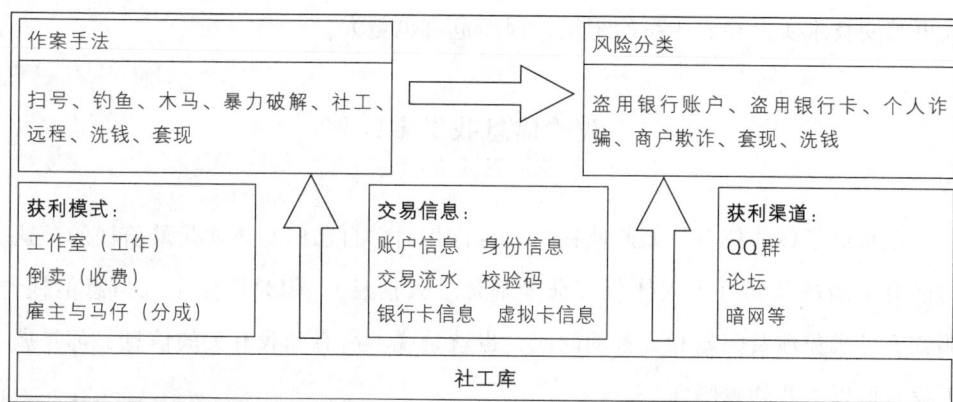

图4-7　个人信息获利方式

资料来源：苏宁金融研究院。

一种获利方式是信息倒卖，简单粗暴。诈骗组织通过马仔在QQ群、论坛、暗网等各种渠道出售有价值的信息，马仔们又通过各种渠道雇用成百上千个半职业的诈骗分子，同时各种人员之间又存在信息倒卖的关系。这就导致一个没有任何资源、技术的"新人"，可以轻松通过求购数据、求购技术，进入诈骗组织进行获利。这种信息倒卖方式多以信息数量计价，因此不可避免地充斥了各种假数据和无效数据。当然，各种信息的价格也会有所不同，在黑市，一个普通人的身份证信息也许可以卖到20元，一个博士的学历信息则有可能卖到50元。更值钱的信息则是"银行账户流水"，力压"酒店开房信息"，成为个人信息黑产中的"钻石级信息"。理由也很简单，银行流水包含众多调查线索，用途多多，"池子诉某银行"事件便是一个典型的例子。

另一种获利方式则显得更有技术含量。诈骗组织通过盗用账户、盗用银行卡、个人诈骗、企业诈骗、套现、洗钱等方式，把社工库的信息变现。相对来说，这种方式对于信息的要求更"成套"，也就是说需要同时具备姓名、身份证号、银行卡号、预留手机号等信息。有了这些信息，诈骗组织中的"技术工种"就可以通过寻找银行网上支付、第三方快捷支付、无卡裸扣等支付漏洞，将盗取的银行卡信息在网上进行盗刷或转账了。很显然，相比简单的信息倒卖，这种方式更需要技术实力和成体系的组织，因而危害也更大。

我的信息我做主？

在知道了你的信息是如此值钱后，也许你对"自己的身体才是最值钱的"这句话有了新的认知（个人体貌特征等都是个人信息）。但是既然个人信息值钱，那就不可避免涉及归属和处置的问题，也就是说：所有和我有关的信息，都是属于我、可以由我处置吗？

目前，我国关于个人信息保护相关的法律规定，散落在《民法典》《网络安全法》《消费者权益保护法》等各法律中，尚且还没有统一的《个人信息保护法》出台，也缺乏对于"个人信息权"的准确界定。但是，欧盟的《统一数据保护条例》（GDPR）给了我们非常好的参考。GDPR在个人信息保护领域的严厉性和广泛适用性方面给了全球其他国家非常好的示范。

GDPR将个人数据保护纳入人权范畴，以人权至上为保护原则。根据有关条款，数据主体作为数据的权利人，有以下几种权利：第一，知情权，即数据的控制者（如各网站和App）必须简单明了地告诉用户，用户们的数据是如何被收集处理的。第二，访问权，即用户可以浏览、确认自己在该网站（或App）上的个人数据。例如，用户可以查看在购物网站上的浏览"足迹"，而且数据控制者不能因此项服务对用户收费。第三，反对权，用户有权拒绝数据控制者基于其合法利益处理个人数据，也有权拒绝基于个人数据的营销行为。也就是说，理论上如果用户反对，企业不能通过对用户的分析进行"精准推送或营销"。第四，限制处理权，当用户提出投诉时（例如针对数据的准确性），GDPR可以限制数据控制者不再对该用户数据继续处理。第五，反自动化决策权，若数据控制者和处理者通过自动化处理（包括画像）作出决策影响了用户，用户可进行拒绝。第六，数据被遗忘权（删除权），即用户有权要求删除有个人有关的留存信息。放在互联网语境下，就是要允许用户注销、删除各种账户。第七，数据可携带权，用户将其个人信息从一个信息服务提供者转移至另一个信息服务提供者。例如，用户可以将其Facebook中的各种照片和资料转移到Instagram上，而在这个过程中，Facebook不仅不能干涉，还要配合用户提供服务。

当然，以上这些仅仅是简要的解释，实际中还会有一些例外情况。同时，GDPR号称"最严数据保护条例"，其他国家包括我国在对个人信息保护立法中，并非对GDPR的照搬，而是作为参考。

绝对严格的监管带来的是企业合规成本的飙升，GDPR通过复杂的连锁反应，对欧盟数字经济产生了重大的影响。事实上，数据严监管的负面效应已经显现，中国信息通信研究院发布的《全球数字经济新图景（2019年）》显示，2018年美国数字经济规模达到12.34万亿美元，中国保持第二大数字经济体地位，规模达到4.73万亿美元，其他各国则显著落后于中国和美国。可以看到，欧盟在这波数字经济浪潮中，已经显著落后于中国和美国。尽管如此，安永的一份调查报告显示，亚太区金融机构普遍都预计各国会像GDPR看齐，调整相关法律法规。从这个方面来讲，即便国内现在没有法律对上述信息主体权利作出规定，也有希望在未来真正实现"我的信息我做主"。

先保护自己的身份免遭盗用

鉴于个人信息的保护如此重要，每个人都希望找到一些简单又行之有效的方式，以避免自己成为被盗用身份的受害者。但是事实上，在个人信息的使用上，安全和便捷历来是此消彼长的状态，技术的发展可以带动两者的同步提升，却无法消除两者之间的矛盾。在我们享受到如此便利的互联网服务时，就必然会不同程度地让渡个人信息的安全。但是当互联网成为一种公共服务，每个人都能享用的时，显然需要政府（立法）出面解决信息过度使用的问题。最小采集理念在发达国家已经被普遍采纳，国内的公权力机构和企业如何遵守这一底线，显然是一个值得思考的问题。

但是对于个人而言，当我们身处这样一个既定的信息时代中，要注重自己的行为，保护身份信息免遭盗用。首先，不要把明显的各类纸质信息随意丢弃，例如银行单据、快递信息等。保管好所有和自己有关的文件记录，当不要的时候，要及时销毁。其次，牢记所有账号密码，尽量不要所有平台用统一的账号密码登录。如果实在难以记住，可以试着通过可加密的方式记录。最后，每年至少去央行征信中心或银行等机构查询一次自己的征信报告，确保自己没有"被贷款"或"被法人"。

如何防范个人身份
信息被盗用？

随着线上红利的消减，各大电商平台使出了浑身解数拉客促销，各种新颖的活动层出不穷：红包、抽奖、集福……然而，活动中，用户多少会遇到一些糟心事——或者提示不能参加活动，或者活动页面总是刷不出来，即使参加了活动也只能抽到几分钱的"安慰奖"。除去运气不好的因素，还有另外一种可能性：你被平台当作垃圾注册账户拦截了。

何为垃圾注册？

垃圾注册是指，不法分子在某个平台批量注册新账号，供后续套取营销资源使用，并可在后期进行恶意刷单、恶意刷屏等行为。在注册过程中，不法分子会使用批量注册软件，并接入网上的打码平台来绕过验证码识别。由于批量注册的原因，垃圾注册的账号通常会有明显的特征：相似的昵称、相近的注册时间、同步的行为轨迹。随着不法分子技术的进一步升级，这些特征也愈发模糊，给平台的监管带来更大的困难。

垃圾注册为何泛滥？

近些年来，各大电商平台为了拉拢客户尤其是新客户，开展了一系列营销活动：新人优惠券，满××元减××元，拉新返现金等，花费的营销成本往往高达数亿元。正是各平台之间这种愈演愈烈的营销活动，催生了垃圾注册这个新行业，并与黄牛、羊毛党、打码平台等团伙形成了完整的产业链。以某平台"满31元减30元"的活动为例，不法分子在获取活动时间及细则后，批量注册一批账号，将这批账号以10~15元的价格卖给黄牛或者羊毛党，由后者将30元的优惠"薅"到手。在这整个过程中，批量注册的人赚到了账户转手的钱，黄牛党和羊毛党赚到了平台的优惠，而平台却无故蒙受损失，普通顾客也因此失去了获得优惠的机会。

垃圾注册带来哪些影响？

对平台而言，最大的损失就是营销资源的浪费。平台给予新用户优惠的主要目的在于获取新的客户并转化为常客，而批量注册并套取优惠的行为并没有为平台带来新的客源，反而暴露了平台自身的漏洞，平白蒙受损失。并且，由于营销资源是有限的，普通新用户可能并没有享受到应有的优惠，会对平台的宣传产生怀疑，从而损伤平台的声誉。

需要注意的是，垃圾注册不仅影响平台的运营，也影响普通用户的体验。最直接的影响是没有获得优惠，用户在货比三家后，由于优惠选择了当前的平台，结果由于优惠机会已经被批量注册的账号哄抢而失去了优惠的机会，只能购买原价产品或从黄牛手中购买高价产品，平白无故地增加了消费成本。同时，不停地点击领券再由于无券而退出，也带来了非常糟糕的购物体验。同时，我们的个人隐私安全也受到垃圾注册的威胁。由于现在越来越多的平台选择验证实名信息，不法分子会选择购买已被泄露的个人信息或者随机生成身份证号进行注册，这就给我们的个人隐私安全带来了隐患。毕竟，即使账户是用随机生成的身份证号注册的，不法分子也有可能利用平台的漏洞套取到手机号、邮箱、家庭住址等信息。

如何防范垃圾注册？

在防范垃圾注册方面，平台需要做的事情很多。首先，平台应当对短期内高频次的注册行为进行监控，发现可疑账户的共性，对可疑设备进行管控。其次，对营销活动加强监管，需要更加细化参加活动的规则，防止恶意参与活动的情况。目前，各大头部平台已经开始对垃圾注册加以防范。苏宁金融为避免营销资源浪费，建立了"极目"异常账户预警系统来更准确地识别垃圾注册账户，并运用"风声"灰黑产舆情监控系统和"幻识"反欺诈知识图谱对舆情信息进行分析和关联，为用户提供更好的用户体验。

在普通用户方面，也可以采取一些措施：（1）警惕陌生电话和短信。一些自己没有注册过的平台会突然打电话或发短信要求我们提供个人信息，此时说明我们的身份信息可能已经被冒用了，需要及时与平台核实，以保证我们的信息和财产安全。（2）避免在网络上留下自己的个人信息。现在各种促销活动层出不穷，许多活动都需要用户填写个人信息，这样在不知不觉间你的个人隐私就被泄露了。因此，需要提防不正规平台的信息填写页，切勿贪小便宜吃大亏。（3）增加账户活跃度，避免被误认为垃圾注册账户。各大平台对不活跃、行为异常的账户都有限制措施，为避免被平台误杀，需要多浏览、多互动，这样可以更加了解平台，也可以更好地享受活动带来的优惠。

支付账户被盗刷的人，
99%没有开通这个功能

例如，多名苹果手机用户反映自己的手机出现了异常支付，具体表现为他们的 Apple ID 在苹果的 App Store 产生多笔消费，数额从数百元到上万元不等（参见图4-8）。问题是，这些消费根本不是用户本人或亲属操作的，消费记录显示多为游戏类 App 内购（In-App-Purchase），一时间新闻报道不断，事件影响范围扩大，业界称之为"苹果盗刷门"事件。

App Store & Apple Music	-648.00
今天01:39	交易成功
App Store & Apple Music	-648.00
今天01:39	交易成功
App Store & Apple Music	-648.00
今天01:39	交易成功
App Store & Apple Music	-648.00
今天01:39	交易成功
App Store & Apple Music	-648.00
今天01:39	交易成功

图4-8　一用户被盗刷后收到 App Store 的交易账单

用户的 Apple ID 如何被盗？

很显然，图 4-8 这个用户的 Apple ID 被盗了。虽然目前幕后黑手还没有被锁定，但从作案的集中时间（凌晨）以及影响范围来看，大概率是黑客所为。关注了"苏宁财富资讯"公众号的读者，或许已经从我们以往的文章中了解到黑客拖库和撞库的手段，即黑客从其他（非苹果）平台攫取大量账户信息（拖库）。因为总有一部分用户习惯了用同样的账户和密码注册，因此黑客在苹果 App Store 使用拖库得到相同账户名（多为邮箱）和密码组合，尝试登录就能成功（撞库）。在这部分可以登录的 Apple ID 当中，又有一些人开通了支付渠道免密支付功能，如图 4-9 所示：

图 4-9　通过 App Store 开通支付 App 免密支付协议

此协议准许苹果 App Store 在收到用户（Apple ID）的消费请求时，无须额外验证，即可直接向用户关联的支付账户发起扣款。也就是说，黑客无须知晓受害人的支付账户和密码，就可以随意购买 App 内的收费项目（例如游戏装备、虚拟货币等），将受害人 App 账户内的虚拟商品变卖兑现，实现利益转移。

为何会发生上万元的高额盗刷？

这是由于在苹果手机和支付 App 的免密支付协议中，对扣款额度默认没有设上限，这样发生盗刷就会非常危险。目前支付 App 已建议广大用户调整上限，毕竟从代扣协议的约束条件来讲，支付机构本身就无法验证最初的消费发起者到底是用户还是黑客，风险控制只能在代扣请求的发起方（苹果）做好。很多读者可能会觉得不可思议，为何黑客掌握了他人的 Apple ID 之后，就可以在任何时间地点登录并在 App Store 肆意消费，难道苹果手机完全不做风控吗？当然不是！本次事件中被盗刷的受害人，其 Apple ID 并没有开启"双重认证"功能，黑客掌握了他的账号密码，即可在从未登录过其 ID 的 iOS 设备上登录并产生消费，甚至很可能在同一台 iOS 设备上登录多个受害人的 Apple ID，这就造成了短时间内大量的盗刷事件发生。

那什么是"双重认证"呢？

此功能是苹果手机开发的管控 Apple ID 登录 iOS 设备/网页的功能。简单来说就是，苹果会记录用户 ID 经常登录的设备号，如果此 ID 想要在陌生设备/网页（IP）登录，必须由用户的常用设备授权。如图 4-10 所示，在陌生电脑（陌生 iOS 设备同理）上尝试登录苹果 Apple ID 管理网页时，会被要求输入验证码。

图4-10 登录行为触发双重认证

同时，日常使用的 iPhone X 屏幕上弹出的提示如图4-11所示。

如果确定登录行为是安全可信的，点击"允许"后可以展示出一个6位数的验证码，将其输入到正在登录账号的设备的界面上即可成功授权登录，同时您也可以选择"信任"该设备并将其加入 Apple ID 的可信设备列表中（如图4-12所示，今后无须再次输入验证码即可在此设备上登录该 Apple ID）。

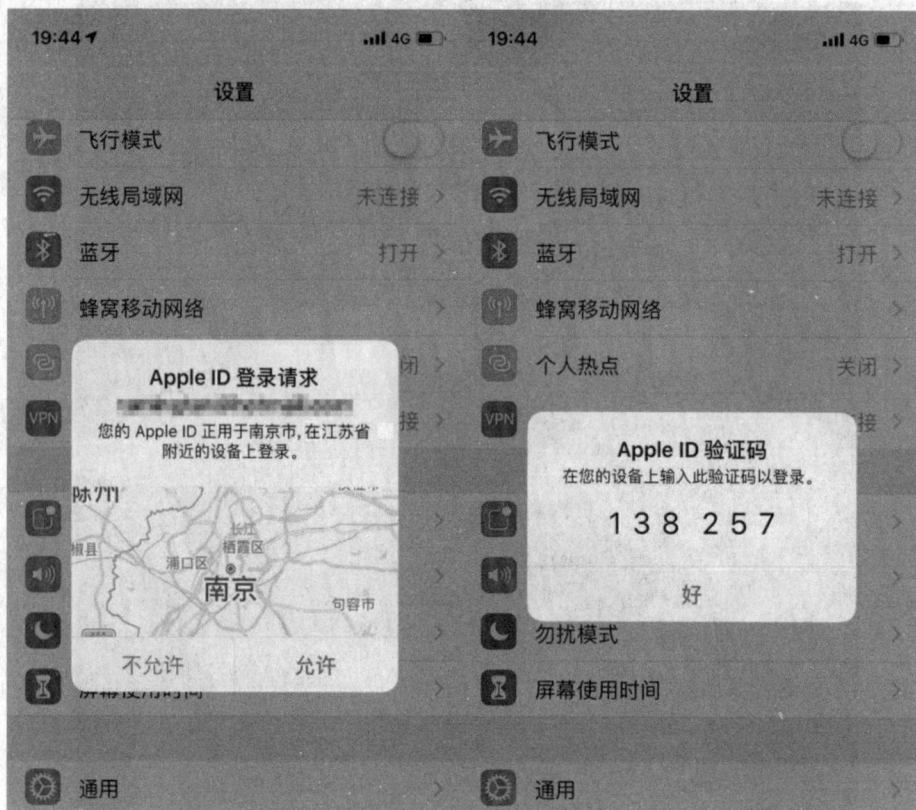

图 4-11　用常用设备授权 Apple ID 登录

　　有了这个功能，黑客登录被盗的 Apple ID 必然是在一台陌生（非信任）设备上，没有用户的授权黑客什么也做不了，也就不会发生盗刷或其他泄露信息事件了。实际上，苹果手机的双重认证从防范逻辑上看，和我们常见的各种 App 登录要求短信验证是一个道理，都是在登录服务器上检查账户与硬件设备的关联性，并给出一个额外的认证步骤，以相对安全的渠道让用户授权登录。只不过，盗刷门中的用户并未开启双重认证。

图4-12　Apple ID对应的可信设备列表

通常的风控怎么防范盗刷呢？

　　智能数据分析是一种趋势。例如，苏宁"极目"账户异常预警系统：通过组合会员的身份信息、行为特征、设备信息、交易信息，建立多维度的层次化体系；基于数据挖掘和随机森林、XGBoot机器学习算法，评估用户的异常风险可能性，保证评分的高准确性。目前，该系统已应用在账号登录和消费环节，可轻松识别被盗账户在异常地点/异常设备的登录行为，以及异常时间发生的异常消费行为，为用户的账户和财产安全保驾护航。最后，基于前面的技术分析，我们梳理了苹果用户防范支付账户被盗刷的正确防范措施：

（1）不在多个账户之间使用相同或者非常近似的密码，可以有效防止黑客撞库。

（2）在签订免密支付协议时，细读文本条款，确认支付发生的条件以及额度限制，或者是否带有自动按期续费（代扣）等附属项；同时检查支付App（或银行App）当中的免密支付设置，及时关闭不必要的协议，或者将支付额度降到合理的范围。支付App中的苹果手机免密支付管理如图4-13所示：

图4-13　支付App中的苹果手机免密支付管理

（3）开启 iOS 的双重认证功能，路径如下："设置" – "密码和账户安全" – "双重认证" 开启（如图 4-14 所示）：

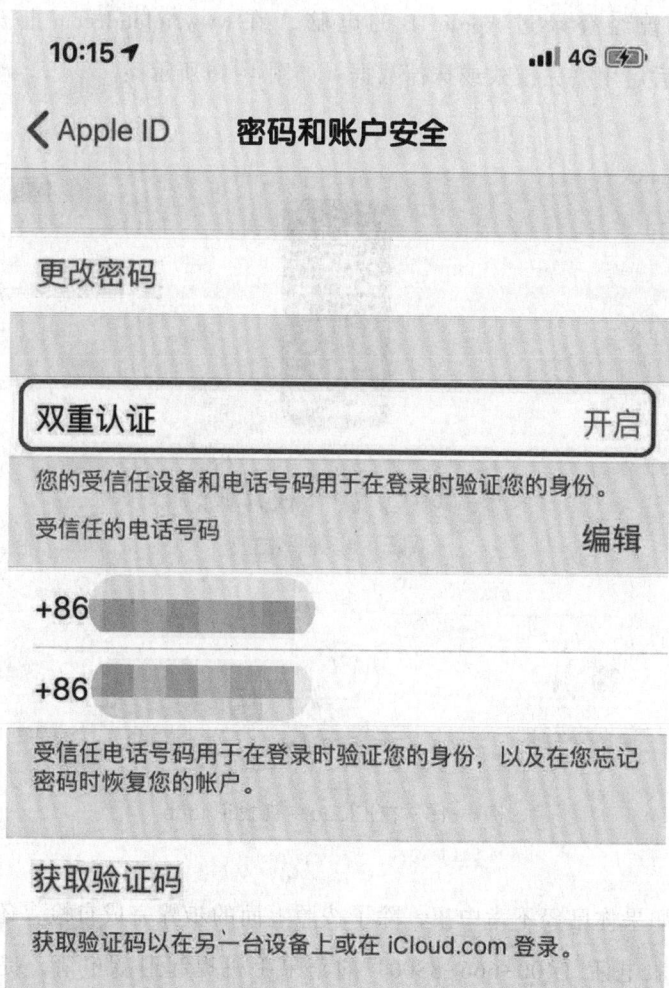

10:15

◀ Apple ID   **密码和账户安全**

更改密码

双重认证   开启

您的受信任设备和电话号码用于在登录时验证您的身份。
受信任的电话号码   编辑

+86

+86

受信任电话号码用于在登录时验证您的身份，以及在您忘记密码时恢复您的帐户。

获取验证码

获取验证码以在另一台设备上或在 iCloud.com 登录。

图 4-14　iOS 中的 Apple ID 双重认证设置

（4）如果要将自己的旧 iPhone 转卖，或淘汰给其他亲朋好友，一定记得恢复出厂设置（消除你的 Apple ID 与机器的关联），之后任何人在该机上尝试登录你的 Apple ID，都会再次触发双重认证。

（5）如果您的 iPhone 手机丢失了，而且还没有设置解锁密码或指纹等，那赶快登录一台曾经登录过 Apple ID 的电脑，在 www.icloud.com 上查找"我的 iPhone"，然后启用丢失模式或抹掉数据（如图 4-15 所示）：

图 4-15　在 iCloud 中查找 iPhone

最后，如果你已经不幸中招，除了按照上面的步骤完成自检，还请尽快拨打苹果手机客服电话（400-666-8800）向苹果手机提起退款申请，提供自己被盗刷的记录。据悉，目前已经有用户用这种方式追回了损失。

你设置的账户密码
真的安全吗？

近些年，随着黑客攻击数据库的频频发生，很多人的账户和密码被泄露了多次。例如，最近在国内影响较大的某集团酒店的全量数据库被拖库，涉及的账户、密码甚至敏感的个人信息，统统都发生了泄露。当黑产犯罪分子拿到这些账户数据后，优先要做的事情就是"撞库"。

撞库是什么呢？撞库是利用你的账户，通常是邮箱或者手机号，频繁测试其他有价值的网站，看你是否也是其他网站的会员，游戏网站如steam，邮箱账户如QQ等。如果你给各个网站的账户设置的密码都一样，那么你的其他网站的账户安全很容易被攻破。当黑产不法分子识别出某些"高价值"账户时，很可能该账户还面临暴力破解的风险，即使你对不同的账户设置了不同的密码，但是如果密码太简单，或者命中了以下总结的密码规律，你的账号仍然不保险。

我们通过分析互联网上已经被泄露了的约3 400万个账户的密码设置习惯发现，"懒惰是写在我们大脑硬回路里面的"。为什么这么说呢？原因在于大部分用户的密码设置模式都过于简单了。首先，来看一下这3 400万个用户在设置密码时，排在Top50的是哪些常用的密码（如图4-16）：

passwd	acct_cnt		passwd	acct_cnt
			zxcvbnm	14670
123456	575622		1314520	14437
123456789	149098		654321	13338
111111	99648		112233	13032
123123	71492		qazwsx	12976
qwerty	67319		1q2w3e4r5t	12749
asdasd5	59810		123qwe	12478
000000	59727		Aaaaaa	12262
5201314	35364		1234	12029
123321	30568		asdfghjkl	12024
12345678	30266		222222	11348
1234567	28211		7758521	11339
a123456	27355		888888	11198
password	26803		789456	10501
1234567890	26012		password1	10482
qwertyuiop	23570		123654	10012
12345	20493		789456123	9314
abc123	19929		1q2w3e4r	9129
123456a	19626		11111111	9127
666666	18974		1	8810
123	17974		7777777	8615
123123123	16640		woaini	8589
121212	15802		111222	8457
0	15734		520520	8416
1qaz2wsx	15518		987654321	8343
qwe123	15150			

图 4-16　最常用的 50 个密码

图 4-16 分左右四列显示 Top50 的密码以及同一密码的账户数统计。左侧两列是 Top1-25，右侧两列是 Top26-50 的统计情况。

四类常规的密码设置方式

我们把常规的密码设置分成以下几类：

1.纯数字型——此种情形下，大部分注册系统都会提示密码较为简单，要求更换或者强制要求更改。此类型的密码包括的 pattern 又分成若干种，如：

（1）顺子类型 1234567890（如图4-17所示），重复叠加型 111111；

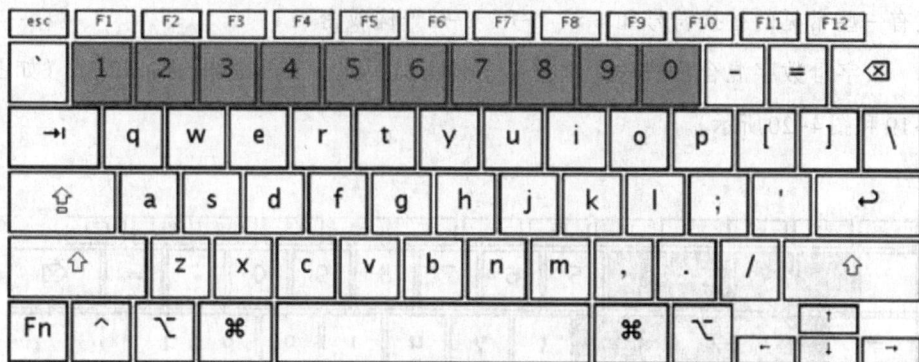

图4-17　数字键盘布局和密码设计的关联

（2）浪漫谐音型 5201314（我爱你一生一世）；

（3）QQ 或者手机号码型（未在 Top50 中体现）。

2.纯字母型——键盘模式。为什么单列键盘模式呢？因为和键盘顺序一样，它们的规律性太明显了，如 qwertyuiop，asdfgh（如图4-18所示）。

图4-18　字母键盘布局和密码设计的关联

3.单词模式——可包含简单的数字或者替换数字。简单的单词、词组甚至是名字的拼音模式，如 woaini、loveme、password1、p@ssw0rd 等。在混合模式下，还有一些常见的替换符号如 s-$、o-0、a-@ 等构成密码。

4.字母数字混合模式——这是另一种键盘模式，1q2w3e4r，1qaz2wsx（如图4-19和图4-20所示）。

图4-19 常见的混合型密码布局-1

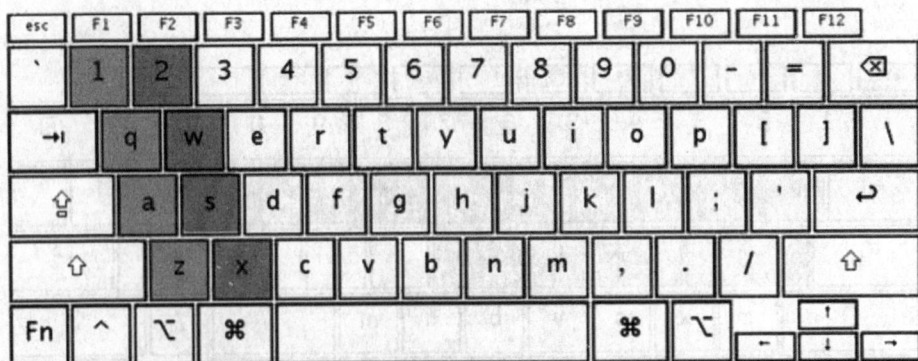

图4-20 常见混合型密码布局-2

七条不安全的密码构建规则

通过上述常见的密码构造模式，苏宁金融研究院风控实验室总结了下述几条常见的不安全的密码构建规则：（1）密码是纯数字，如123456、生日日期或者手机号，甚至是重复的多位数值如888888等。（2）密码是简单的键盘图形结构，如波浪形的1q2w3e，或者平行线的结构如1qaz2wsx，或者简单的拐角结构如123edc等。（3）密码是常用词语的拼音或者英文，如woaini、Password。（4）密码是姓名拼音或者姓名缩写加日期。（5）密码是邮箱地址、电话号码等。（6）密码是简单字符的变种，如Pa$$word、D0g等。

此外，密码是否安全，不仅仅是您个人的账户密码设置得好不好的问题，还涉及您账户所在平台的安全性问题，因此即使您的密码设置再安全，也不能百分百保证您的账户就安全了。我们在网络泄露的账户数据库中，发现了很多超长的密码，如128位的、256位的（如图4-21所示）：

图4-21　128位机器乱码构建的密码样例

这种密码可能属于机器指令登录账号，本身是比较安全的，但是当登录的平台出现漏洞时，再长的密码也无法保护你的账户。依此追加一个不安全规则：（7）同一人不同的账号，采取相同的密码。

防范账户密码被破解的四个窍门

亲爱的读者朋友，如果您的账户密码不幸命中了以上7条规则，想必会惴惴不安吧。在这里，我们总结了4条建议供您参考：（1）账户分级：按照账户的重要性进行不同密码的设置，比较重要的账户最好独立设置密码。（2）定期更新密码：按照时间段进行密码的更新，如三个月、半年为期限，特别是当存在大规模密码泄露事件时，需要马上更改密码。（3）避免设置简单的密码，如上所述的7条不安全规则。（4）善用密码管理工具，如1Password、Enpass、KeePass等。

注销手机号不解绑App，等着账户被盗刷吧

最近，我新换了个手机号，当我用这个新号去一个平台注册新账户时，却被告知该手机号已经被人注册过，而且还绑定了一张银行卡，后来还时不时收到消费信息提醒。当我不胜其烦，想解除之前手机号主人绑定的银行卡时，却被告知绑定的卡要与持卡人身份一致，也就是说，必须要知道这张电话卡前任主人的身份信息才可以，这可就有点麻烦了。转念一想，我惊出了一身冷汗："我之前换掉的电话卡还没有解绑我的一些互联网平台账户信息和银行卡信息就被注销掉了，若是被二次使用，而使用的人又恰好知道了我的身份信息，那么我在一些平台上的账户就存在被盗用的风险了！"

你弃用手机号前，做好解绑措施了吗？

在日常生活中，经常会出现这样一种情况——新用户购买了手机号码，使用后却发现，上一任使用者并没有将号码所绑定的各种App、银行卡等清理干净。这给新用户在各种App上的新注册工作带来了障碍。我们知道，目前各大运营商推向市场的11位手机号码，数量是有限的，属于一种有限资源，并不能无限扩充。所以，当一位用户停用手机号后，该手机号码便会被运营商回收，在"冷冻"一段时间（2~3个月）之后会拿出来重新发售。然而，在运营商回收这些电话号码，再进行重新发售的时候，并没有权限将号码的绑定解除。像这种未能解除各种绑定就被重新发售的号码，它对前机主的个人信息是存在安全隐患的。

弃号前不解绑，你的信息可能已经泄露了

下面，我们来看3个真实案例，你就会明白这一点：

案例1：2017年双十一期间，广东佛山的朱小姐想用新买的手机号开通一家平台的新账号，然后把旧账号上的1万元转到新账号上。但是，令她没想到的是，她的号码属于"二次放号"，也就是新手机号在此平台上已有账号，朱小姐想通过选择忘记密码接收短信验证码的方式重新设置登录密码，但是由于不知此手机号原主人的支付习惯，其他一些登录验证无法通过，导致无法注册登录。同时一旦真的登录进此账号，那么这一操作对于原主人的风险影响也是极大的。

案例2：热爱团购的姚先生，在某平台上团购了某餐饮优惠券（有效期一年），一直没有使用。2017年8月，姚先生更换了号码并注销了旧号码。但是由于此前一直使用手机动态验证码登录，而不是密码登录，所以现在号码注销后，他不能再接收动态验证码，账号也就再难以登录，这直接导致了他之前所购买的团购券无法再使用。

案例3：近日，北京的吴女士购买了一个新号码后，经常收到一些怪异信息，比如"赵先生您已购Z90次08车13号中铺"，并且最近经常收到一些陌生的出行、购物、理财信息，而所有信息都指向一位赵姓男士。吴女士称，她此前一直认为收到的都是些垃圾短息，并未在意，直到收到一条申请变更QQ密码的验证信息，才意识到，原来自己所购入的手机号码之前一直有人使用，那些购票、理财信息都是发给前机主的。

保护个人隐私，这三点需注意

为了避免给他人和自己带来不便与风险，我们在更换手机号码的时候，需要注销旧号码，而在给旧号码销号前，需要将包括银行卡、邮箱以及各大其他网站账号、App与手机解绑。需要注意的是，有的平台在注册新号码时，需要验证原号码，为了以防万一，最好将旧的号码保留一两个月，直到所有账号都已经办理好更换绑定之后再注销。另外，在办理新电话卡时，不要将自己的身份证信息外漏给除运营商以外的任何人，若发现自己的身份信息有关联了多个手机号的迹象，马上联系运营商寻求解决办法，不要给不法分子用你的信息去干坏事的机会。

如何防范个人照片
被骗子盗用？

我们已经习惯了在微信朋友圈记录生活的点点滴滴：在外聚聚、到处走走时，随手拍一拍，手指点一点，美滋滋地跟朋友圈的人分享喜悦；心情不好的时候，选上几张靓照，配上几句文字，为自己的焦躁与痛苦寻找一个宣泄口……殊不知，黑灰产从业者（俗称"骗子"）就是瞄上了这一点，盗取我们满载生活点滴的文字、照片、身份信息甚至真实的生活痕迹，打造出一个虚假的完美人设，用来骗财骗色。

我们的照片这样被婚恋骗局盗用

婚恋平台就是一片被黑灰产奋力开拓的高发区域。《中国统计年鉴2017》数据显示，我国2017年有单身人口2.4亿人，占20岁以上人口总数的21.7%。这些数字的背后，是相亲市场的红火。而社交需求的充足、潜在利益的丰厚，再加上并不严格的审查监管，让婚恋平台成为黑灰产眼中一块流油的肥肉。利用用户渴恋渴婚的心理，骗子批量注册婚恋平台的账户，上传我们的照片，复制我们的文字，伪造我们的身份信息，而我们毫不知情"这世界上的第二个我"。有一部分用户被骗了，希望就此展开一段浪漫恋情，然而等着他们的不是美好的童话，而是精心编织的骗局——骗子一步一步极富耐心和技巧地将被骗用户拖入陷阱，等到骗子觉得榨干用户的利用价值了，留给被骗用户的往往是人财两空的惨痛现实。

在骗子的诈骗过程中，被盗用照片和身份信息的我们自始至终都被蒙在鼓里。直到有一天，被骗用户找上门来，指着我们的鼻子大骂，说我们是丧尽天良的骗子，或者是哪个朋友从某些地方看见了"这世界上的第二个我"搞着一些令人鄙夷的把戏，在朋友间渐渐传开，越来越多的人用有色眼镜看我们……我们的正常生活被打乱，可是我们何其无辜？我们不认识这些受害者，我们也从来没有注册过这些账号。但是我们要因为骗子的罪过而承受一定的代价。

个人照片被用于诈骗的人结果很惨

刘女士就是一个鲜明的例子。刘女士人长得甜美，丈夫顾先生高大帅气，二人本来过着甜甜蜜蜜的小日子。直到一日，一个微信账号申请加顾先生为好友，顾先生加上了对方。哪想到，对方一上来就炮轰顾先生是个小三，并说自己和刘女士在婚恋网站上认识，已经到了谈婚论嫁的地步，还为她花费了几十万元，顾先生应该识相点，赶紧退出。顾先生大怒，和刘女士大吵一架，扬言此事属实就离婚。刘女士百口莫辩之下，联系了这个自称周某的微信账号，要求他发送婚恋网站的截图，一看竟是一个叫甜甜的人，上传的照片均取自刘女士朋友圈过去半年的照片。刘女士继续追问周某如何拿到顾先生的账号，周某称自己的一个朋友曾经看到过刘女士和顾先生在一起，给自己提了醒，而自己实在太爱这个甜甜了，也不忍心指责甜甜，只能辗转打听到顾先生的微信账号，希望通过谈判劝退顾先生。事情就此真相大白，后来周某向刘女士一家道了歉，还报了警，以期警方早日抓到这个甜甜，不让"她"祸害更多的人。一场闹剧过后，周某被骗几十万元，而刘女士总觉得在这件事上丈夫不够相信自己，夫妻间出现了嫌隙。

如何防范个人照片被骗子盗用？

其实，不只是在婚恋社交平台，我们的生活美照还可能会被用做虚假广告制作、熟人诈骗甚至是色情网站拉客，从而给我们的生活带来惊涛骇浪，对我们的名誉造成极大影响。那么，我们该如何防范这种现象的出现呢？正确的防范方法至少有以下四点：（1）选择正规大型的社交平台，为朋友圈晒照设置浏览用户分类。正规大型社交平台的反爬技术通常比较好。平时尽量少晒照，忍不住想在社交平台晒照时，可以设置该照片的浏览用户分类，社交平台设置访问时间、用户权限等，加大爬虫难度。（2）注意账户安全防护措施，选择手机、邮箱绑定，提升密码设置安全等级。(3)谨慎添加好友。费一点心思追看一下主动添加一方是否在该社交平台上有较多的历史痕迹，如果发现对方最近才开通账号，生活信息记录较少，或者某一时间段集中大规模上传生活照，谨慎添加。(4)如果遇到需要上传个人隐私的App、小程序、问卷等，谨慎填写个人资料。

最后，愿我们的美丽只会被人欣赏，而不是遭贼惦记。

手机二维码的数字编码泄露意味着什么？

在互联网世界里，有一句话是这么说的：一入网络深似海，从此隐私是路人。从早期轰动一时的"艳照门"事件，到5 000万条土耳其公民信息数据泄露，再到黑产团伙长期贩卖50亿条公民信息……可以说，个人信息泄露是每个网民都需面对的风险。而在当前，黑产从业者已经瞄准了不断扩大规模的移动支付市场，悄悄将黑手伸向了用户的"移动钱包"。熟悉移动支付的人都知道，在使用手机支付的时候，只需要出示"付款码"，商家扫码完成后即可完成移动支付。别小看这二维码和18位数字编码，这可是移动支付的关键信息，随意泄露这个"付款码"很可能导致"移动钱包"失守！

前不久，发生了这么一个案例：南京的小王想退共享单车的押金，并拨打了他认为是"客服电话"的号码。"客服人员"先询问了小王的芝麻信用分数，然后告诉他：打开微信钱包，把付款页面中的18位数字告诉她就可以办理退款了。但让小王意外的是，自己按照对方的要求操作后，不久便收到了一条消费2 690元的扣款短信。随后"客服人员"还想让小王再转一笔钱，待小王明确表示卡里没钱后，对方还让其向朋友借钱转账。这时，小王才意识到自己可能被骗了，立即拨打电话报警。

其实，静下心来想想，上述案例中的诈骗套路并不复杂。骗子先伪装成共享单车的客服人员，并发布假的客服电话；然后等待客户上钩，要求受害者提供支付 App 中的付款码；最后利用受害人提供的付款码，消费掉其支付账户所绑定的银行卡中的钱。在整个诈骗环节中，最关键的就是受害人提供的付款码。虽然这些付款码的有效时间只有 60 秒，但只要骗子在获取付款码后立即操作，依然可以轻松划走用户"移动钱包"里的钱。

针对这种诈骗手法，支付宝、微信支付、苏宁金融等支付工具类 App 已经建立起了全环节的安全防范机制。在这里，还想提醒一下各位读者，在日常的消费中需注意以下几点：（1）从正规 App 下载渠道下载第三方支付软件或者控件，并及时更新软件版本。（2）不要把自己的付款码截图转发给他人，也不要告知他人自己的付款编号。（3）仔细甄别二维码和网址链接，不点击来路不明的链接，不随意扫码。（4）保密自己的重要个人信息，包括姓名、身份证号码、银行卡卡号、手机号码等。（5）开通移动支付要设置支付交易额度，不要绑定大额银行卡。（6）养成良好的设置密码和更改密码的习惯，不要使用过于简单的密码，也尽量避免把所有密码设置成一样的，谨防被撞库风险。

最后，希望各位在今后的日常消费中，增强风险识别能力和防范能力，加强个人信息保密意识，守护好自己的"移动钱包"，开心购物，放心支付。

第 5 章

股票投资

财富增长的火车头，转向了

1998年，中国启动住房制度改革，福利分房成为过去，买房成了家庭财富增长的火车头。时至今日，国内70%以上的家庭财富都在房子上。房子的魔力，在于30年来只涨不跌。既然市场中存在只涨不跌的资产，金融机构就会发行只赚不赔（刚兑）的理财产品。刚兑理财产品培养刚兑理财理念，大钱买房子（只涨不跌）、小钱买理财（刚兑），成了投资理财的标准动作，而股票、信托等高风险产品，始终难以进入大众圈层。不过，一向运转良好的理财铁律在2018年被打破了：房价下行、债券违约、银行理财不再保本，除了存款，似乎找不到让人安心的资产。为什么会这样？因为财富增长的火车头，已经转向了。

峥嵘十五年：只赚不赔的理财神话

2003年，国内银行业拉开股改上市的大幕，终于用现代公司治理这把剑，在厚重的官本位之墙上凿了一个孔。利润和规模成了指挥棒，银行间的一团和气开始淡去，竞争滋生，创新有了土壤。2004年，中国光大银行创设了国内第一只理财产品。彼时，成立不足两年、肩负行业改革重担的银监会，很快予以支持，次年发布《商业银行个人理财业务管理暂行办法》，赋予理财产品合规的身份，理财成为银行存、贷、汇基础业务之外的又一产品形态。和大多数新生事物一样，早期的银行理财模式简单，就是赚利差——以较低的理财收益率吸入资金投放到利率较高的银行间市场，心思也单纯，绕监管、调指标这些乱七八糟的事，统统不参与。

不过，2008年年底，形势发生了逆转。为应对全球金融危机，我国出台4万亿刺激计划，银行间市场资金泛滥，收益率下行，银行理财的赚利差模式难以为继。采取类似模式的银行同业业务，也成了难兄难弟，据兴业银行同业业务部原总经理郑新林回忆，"当时，债券资产收益率大幅下行，导致同业业务资产负债的价差不断收缩，同业业务部的盈利能力受到严重打击，直接威胁到同业业务的生死存亡"。在共同的压力下，同业业务与理财业务开始双剑合璧，同业理财诞生了。这种新的理财模式，经信托通道绕了一下，就将利率更高的非标资产纳入理财资产池，让赚利差模式起死回生。更妙的是，非标资产的背后多是本行或他行的信贷产品，理财资金涉足非标资产，为银行以理财的形式发放贷款提供了绝佳的掩护。赚钱虽然重要，绕监管、调指标更有价值，银行理财开启新篇章。

信贷是银行主要利润来源，也是监管重点关照对象。在监管与银行的猫鼠游戏中，银行一直处于下风，同业理财出现后，银行看到了翻盘的希望。以理财资金的形式对产能过剩行业、房地产和融资平台放贷，银行终于摆脱了贷款投向、贷款额度、资本充足率、不良率等监管指标的束缚，可以放开手脚，大踏步向前了。短短3年，银行理财余额翻了近两番，2013年年末超过10万亿元大关。作为不能或缺的通道，信托也迎来黄金发展期。当时，毕业一两年的信托业务员，年入百万并不稀奇。不过，银行绕监管，监管很快反制，到了2011年，银行就没了招架之力，银行与信托的合作陷入冰点。所幸，证监会出手了，助银行一臂之力。2012年，证监会召开券商创新大会，鼓励证券公司、基金公司发展资管业务，银证、银基登上舞台，大资管的黄金时代开启了。2017年年末，银行理财和信托理财余额双双超过25万亿元大关；证券公司资管和基金子公司资管余额也都达到15万亿元左右。照此估算，全国14亿人口，人均购入理财6万元。

全民理财的背后，让人欲罢不能的魔力究竟是什么呢？低风险、高收益，只赚不赔。2013—2016年统计数据显示，金融机构已兑付理财产品中，亏损产品数量占比一直低于0.06%。也就是说，一万只理财产品中，只有6只是亏了本金的，且本金损失率低于10%。在只赚不赔的神话加持下，银行理财迎来黄金时代。

趋势逆转，神话破灭

理财产品只赚不赔，一般认为是刚性兑付在捣鬼，不过，顶着刚性兑付的帽子，金融机构鲜有机会垫付真金白银。秘密就隐藏在底层资产中。八成以上的银行业理财投资了债券、非标资产、存款和同业拆借等低风险资产，不良率趋近于零。2013年以来，银行发行的50余万只理财产品中，虽有八成宣称不保本，但实际收益率未达预期的只占0.35%。债券一直是由发债企业刚性兑付的；非标资产主要是投向地方融资平台和房地产行业的贷款，在房地产行业奇迹的加持下，不用考虑风险；金融机构的同业借款，还款能力更是不容置疑。这样的底层资产结构，收益率可以精准预测，刚性兑付也毫无压力。

底层资产这么有底气，也难怪"打破刚兑"喊了很多年，一直未能落地。金融机构不着急，因为市场中存在只涨不跌的资产，对刚兑有把握；监管机构一直在呼吁，但并未使出雷霆手段，大概对此也是了如指掌。不过，2018年，神话被打破了。宏观层面强力去杠杆后，靠资金吊着的一大批僵尸企业、产能过剩企业的输血渠道被掐断，贷款开始逾期，债券也频频违约。债券违约打破了发债企业会刚兑的预期，各路资金更趋谨慎，危机开始蔓延，债券违约潮出现了。2018年下半年，137只债券相继违约，违约金额比近4年来的总额还要多。

债券不再安全，房价只涨不跌的神话也被打破。一方面，屡屡为房价上涨背锅的刚性需求正趋于饱和。据恒大研究院测算，当前一、二、三四线城市套户比（房产套数/家庭户数）分别达到0.97、1.02、1.06，二线以下城市人均住房建筑面积已经超过30平方米；最新的人口普查数据也显示，近八成的城镇家庭已经拥有住房。另一方面，随着各地贯彻"房住不炒"精神，投机性购房的空间也被大幅压制。2018年，房价迎来拐点，一线城市房价下行，二线城市通过抢人大战稳房价，底线城市则开始对限购政策松绑。市场中不再有只涨不跌的资产，金融机构再背负刚兑的名声，就真的会损失真金白银了。监管机构终于使出雷霆手段，这一次，金融机构超级配合。

下一个理财十年：谁来接棒？

2018年9月，银保监会发布《商业银行理财业务监督管理办法》，新规一出，2005年以来累计发布的12项理财规章随即作废。这是一个集大成的规定，有一些新内容，更多的则是对散落在历史文件中的核心条款的再次呈现。只是，这一次动了真格。保本型理财被消灭，连提法都没了，之后再提到理财二字，默认都是不保本的。同时，要求银行设立理财子公司，将理财发行职能剥离出去。银行做事一向迟缓，监管审批更是谨慎，在理财子公司一事上，双方都很利落，申请和审批，称得上神速了。目前，已有30余家银行发布公告要设立理财子公司，资产规模占行业八成以上，工农中建交五大行的申请已全部获批。相比银行的理财事业部，理财子公司不仅仅是组织结构、人事财务、激励机制甚至企业文化层面的变革，更在物理层面将银行存款与银行理财隔离。存款还是银行的存款，理财则由理财子公司负责，理财刚兑这个包袱，银行不必再背了。

银行卸下重担，投资者也该想想出路了。多年来，只有存款、银行理财和买房从没让人折过本，投资者也把80%以上的财富押注在此。其他诸如股票、基金、互联网金融点对点借贷平台（P2P）、虚拟货币等，除了一群敢于冒险的人，也只能吸引些无知无畏的新手了，而且这些新手尝到亏本的滋味后，多半还会乖乖地回归银行理财和买房的主流轨道上来。当前，房价不再涨，理财也没了保本兜底，下一个理财十年，谁来接棒呢？资金总要找个去处。当所谓低风险、高收益产品祛魅后，财富的增长，终于回归到"承担风险、获取收益"这一古老的法则上来。资金不得不学着与风险共处，一向以风险著称的股票市场，自然就有了机会。

下一个财富十年，该轮到股市登场了。A股的突然走牛，也似乎给了人们一些信心。

同样是炒股，为什么你总亏钱？

股票市场的投资，不是"零和博弈"，因此，会出现这样的情况：交易对手赚钱，你在赔钱；交易对手赔钱，你还在赔钱。而作为普通投资者的你，在回首过往的投资经历时，是不是多数时间都处于"赔钱，还在赔钱"的状态中？当然，在股票交易过程中，也存在一些"幸运儿"，他们能够在投资中获得丰厚的回报，但往往是赚了钱却不知道为什么；同样，也存在一些"倒霉蛋"，出手必亏，遇到行情不好的时候，还会被深度套牢，好像炒股赚钱这种事情就跟他没有关系。

事实上，这是人性的弱点使然。贪婪、恐惧、过度自信、赌徒心理等，每一个内心的挣扎点，都可能导致一个投资过程满盘皆输。那么，有没有办法克服这些问题呢？确切地讲，办法是有一些，需要在事前进行理性的思考，并在事中能够严格地执行，事后进行科学修正。说实在的，关于投资这件事，说起来道理都懂，但是在实际的操作过程中，结果往往不尽如人意。尤其是对普通投资者而言，我们没有足够多的资源，没有足够多的专业知识和精力，只是想简单地分享社会发展的红利而已，不应该承受太多。

为了进行合理的投资，我建议大家从以下几个方面来进行考虑：时间分配、财富分配以及基本的交易规则。剩下的事情，就是照章办事了。

我该花多长时间进行交易？

交易是为了赚钱，还是为了寻求刺激？这是每个投资者都需要扪心自问的问题。很多人进行交易的初衷是为了赚钱，但是随着交易的逐步展开，便不自觉地偏离了最开始的目标，他们开始通过交易来打发时间或者将偶然的"好运气"拿出来反复炫耀。刚开始炒股的人喜欢"盯盘"，总是担心错过了"高抛低吸"的机会。事实上，由于普通投资者资金量不大，即便是在择时上做得尽善尽美，得到的收益也是有限的，这带来的直接结果是收益与成本不匹配。

从理性的角度来讲，每进行一笔交易，都需要充分的理由，如果我们频繁地更改我们的决策，不是证明我们之前的决定是错误的吗？既然之前的决定是不对的，在同样的逻辑下，我们又有什么理由来表明自己正在做出的决定是对的呢？当然，你可能会问，那高频交易是怎么回事？其实高频交易是一类策略，这个策略的特点就是需要通过频繁的交易从市场波动的缝隙中获利。这类策略对硬件设施和决策的响应速度要求极高，不适合普通投资者。我们普通投资者要做的就是"谨慎买入，大胆持有"。"花更多的时间进行研究，花少量的时间进行交易"才是普通投资者的理性选择，你只需定期关注即可，不必时时牵挂。

如何做资产与风险管理？

任何人都有可能从投资中赚一两次钱，但是如何保证自己离开市场时是满载而归的，这是一个难题。投资就像是一个冰洞，当你不小心陷入时，你需要加倍努力才能回到原地。举个例子：当你从10 000元亏损至6 600元时，你的亏损率为34%；然而，当你从6 600元回到10 000元时，你的收益率却是50%以上。你如何确信一个亏损率达34%的投资者，能够在相同的时间内挣回50%呢？

初级投资者总是将目光集中于如何快速挣钱，而老道的投资者往往会首先关注风险。大额资金需要进行仓位管理，小额资金也同样需要，组合交易的净值曲线能够反映投资者的资金管理水平和风险控制能力。为了控制风险，普通投资者需要做的是：将资金分为多份，并对每笔投资进行独立风控管理。这样管理有两个好处：一是人为地对投资进行分散化管理；二是避免不断对亏损投资进行"抄底"。记住一点，在投资过程中，所有与专业水平无关，看起来又理所当然的事情，都是需要我们警惕的。

何时入场，何时退出？

即便是在事前对投资标的进行了详细的分析，投资者想要实实在在赚到钱，也是一件难事，主要原因在于：普通投资者很难把握好"进场"时点和"离场"时点。在买入时，我们的主要指导思想是便宜！只要足够便宜，买卖总能谈成，尤其对于价值投资者更是如此，他们总是倾向于寻找被低估的标的。但是，这只能决定哪些标的是值得投资的，并不能解决进场时点的问题。一般而言，普通投资者基本很难系统地做到精准"抄底"。所以，建议投资者不要在这方面浪费时间和精力，择时靠的是概率，如果每次都大比例投入，总有一天会翻车，这就是为什么我一直建议大家要"小额分散"的原因了。

关于退出时点，我的建议是在选好股票之后，至少应该做到以下三点：一是设好"止盈"和"止损"，"止盈"是为了让我们能够落袋为安，"止损"实际上是一个纠偏机制，避免深度套牢；二是不要过分纠结成交价格，该出手时，尽量以"市价"成交，不要因为几分钱的差异而错失良机；三是在进行交易前要有一定的心理准备，最好设定大致的持有期限，这样可以避免反复操作账户，实际上，有计划的交易往往收益更高。

如何构建自己的投资决策树？

讲大道理时，大家都习惯以"智者"自居，但落到实处时，却又因为各种原因而没有执行到位。因此，制订一个可执行的交易计划是很有必要的。投资决策树便是很好的决策机制，只要我们严格执行，结果大概率不会偏离初衷。下面我们给出简易的投资决策树构建方法。一个标准的交易计划至少包含以下几个部分：股票池的范围及分类、资金分配的原则、盈利目标的设定。

1.构建自己的股票池

个人的精力和兴趣点有限，所以需要在自己的能力范围内构建股票池，例如常见的方式是分级构建"一级池/二级池/核心池"等，在机构投资者中这种做法比较常见。但对于普通投资者，从交易频率的角度进行分类，构建"周关注/日关注"这样的分类可能会更有效。

2.资金分配的原则

无论什么时候，都不要"ALL IN"，对自己好点，多给自己几次机会。一定要记住，不要为了交易而交易，你进行交易的目的是资产增加，当你按下买入键的那一瞬间，你的资金就会面临风险。为了使资金不被套牢，除了在买入时设定好安全边际，在时间上小额分散也是不错的方法，这样，大涨的时候开心，大跌的时候也是安心的。

3.设定好止盈和止损

一笔投资，你不可能从头赚到尾，在买入之初就设定好盈利目标，一方面，可以促使自己摆脱贪婪，时刻保持警惕；另一方面，通过设定盈利目标的过程，加深对投资标的研究，从而在面临市场波动时更加有底气，也会更加淡定。止损，就是认怂。偏执，是投资的大忌。市场变化万千，看错了很正常，所以专业的、业绩做得好的基金管理人都有一个开放的心态，不仅能够接受和理解外部的信息，也能够接受自己的不完美。做好止损的一个有效的做法是：如果当月达到了止损，就停止交易，等到次月再来，那么这段时间做什么呢？学习。

投资是件令人兴奋的事情，但不能"激情交易"。如何保证呢？我们应该做的就是在交易发生之前，先定好目标，制订好交易计划及触发条件，每次制订好交易计划后按步骤执行，然后根据结果来对计划进行修正，而不是随意改变计划，如此这样坚持一段时间，你也会成为一个投资专家。

牛市初期，观望是代价最大的 错误

在《人生定位》一书中，艾·里斯给很多好莱坞演员泼了一盆冷水："在好莱坞，梦想成为巨星的演员成千上万，然而只有极少数人梦想成真。大多数人都生活在这个巨大的美梦中，这个美梦滋养着他们，支撑着他们，并最终辜负了他们。"把这段话用到股民身上，也是贴切的。在牛市氛围里，大多数股民活在致富赚钱的美梦里，这个美梦滋养着他们，支撑着他们，但最终会辜负他们。牛市过后，赚到钱的仍然只有少数人。他们之所以赚钱，因为他们骑着一匹快马。

让基金经理为你赶车

艾·里斯在《人生定位》中提出了赛马理论：如果人生是一场赛马，赢得比赛的，未必是最好的骑手，那些拥有最好赛马的骑手，更容易笑到最后。什么是赛马呢？以人生的不同阶段为例，求学时期，学校就是你的赛马，重点中学胜率大于普通中学，清北复交胜过一般本科；工作阶段，行业和公司就是你的赛马，互联网行业的胜率大于建筑设计行业，BAT相比小公司更容易让你成才。

推而广之，相同的毕业学校，专业就是你的赛马，金融这匹马更容易让你赚到钱；在同一家公司，岗位就是你的赛马，营销岗位更容易让你赚到钱。所以，在人生这条路上，每个人都骑着很多匹马。很多时候，个人的聪明才智所发挥的作用，远远比不上他骑着一匹怎样的马。不管你多么聪慧敏锐，把注压在一个输家身上是永远得不到回报的。泰坦尼克号上最优秀的官员到最后也要与最没用的人待在同一条救生艇里，前提还是他要足够幸运，没有掉进水里。

炒股也是同样的道理，很多散户凭借的不过是自身的经验、知识和小道消息，他们总是单打独斗，所以绝大多数都做了分母。自始至终，他们骑着的是自己，他们以自己为马。在股市这个赛道中，散户显然不是跑得最快的马，他们没有受过专业训练，缺乏专业的后勤补给，情绪波动大，缺乏纪律约束，甚至没有专业的装备。他们和机构同台竞技，通常是被碾压的一方，被"割韭菜"，正如股市中那句俗语："当有钱人遇到有经验的人，有经验的人最终会变得有钱，而有钱人最终会得到经验。"眼馋牛市的收益，何必亲自下场呢？把钱交给有经验的人替你管理，不要以自己为马，挑一匹跑得更快的马，才是更好的选择。基金，就是这样一匹马。买一只基金，基金经理会为你赶车，你在车上只要呼呼大睡就好了。

买什么最好？

截至2020年一季度末，国内基金总数超过6 800只，其中股票型基金1 188只。面对1 188只由专业人士打理的基金，普通投资者该如何挑选呢？

对小白投资者而言，最佳选择就是指数基金。这个结论不是我下的，巴菲特、达利欧、博格尔等全球知名投资人都表达过类似的观点。如巴菲特就曾留下遗嘱，他去世之后，托管给妻子的资金必须投资于指数基金。巴菲特解释道："我相信根据现行政策，该信托基金的长期业绩将优于大多数投资者的业绩——无论他们投资的是养老基金、机构基金还是个人基金，因为它们雇用的都是费用昂贵的基金经理。"巴菲特所谓"昂贵的基金经理"，是指相比低费率的指数型基金，非指数型股票基金的管理费用太高，在时间的复利效应下会极大地侵蚀利润。况且，有研究表明，长期来看，95%以上的主动管理型基金都跑不赢指数基金。巴菲特老爷子还用真金白银表达过自己对指数基金的支持。2008年，巴菲特同某对冲基金公司打赌，赌该公司旗下5只最顶尖的对冲基金在10年内跑不赢标准普尔500指数，赌注100万美元。最后，巴菲特赢了。

长期来看，指数基金之所以表现更好，除了费率较低，更重要的是指数基金属于被动管理，买入并持有构成指数的成分股，与"市场先生"保持一致。而非指数基金强调跑赢市场、跑赢指数，需要基金经理主动操作。但问题恰恰在于，基金经理也是普通人，他们也会受情绪控制，犯各种散户会犯的错误。从结果上看，他们也许比散户更专业，但通常打不赢"市场先生"。

与时间做朋友

很多老股民，都不愿意买指数，觉得不刺激。市场中每天都有涨停的股票，少则几十只，多则几百只；而指数（如上证指数）涨个2%就算不错了，赚钱效应弱爆了。但从结果上看，绝大多数股民，牛市中盈利跑不赢指数，熊市里亏损远远高于指数。指数盈利的奥秘，藏在时间的长河中，藏在复利效应里。10万元本金，哪怕每年涨幅只有10%，只要拿得住，30年之后就能增值17.5倍，变成175万元，指数涨幅见表5-1。

表5-1 指数涨幅

年收益	10年收益	20年收益	30年收益	40年收益
10%	2.6倍	6.7倍	17.5倍	45.4倍
20%	6.2倍	38.4倍	237.4倍	1 469.9倍
30%	13.8倍	190.1倍	2 630倍	36 256.8倍

你可能会说，到哪里去找年均收益10%的投资呢？上证指数就是。都说A股牛短熊长，但上证指数从上市时的100点到现在的3 345点（2020年7月7日），30年涨了33.45倍，年均涨幅12.4%。所以，看似不起眼的指数，在时间的长河里，跑赢了通货膨胀，跑赢了存款，跑赢了银行理财。话虽如此，买入时点也很重要。如果是2015年6月12日在5 166点买入，现在还深套其中。对于普通投资者，很难选择买入时点，可行的办法就是分散买入时点，即基金定投。只需要每周或每月投入一定金额的资金，就能把买入时点的影响抹平，在时间的长河中尽情享受复利效应。

嘉信理财金融研究中心曾做过一个研究，假定5位投资者每年拿出2 000美元购买指数，其中，有位投资者每年都选择了最佳买入点（最低点买入），有位投资者每次选择最糟糕买入点（最高点买入），20年之后，二者的盈利差距不到1.5万美元。

就普通投资者而言，不必追求最佳买点，也不可能总是在最差点买入，只要定期买入、长期持有，做时间的朋友就够了。

关键是仓位

股市大涨，很多发誓不再炒股的股民陆续回来了。我有一个朋友，周一跑步入市，买入指数基金。周一股市涨得好，他很沮丧，因为拉高了他的成本；周二股市也还行，但他认为太疲软了，似乎指数不涨5个点，对不住他的热情支持。

我说疲软正好加仓，他又不敢，说等周一这笔赚到钱再说。这是很多股民的典型思维模式：着眼于一日两日的涨跌，不能站在牛熊大势的层面布局，捡了芝麻，丢了西瓜。牛市初期，观望大概是所有错误中代价最大的一个。

很多投资者，在牛市初期不敢投资，看到身边人赚了钱才慢慢买入，越是谨慎的投资者越是如此。结果就是，他们总是在牛市的后半段大举加仓，把成本做得很高，然后在牛市接近尾声时走向另一个极端，变得无比激进，不惜贷款炒股，甚至卖房炒股。结果，整个牛市里，轻仓介入，只赚到零花钱，却满仓迎接熊市，被熊市的第一个跌停闷在里面，跌幅20%时被套住了，跌幅30%时，割肉离场，然后发誓这辈子再也不碰股票。等下一个牛市来临时，他们忍不住又来了，但谨慎依旧，还是在牛市的后半程进来，重复过去的故事，再次割肉离场，屡战屡败、屡败屡战。

正确的做法是反其道行之。最好在熊市中坚持定投。如果3年前定投指数，现在的账面盈利至少在30%了。如果不是，应该在牛市初期快速建仓，把仓位抬高。之后，守住仓位，不因短期的调整离场；待牛市进入后半场，再逐步降低仓位。重仓参与牛市，轻仓迎接熊市，如此周而复始，自然对股市由恨生爱。当然，没有人能够预判股市走势，也没人说得清何为前半场，何为后半程，何为牛熊转换的临界点。但只要保持定力，低点介入、高点离场，大方向上的仓位布局，还是可以做到的。

长期资金、长期投资

股市变幻莫测，以至于很多人把股市比作赌场。短期来看，的确与赌场无异，因为谁也无法预知第二天的涨跌，买入卖出都像在下注。但长期来看，股市却是能赚钱的，赚的是经济持续增长的钱，赚的是货币超发下资产升值的钱。

2008年10月，金融危机后市场最恐慌的时候，巴菲特在《纽约时报》发表一篇文章，题目为《买入美国，正当时》，里面有一段话，讲的就是长期投资的价值："从长期来看，股市给投资者带来的一定是好消息。20 世纪，美国经历了两次世界大战，还在许多其他军事冲突中付出了沉重的代价。美国经历了"大萧条"，还经历了其他十几次小的经济衰退和金融危机。美国经历过石油危机、经历过流感疫情、经历过总统因丑闻而辞职。然而，道指还是从 66 点上涨到 11 497 点。"所以，只要对国家经济发展的长期前景有信心，对股市就可以有信心。站在长期投资的视角，买入 A 股，也就是买入中国。

既然是长期投资，自然要长期持有；既然是长期持有，自然要求长期资金。所以，最好用三五年内都用不到的闲钱来投资，或者从工资里每月拿出一定的比例来投资，切忌使用有压力的资金。之后，保持耐心即可，毕竟，"股市是一种将财富从没有耐心的人手中转移到有耐心的人手中的工具"。

牛市来了吗？

写到这里。很多读者可能会问，最根本的前提没有解决啊，现在究竟算不算牛市？其实，写了这么多，就是想告诉你，无论是不是牛市，都不影响你当下的投资：如果还在熊市，正好建仓；如果是牛市初显，更要加快建仓。无论如何都要建仓，不是吗？

参考资料：

1.罗宾斯，默劳克.不可撼动的财务自由[M].杨清波，译.北京：中信出版集团，2020.

2.张可兴.买入，持有，富有：一名金牛基金经理的投资之路[M].北京：机械工业出版社，2018.

3.里斯，特劳特.人生定位[M].何峻，王俊兰，等译.北京：机械工业出版社，2011.

散户炒股，如何才能赚到钱？

身边有朋友问我：有些闲钱，想做点股票投资，有没有什么好的投资建议？初遇到这个问题，我也很困惑。从价值投资的角度，股市获利来自两个方面：(1) 宏观经济的增长——当经济上行时，闭着眼睛买都能赚到钱；(2) 选行业选股——发掘有潜力的行业和公司，伺机买入，伴随着公司成长，实现收益。

现实中，散户进行股票投资是存在一定困难的。一方面，受限于经济增长放缓，闭着眼睛买股赚钱几乎不可能。另一方面，在选行业选股方面，散户又很难与机构抗衡，无论是在专业能力还是时间精力方面，投资机构都具有更大的优势。表5-2是在股票投资中，机构与散户的投资行为比较。

表 5-2 机构与散户的投资行为比较

	机构	散户
决策程序	专业的投资决策流程；在研究团队的支持下，由专门的投资决策委员会进行决策	根据个人判断，随意度较大，易受到个人情绪的影响
专业能力	专业的分析师团队，能够从宏观、行业、财务、业务等诸多角度对投资企业开展调查，得出相对客观的结论	大部分的散户没有经过金融分析训练，更多的是基于市场信息和经验的判断
时间精力	团队作战，有专职人员赴目标公司或者上下游供应商开展尽职调查	个人行为，一般有主业工作，投资股票为副业（职业股民除外）

资料来源：苏宁金融研究院。

由于和机构相比，散户存在以上3方面劣势，所以，在实操过程中，散户总是发现自己的选股要慢半拍。很多时候，当散户根据新闻或者市场热点追进去的时候，股价早已在高位，替人"抬轿"、高位套牢在所难免。面对与机构的竞争，散户难道就没有办法吗？也不尽然。最直接的办法是选择基金，让专业的投资机构来帮助投资。既然不想与机构博弈，不妨成为投资机构的"朋友"，"雇用"基金公司专业的基金经理来帮助投资。当然，如何选取靠谱的基金本身也是一门学问，后面另起一文进行讨论。本文想聊聊，在直接投资方面，散户如何做才能大概率赚钱，希望对大家有启发。

主动出击：发现身边的潜力股

在投资过程中，机构更像正规军，无论是宏观、中观分析，还是财务报表解读、实地调研，一招一式都有板有眼。其实，散户也有散户的比较优势——我们每天要工作，每天都是柴米油盐、衣食住行，这中间就潜藏着无数的投资机会，甚至是专业机构的分析师都暂时没有发现的投资机会，如果能够细心观察，是有可能提前发现潜力股，跑赢市场的。常见的场景包括：

（1）在工作中挖掘潜力股。现实中，每个人的工作内容和性质千差万别，存在有价值的投资机会，细心观察就有可能在工作的细分领域发现有价值的潜力股。例如，作为医生，您会发现近期前来就诊的某类疾病的患者较往年明显增多，或者，您熟悉的某型药物正在进行二期或者三期临床试验，很有希望获得批文，是不是可以关注一下研发和生产相关药物的上市公司。当然，具体是否投资，还需要凭自己的专业知识进行判断。再例如，作为商场的售货员，看看哪些消费品类或者品牌的产品卖得更好，供不应求；作为物流行业从业人员，哪些品类或者品牌发货更多，退货更少。这些都是专业分析师垂涎三尺的第一手资料，用得好的话，是可以发现潜力股，跑赢市场的。

（2）生活中的投资机会获取。看看你经常消费的产品或服务、看的视频、玩的游戏中，有没有由上市公司提供的，产品咋样，为什么会选择这家公同的东西，产品有没有进一步"火一把"的可能性？去逛街的时候，看看商场（上市公司）的人群密度如何？相对往年变化如何？对应的餐饮店有没有出现排长队的现象？其实，以上内容都是机构分析师行业调查的一部分，但是对普通人来说，却是我们工作和生活的日常。分析师的调研往往需要花费大量精力，而且受时间、经费等限制，不一定能得到全面和连续的信息。而我们常年生活在这些场景和数据中，只要更加细心和留意，会在某个我们熟悉的细分领域（医药/消费/物业等）形成优势，发现高价值的潜力股。戏剧性的是，现实中，有多少投资者对不一定那么熟悉的概念股（区块链、大数据、人工智能）趋之若鹜，却对身边那些更加熟悉、凭自己的专业能力更容易进行价值判断的潜力股视而不见。

被动防御：蓝筹分红策略

蓝筹分红策略是指买入一些股息率高的大盘蓝筹股，视后市情况进行决策。在此，以国有四大行为例。图 5-1 是 2015—2019 年四大行的股息率。

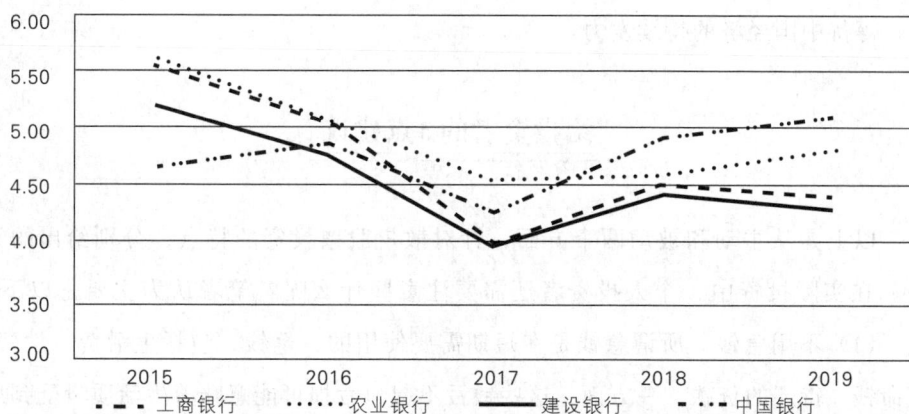

图 5-1 2015—2019 年四大行股息率（%）

工商银行　　农业银行　　建设银行　　中国银行

资料来源：Wind，苏宁金融研究院整理。

可以发现，过去5年，四大行的股息率都在4%以上。假设持有四大行的股票，根据后市的发展，可以有两种操作：（1）若后续市场行情持续向好（如赶上2020年年初的一波小牛市），四大行的股价大幅上涨超过心理预期（10%或者20%，由投资者自己设定），则可以考虑抛出，落袋为安。（2）若后续市场行情一般，或者向下，则可以考虑持有，4%左右的股息率也是一个不错的收益。

在实务中，还有不少股息率更高的行业和公司。之所以选择四大行，主要有两点原因：

一是四大行的监管和运营相对成熟。除了受到银行业本身的强监管，四大行作为国家队成员，更是受到特别"照顾"，全部入选为"系统性重要银行"，如此也意味着更高的资本充足率要求和抗风险能力。二是银行业对经济的渗透性。传统行业普遍存在一定的周期性，如煤炭或者钢铁行业，呈现有些年份赚钱、有些年份不赚钱的情况。但是，银行业的服务渗透于不同周期的行业和企业，受到单一行业周期的影响较小。四大行更是渗透我国经济发展的方方面面，业绩表现也跟中国经济后续的发展息息相关。

总之，只要对中国的未来，对中国经济可持续发展有信心，就可以考虑这个策略。进则赶上一个小牛市，赚取超额收益，退则以一个还不错的股息率持续持有，等待中国经济的持续发力。

给投资者的3点建议

以上是从主动和被动两个方面，针对散户股票投资的特点，分别给出的策略。在实际投资中，个人投资者还需要注意些什么呢？笔者认为主要是以下3点：（1）不用急钱。所谓急钱是在短期需要使用的一笔钱，包括生活费、学费、救命钱、待还的贷款。一方面，这些钱亏不起，亏损可能意味着生活质量受到影响；另一方面，这些钱表现出较强的时效性，到期必须抛股变现，如果此时股票处于盈利状态还不要紧，若处于亏损状态，浮亏就变成了实亏。（2）及时止盈止损。止盈止损意味着一旦股票涨跌超过特定的幅度，则需要及时卖出股票实现落袋为安（或者亏损退出）。机构有严格的投资纪律，散户的投资更具随意性和情绪化。此时，更需要我们能控制自己的情绪，理性投资。（3）理性面对市场上的声音。电视上、互联网上有无数的所谓"专家"，给大家荐股，介绍各种投资策略，不排除其中有一些值得称道的经验分享，但也包含很多有问题的解释。需要投资者保持理性，正确去理解和判断市场上的各种声音。

以上只是笔者针对散户在股票直接投资中的特点，给出的一些投资思路。正如笔者所建议的，应该理性面对市场上的声音——包括本文所介绍的这些内容，也只是笔者的一家之言，希望投资者能够理性吸收，取其精华，去其糟粕，做好投资，实现价值。

为何牛市才是散户的绞肉机？

在前面文章中，我建议小白投资者最好定投指数，在牛市初期上车、迅速抬高仓位，重仓迎接牛市，轻仓应对熊市。考虑到人性的弱点，多数人是听不进去的：买指数不刺激，面对暴涨的市场，很少有人能控制住"要做点什么"的欲望。在这篇文章中，我继续给大家泼冷水，我们来一起分析一下你是如何在牛市里亏钱的。

交易年费率8.2%

最近有人调侃，牛市是散户的绞肉机。很多老股民也感慨，熊市赚钱易，牛市赚钱难。为何在熊市还能赚钱，在牛市里却容易亏钱呢？查理·芒格是这么回答的："给你带来麻烦的往往不是坏主意，而是好主意。如果一件事情是个坏主意，你不会做过头。但如果一件事情是个好主意，你就没办法忽略了，然后你就很容易做过头。"熊市中，很多散户压根不会参与，参与的股民也都轻仓装死，不会频繁买进卖出；而在牛市里，我们往往热情过头，参与过度，要么频繁买进卖出，盈利都交了手续费；要么动辄全仓或杠杆买进，过犹不及。

2015年埋藏了很多散户的痛苦回忆，杠杆牛转熊、指数连续跌停、基金B下折、爆仓、熔断，一桩桩、一件件，据说毁了很多中产阶层。但券商作为卖水客，赚得盆满钵满，当年交易佣金收入是2 690亿元。

散户在买入卖出中亏掉底裤，券商在买入卖出中稳赚不赔。所以，每次牛市启动，总是券商股先行，因为只有券商才是牛市的最大受益方。在一轮全面牛市中，只要选股不是太差，拿得住，赚钱并不难。很多人的问题就是拿不住，频繁换股，除了总是踩空（卖掉的连续涨停，买入的原地踏步），还给市场贡献了大量的手续费。

巴菲特和芒格都很重视复利效应。在他们看来，交易手续费是复利效应的最大杀手。在买入卖出过程中，投资者不仅要支付交易佣金，还要承担过户费、经手费、印花税等成本。单次都是小钱，积累下来也挺吓人。以10万元炒股资金计算，如果一年内交易100次（每周买进卖出各1次），需承担的交易成本约为8 200元（交易佣金0.025%双向收取、过户费0.002%双向收取、印花税0.1%卖方收取、经手费0.00487%双向收取），年费率约为8.2%。牛市里，管住自己的手，大幅削减交易次数，一年多挣8%不香吗？

总想做点什么

在牛市里，要管住自己的手很难。连巴菲特都感慨，和普通投资者一样，他也免不了有想做点什么的欲望。对于如何培养持股耐心，芒格坦言光靠性格是不行的，他给出的方案是求知欲，如果你有浓厚的求知欲，"你关注现实的能力将会逐渐得到提高"。换句话说，届时你只顾着去探究知识和真相，不再把股票涨跌放在心上。

芒格给出的也许是终极方案，用欲望对抗欲望，你一旦体会到求知的美妙，炒股盯盘的乐趣将荡然无存。遗憾的是，99%的人做不到，求知哪有什么美妙可言？转移注意力的法子行不通，一旦入市，我们会在本能驱使下"做点什么"，不停地操作，耐心是不存在的。这背后，有着深刻的心理机制。

很多人都有过沉迷的体验，或沉迷于游戏，或沉迷于一部电视剧。你在沉迷中聚精会神，被一个又一个的"小钩子"牵引着，急切地关注进展，等待谜底揭开，你迈不开腿，挪不开眼，连起身上厕所都不愿意。理性告诉你，该睡觉了，结果你让理性去睡觉了。制作精良的游戏，会设置很多关卡和不确定性，因为心理学家一致认为，间歇性激励比持续激励更有效，只要有可能带来快乐，中间的失败和痛苦只会让你愈战愈勇，更加沉迷。和买彩票一样，相比于开奖结果，期待中奖的过程本身更迷人。

在间歇性激励方面，股市比任何游戏都强大。你置身其中，时而赚钱、时而亏钱，无论涨跌都会给你带来强烈的快感。长期沉浸其中，炒股者的心态还会慢慢蜕变，在家人朋友眼里越来越疯狂、越来越不理性，而炒股者自己却沉浸其中，在不断买入卖出中追逐快感，直至熊市来临，舞曲结束，才能停下疲惫的身躯。起作用的，不仅仅是激励机制，还有一致性心理、社会认同效应、攀比心理、损失厌恶心理等。在众多心理机制作用下，你根本停不下来。

损失厌恶心理

芒格指出，破产的人都有一个通病，就是无法正确处理"损失厌恶心理"，一旦对某样东西倾注了心血和金钱，就会在内心深处否认失败的可能性，"它必须成功，如果我再投入一点，它一定会成功"。这种心理在炒股中广泛存在。持有的股票一旦出现亏损，损失厌恶心理立即启动，典型反应就是加大投入，越跌越买。

在牛市中，短暂亏损本来不是问题，但在损失厌恶心理下，持股者一旦熬到账户盈利，往往在第一时间解套出手，有耐心在亏损时持有，没有耐心在上涨中赚钱。之所以第一时间把扭亏的股票卖掉，是为了第一时间摆脱亏损的记忆。投资者受够了亏损时的折磨，在账户扭亏时长舒一口气，顺便把股票也卖掉，轻装上阵。深套的股票，投资者的核心期待是解套。如果恰好持有的股票不断上涨、屡破新高，大多数投资者又会出现"恐高症"，害怕失去账面利润，车刚启动就抛售了，之后看着它一骑绝尘，再也不敢上车。

熬得住亏损，熬不住盈利，说好的"让盈利奔跑"呢？牛市如涨潮，你只需要向池塘中的鸭子学习，啥也不用干，自会水涨船高。可大多数人，却在兜兜转转中迷失，挑来换去，损失了交易费，错过了机会。忙忙碌碌，钱没赚到，指数早飞到天上去了。

上车的迷思

牛市中的最佳操作是快速上车，把仓位提上来，等待水涨船高。可很多人的第一反应是，你怎么知道是牛市呢？万一只是个大级别的反弹呢？所以，很多人不敢上车，观望犹豫。如果一直观望，倒也罢了，不会损失什么。问题是观望伴随着煎熬，尤其在攀比心理刺激下，看身边朋友持续赚钱，上车的心理压力会越来越大。届时为了摆脱煎熬，很多人会不计成本地入市，在牛市后半段上车，最后，往往做了接盘侠。

有一句俗语，"若一家公司需要更新设备，即便还没有购买，也在为它花钱了"。久拖不决，并没有真正节约支出，反倒因生产效率低产生很大的隐形代价。既然早晚都要买，早一天买，早一天投入生产，才是真正的谨慎和节约。炒股也一样，只要你开始观望，你就一定会上车。既然如此，就要早上车。

现实中，如果你劝人上车，多半会碰一鼻子灰。面对股市大涨，没有上车的投资者会产生认知失调，为了消灭认知失调，他们会为不上车（或轻仓）找理由，如经济低迷、疫情冲击、贸易争端等。"一个人想要什么，就会相信什么。"这个时候的投资者，眼里全是风险，是断不会认错的。在这种心理机制作用下，牛市初期，投资者是多疑的，倾向将市场解释为假牛市，任何一次下跌和调整都是证据；到了牛市中后期，他们忍不住煎熬终于入市，此时又会变得固执，对很多风险信号视而不见，认为牛市将永远持续下去。

上不上车、轻仓重仓，是个心理问题，不是逻辑问题。

让心理陷阱成为助力

讲了这么多，牛市中亏钱，最大的风险源就是自己，不是自己的贪婪，而是各种心理陷阱：激励刺激、损失厌恶、从众效应、认知失调……面对这些内化于本能的心理机制，耐心、定力、知足等词汇是很苍白的。聪明的投资者，绝不会正面硬杠，而是尽量绕开这些陷阱；有效的交易系统，还会变阻力为助力，借助各种心理机制进行自我强化。

例如巴菲特的价值投资，强调寻找优质企业，低点买入、长期持有。寻找优质企业，要求投资者投入大量精力做前期工作。正是因为前期付出太多精力，为避免认知失调，一旦选定后，会更容易坚定地持有。心理学家认为，人们在获取新身份过程中做出的重大牺牲，会极大地提高他们对新身份的忠诚度。前期付出的代价越大，忠诚度越高，否则首先就是对自己的背叛，会产生极大的心理压力。价值投资理念借力打力，前期强调费力挑选好股票，后期会更容易摆脱各种诱惑，对自己挑选的企业忠诚。

再例如，为何强调低价买入呢？低价买入更容易形成账面盈利，能有效规避亏钱产生的损失厌恶心理及其可能引发的一系列不理性行为。在牛市初期，强调要早上车，也是这个道理，越早上车，利润垫越厚，才能越淡定。此外，价值投资强调只在能力边界内活动。巴菲特说："查理（查理·芒格）和我喜欢像口香糖这样稳定的企业，努力把生活中更多不可预料的事情留给其他人"。芒格也说："我们（芒格和巴菲特）跨不过七英尺高的栏，我们寻找的是那些一英尺高的、对面有丰厚回报的栏。所以我们成功的诀窍是去做一些简单的事情，而不是去解决难题。"只把握自己能把握的，既有助于强化信心，也主动绕开了不确定性，规避因不确定性产生的一系列压力及其可能引发的不理性行为。

跳不出的亏钱怪圈

前几日，一位朋友问我能不能炒股，她的好朋友给她推荐了好几只股票，涨得都不错。我给她的建议是拿一年之内用不着的闲钱，买指数基金赚些奶粉钱就好了。炒股赚钱是很难的一件事情，不仅需要知识，更需要耐心、需要定力、需要克服各种心理陷阱。每个人都有自视过高的倾向，觉得自己不一样。想一想，生活中的你足够自律吗？你每年制定的各种目标，都按计划实现了吗？3个月的瘦身计划，你减了几斤？如果这些都没有做到，就千万别幻想"万一我可以"呢。数万年进化形成的本能心理机制，千万不要小看它们。

真的，踏踏实实的，买点指数基金，赚个奶粉钱就好了。不过，我想很少有人能做到，包括我自己。这些心理机制如此强大，在它们的共振效应下，很多人仍然要冲进去。基于此，在牛市中亏钱的事情，还会不断发生。

参考资料：

考夫曼.穷查理宝典：查理·芒格智慧箴言录[M].李继宏，译.北京：中信出版社，2016.

从股市赚到钱的人，90%都会
分析上市公司营收

想对企业进行投资，不管是股权还是债权，首先得了解企业的经营情况。想了解企业经营状况，看该公司的财报是第一步。财报包含很多信息，深入了解和分析财报需要扎实的财务知识和投资经验。

普通人通过不断积累，也能深入分析财报。不管是从业多年的专家还是新手，看财报首先要看的是企业的营收，这里我们谈谈如何看企业营收。企业的营收要从多个角度去分析，包括纵向分析、横向分析、细分领域分析、对照战略分析、对照政策分析等内容。

分析之前，要问的问题是财报去哪儿找？如果是上市企业或已经发债（包括准备发债）的企业，各个财经网站、财经公司、财务数据公司、证券公司都会有，如新浪财经、同花顺财经、东方财富、Wind等。有的网站只有财报的简要信息，若要财报的完整版可以去各企业网站中的"投资者关系"链接中找。如果是非上市公司，一般很难拿到财报，因为企业没有向外披露财报的义务。如果对企业有投资意向，可以向该企业的财务人员索要财报。需要说明的是，没有经过审计的财报有时候没法保证财报数据的准确性。

第一步：纵向看企业营收

首先，好企业的营收得每年稳步上涨，营收下降了的企业往往意味着企业发展乏力。比较增长情况，最好看过去5年的营收情况。表5-3是3个电信、手机相关的企业（分别以A、B、C代称）的营收情况.

表5-3 企业营收情况（亿元）

年限	企业A	增长率	企业B	增长率	企业C	增长率
2018	3 437	20.5%	7 212	19.5%	855	-21.4%
2017	2 852	-4.0%	6 036	15.7%	1 088	7.5%
2016	2 969	2.3%	5 216	32.0%	1 012	1.0%
2015	2 902	2.0%	3 950	37.1%	1 002	23.0%
2014	2 844		2 882		815	

资料来源：苏宁金融研究院。

从表5-3中可以看出，企业B过往营收增长情况要明显好于企业A和企业C。企业C在2018年营收大幅下降，通过核实发现该企业经营上出现了比较大的问题，即便扣除该年情况，企业C的营收增长也很一般。从纵向看，企业B的潜力应该远比企业A和企业C好。

第二步：横向看企业营收

只看纵向的比较，没法体现企业所在行业整体的情况。因此，除了纵向比较之外，我们还需要看横向比较，比较同行业的企业的营收情况。有的企业营收增长缓慢，但行业整体处于低谷期，只要增长超过同行，那就还行；有的企业营收增长绝对数字上升很快，但整个行业发展飞速，如果增长速度绝对数字虽大，但跟不上行业整体增长速度，那也不是一家很好的企业。表5-4是4家房地产企业（分别以D、E、F、G代称）的营收情况。

表5-4 企业营收情况（企业D、E是亿港元，F、G是亿元）

年限	企业D	增长率	企业E	增长率	企业F	增长率	企业G	增长率
2018	133	-3.8%	1 212	18.9%	4 662	49.9%	2 977	22.6%
2017	138	-15.0%	1 019	9.0%	3 110	-16.7%	2 429	1.0%
2016	163	26.6%	935	12.0%	3 734	85.4%	2 405	23.0%
2015	128	-24.6%	834	17.4%	2 013	80.7%	1 955	33.6%
2014	170		711		1 114		1 464	

资料来源：苏宁金融研究院。

各家企业的营收增长情况明显不一样，如果以这4家企业代表整个行业，企业E的营收虽然每年有合理的增长，但整体而言增长率不如企业F和企业G，低于"平均"水平，从长远看不一定是有发展前途的企业。从2017年可以看出，整个行业下滑，大家的营收增长都不如意，但相对来说企业E和企业G稍好，虽然绝对数字低，但只要超过同行，那也是过得去的。需要指出的是，只看房地产企业营收当然不行，毛利、土地储备、销售回款率都是非常重要的指标，也需要全面分析。

第三步：看细分领域的营收

一般来说，行业的内部发展是不平衡的，行业内的某个领域可能会突飞猛进发展而其他领域发展缓慢，这种侧重于不同领域的企业发展会有明显变化。这个变化要到企业细分领域中去分析，这对深入分析企业经营情况很重要。同时，很多大企业随着时间的推移，会不断向旁边领域或新领域衍生业务，这些新的领域逐渐成为该企业的主营业务，这些都需要按领域分析相应的营收情况。前面提到的3家电信、手机相关企业主要业务线营收情况见表5-5。相应地，3家企业主要业务线营收增长情况见表5-6。

表5-5 企业主要业务线的营收情况（亿元）

| 年限 | 企业A | | 企业B | | 企业C | |
	个人电脑	智能手机	智能手机	运营商	智能手机	运营商
2018	2 577	371	3 489	2 940	192	571
2017	2 110	456	2 404	2 978	362	638
2016	2 078	534	1 798	2 906	334	589
2015	2 002	551	1 291	2 323	325	572
2014	2 047	569	747	1 914	231	468

资料来源：苏宁金融研究院。

表5-6 企业主要业务线的营收增长情况（%）

| 年限 | 企业A | | 企业B | | 企业C | |
	个人电脑	智能手机	智能手机	运营商	智能手机	运营商
2018	22.1	−18.8	45.1	−1.3	−46.9	−10.5
2017	1.5	−14.6	33.7	2.5	8.2	8.3
2016	3.8	−3.1	39.2	25.1	3.0	2.9
2015	−2.2	−3.1	72.9	21.4	40.4	22.4

资料来源：苏宁金融研究院。

企业A的两条主要业务线是个人电脑和智能手机，企业B的两条主要业务线是智能手机和运营商，企业C的两条主要业务线是智能手机和运营商。

企业A的个人电脑业务线因为行业不同，没法同其他两家比较，如果要比较，需要与同样做个人电脑的企业的相应业务线对比。2014—2018年，个人电脑业务全球饱和，能够维持稳定的业绩或者有增长也不算太差。如果有明显增长（如2018年增长22%），超过行业的增长率和自身以往的增长率，需要对增长原因进行深入了解，明确公司在这条产业线上的真正经营情况。调查发现，企业A

在2017年并购了一家个人电脑公司，因此2018年22%的增长可以理解为并购产生的，而不是公司在这条业务线上核心竞争力所带来的业务增长。

智能手机方面，3家公司都可以比较。企业B的智能手机营收增长率远高于企业A和企业C，业务明显要好。再来比较企业A和企业C，扣除2018年企业C发展的外部贸易环境因素，企业C的手机业务在发展趋势上稍好于企业A。在运营商方面，企业B在趋势上稍好于企业C，但都增长乏力，特别是最近几年，似乎到了一个发展的瓶颈期。

值得注意的是，现在运营商的5G技术很热门，企业B在5G技术上大幅领先业界，广告铺天盖地，但从财报上看，企业B的5G技术还远没有变现，靓丽的营收数字主要来自智能手机业务。而智能手机的核心专利主要在西方公司手中，容易受制于人。

第四步：营收与行业发展前景的对比

企业营收应与行业整体情况对应，一个好的企业在营收上需要比行业整体发展情况要好。即便将来到了行业下行期，只要你比同行好，先淘汰的还是别人，这样可以为企业赢得足够的时间升级或转型。例如，过去几年的电商行业，很多电商平台营收增长很快，但行业的增长更快、更高，很多企业由于跟不上快速增长的步伐而被淘汰；个人电脑行业，这几年发展饱和，但只要你的增长速度快过别人或衰退速度慢过别人，还是有生存的余地以及未来转型的时间的。需要指出的是，行业发展前景分析涉及的现状分析、技术创新、发展趋势等内容也是一个重要课题。

很多时候，国家政策对企业的营收影响是非常大的。所以，分析企业营收的时候要对照国家相关政策。例如现在的大数据、个人贷相关企业，前几年由于政策松，企业高速成长，营收也以几何级数上涨，现在政策一紧，很多公司就不行了。因此，分析营收的时候，要分析企业业务模式中的政策风险究竟如何？分析政策风险是一个大的课题，在了解企业风险管理相关知识后可以进一步展开。

企业战略也是一个重要考察对象。很多企业营收看上去每年涨得很快，实际上是由于企业的并购等行为造成的增长，而不是企业本身的业务线竞争力增长造成的，这要分清楚。因而，分析财报有关的数据，要分开分析才能了解企业的实际经营情况。

并购和转型都是大课题。如前面提到的企业 A 在智能手机领域 2018 年的 22% 增长就是并购的结果，而不是实际业务增长。当然，企业并购时，作为投资人必须了解企业并购的动机是什么、新的业务模式是什么？要分析这些变化对盈利能力的影响。除了并购，转型中企业的新旧业务线的营收要分析清楚。

第五步：结语

需要从各个角度对企业营收情况进行分析，才能充分了解企业的实际经营情况。通过企业营收分析可以了解企业基本运营情况，是下一步深入分析企业的基础，非常重要。

炒股持续赚钱的人，都会看这几个指标

经常做股票投资的人，总是免不了要吃几碗"面"。与其"关灯吃面"，不如吃好一碗"面"：基本面。在进行投资之前，我们需要明白一个问题：股票投资的收益来自哪里？一般的投资者会认为来自"精妙"的"高抛低吸"。但是事实真是这样吗？二级市场的交易是不创造价值的，只是将不同交易者的预期通过价格这个信号综合体现出来而已。说到底，股票投资的收益来源是企业的利润。只有企业真正赚钱了，投资的回报才是可靠的。

我们所说的基本面就是企业经营所依赖的宏观经济环境。经济系统的参与者主要分为3类：企业、家庭和政府。在投资过程中，我们需要不断地进行观测，那么如何做到呢？幸运的是我们有一些经济指标可以进行跟踪，这些指标就构成了经济发展的脉搏。图5-2描述了经济运行的逻辑，每个参与者都通过自己的活动发挥作用。

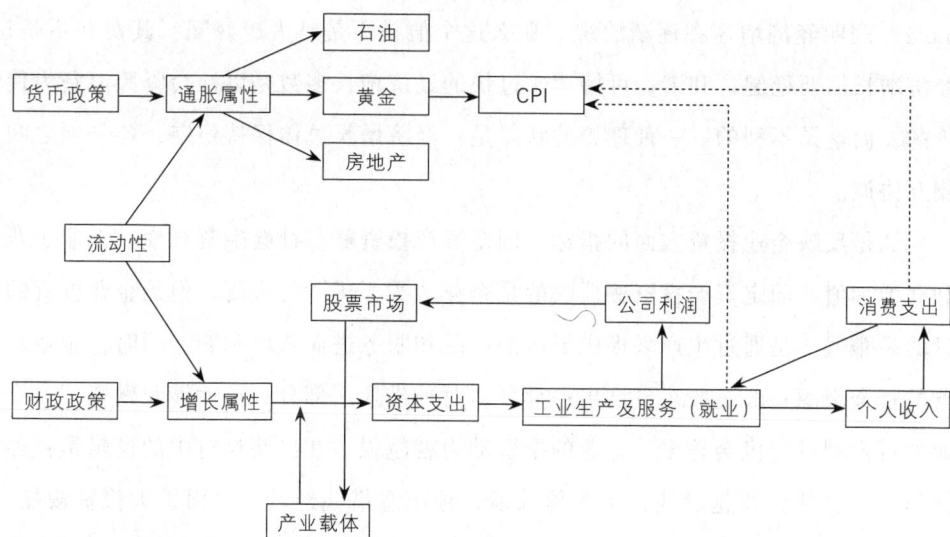

图5-2　经济运行的逻辑

我们观测的角度有3个基本维度：量、价、景气度。量，反映的是经济活动的规模；价格的稳定性反映了经济运行的稳定性；景气度则反映了将来是否会变得更好。如果你对这3个方面有所了解，你会突然发现，虽然你只是一个普通投资者，却注定不平凡。

第一类指标：量

　　企业主要通过投资行为将社会资源组织起来进行生产，提供产品和服务；家庭通过劳动获得收入，并根据家庭成员的喜好进行"买买买"，形成消费。所以，基本面关于量的指标，我们只需要看以下几个方面就行了：

　　一是反映整体经济增长水平的指标：国内生产总值（GDP）、工业增加值。粗略地讲，GDP就是大家忙碌了一年，创造了多少价值。一般会采用同比指标来进行分析。例如，2010—2018年，我国的GDP同比增速从10.6%逐渐降至6.6%，表明经济增速在逐渐放缓。那么这个值是不是越大越好呢？其实并不是，经济增长需要稳健、和谐、可持续。过快的经济增长多数是以社会资源浪费为代价的，而这是不利的。一种理想的状态是：经济增长总体保持稳定，各分项之间相互协调。

　　二是反映企业投资方面的指标：固定资产投资额、社会融资规模、工业企业利润增加值。固定资产投资额反映的是企业"买买买"的维度，但是企业投资的目的是赚钱，是通过生产来提供更多的产品和服务进而获取利润。同时，企业经营的资金来源一般是股东自己出一部分，对外借入一部分，这就涉及融资了。企业的可盈利投资机会越多，企业的融资动力就越强。在经济运行中的逻辑是：经济越好，企业经营越赚钱；企业越赚钱，越愿意借钱经营，进而扩大投资规模。企业投资规模的扩大，又进一步拉动了经济。总体而言，这些值越好，说明企业的投资意愿越强，对拉动经济的作用也越大。

　　三是反映消费者方面的指标：社会消费品零售总额。从功能上讲，消费是社会再生产的一个很重要环节，也是最终环节。企业的产品和服务只有销售出去，经济才能正常运转，否则只能以存货的形式存在，成为企业经营的负担。消费的新需求，对生产的调整和升级起着导向作用；一个新的消费热点的出现，往往能带动一个产业的出现和成长。社会消费品零售总额能够在一定程度上反映消费的变动情况。

经济活动涉及社会生活的方方面面，不可能通过单个指标对经济作出判断。不过，通常在好的经济环境下，各方面的"量"会协调发展，共同进步。在观察经济指标时，一般的做法是：先看总体指标的好坏，再看分项指标的结构性差异。这样，你就可以知道经济环境的大概情况是怎样的了。

第二类指标：价

有交易必有价格，价格的变动一方面反映了供求双方的讨价还价能力，另一方面也反映了经济的活力。在整个经济运行的过程中，两类价格指数具有代表性意义：生产价格指数（PPI）和居民消费价格指数（CPI）。

生产价格指数（PPI）是衡量工业企业产品出厂价格变动趋势和变动程度的指数，是反映某一时期生产领域价格变动情况的重要经济指标，主要目的是衡量企业购买的一篮子物品和劳务的总费用。

居民消费价格指数（CPI）是反映居民家庭购买的一般消费品和服务的价格水平变动情况的宏观经济指标，是在特定时段内度量一组代表性消费商品及服务的价格水平随时间变动的相对数。其变动率在一定程度上反映了通货膨胀或紧缩的程度。

由定义可知，PPI反映的是购买生产资料的成本价格变动，CPI反映的是消费者购买商品和服务的价格变动情况。不过，我们不能单纯地通过价格变动的大小来判断经济好坏，因为价格体现的是交易关系，反映的是不同的经济参与者之间的关系。所以，CPI和PPI之间最重要的关系是传导机制。如同流水一样，上游的价格变化要通过下游消费疏解，如图5-3所示。理想的状态是CPI和PPI趋势上大致相同（通常PPI领先CPI），温和变动。常见的价格指数见表5-7。

成本端 PPIRM　　　　　　　成本端：PPIRM、PPI

```
┌──────────┐      ┌──────────┐      ┌──────────┐
│ 上游采选业 │ ───▶ │中上游制造业│ ───▶ │ 下游制造业 │
└──────────┘      └──────────┘      └──────────┘
     ▲                 ▲                 ▲
```

收入端：PPIRM　　　　　收入端：PPI　　　　　收入端：RPI、CPI

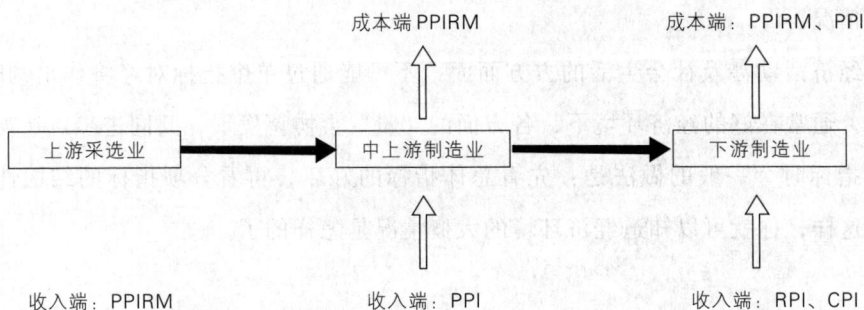

图5-3　企业经营过程中的成本和收入价格指数

表5-7　　　　　　　　　　　　常见的价格指数

指数		统计口径
PPIRM	原料、燃料、动力购进价格指数	调查对象为年营业收入2 000万元以上的企业
PPI	生产价格指数	调查对象为年营业收入2 000万元以上的企业
CGPI	企业商品交易价格指数	调查对象范围:(1)在国内生产并且在国内销售的物质商品;(2)资产交易如房地产,由于权数大且不稳定,不包括在调查范围内;(3)某些特殊物质产品如飞机、船舶、武器弹药等,或很难确定其权重或不能进行连续价格调查的,不包括在调查范围内
RPI	商品零售物价指数	通过手持数据采集器,采用定人、定点、定时的方法直接调查,调查的对象为工业、商业、餐饮业和其他零售业
CPI	居民消费价格指数	通过手持数据采集器,采用定人、定点、定时的方法直接调查,调查的对象为商场(店)、超市、农贸市场、服务网点和互联网电商等

第三类指标：景气度

除了数量指标和价格指标，还有一类反映经济运行兴衰的指标，我们称其为景气度指标。衡量经济景气度的指标很多，但用得最多的就是采购经理指数（PMI），这个指数反映经济活动的"荣枯"。PMI每项指数均反映了商业活动的现实情况，综合指数则反映制造业或服务业的整体增长或衰退。

制造业及非制造业PMI商业报告发布时间大大超前于政府其他部门的统计报告，所选的指标又具有先导性，所以PMI已成为监测经济运行的及时、可靠的先行指标。制造业PMI体系包含新订单、产量、雇员、供应商配送、库存、价格、积压订单、新出口订单、进口等商业活动指数。服务业PMI体系包括商业活动、投入品价格指数、费用水平、雇员、未来商业活动预期等指数，但因其建立时间不长，尚未形成综合指数。

PMI50%为荣枯分水线。如果汇总后的制造业PMI综合指数高于50%，表示整个制造业经济扩张，低于50%表示制造业经济增速下降，接近40%有经济萧条的可能。PMI略大于50%，说明经济在缓慢前进，PMI略小于50%说明经济增速在逐渐放缓。

通过对经济环节中的量、价、景气度的了解，你可以知道3个方面的信息：（1）现在的大环境是好还是差，比去年怎么样？（2）价格水平如何，大家是不是在共同富裕，需不需要担心手上的钱买不到想要的未来？（3）未来的日子是否好过？

作为投资者，如果对上述信息保持持续的关注，便会形成对经济情况的大致判断，这就会避免投资中的"非理性"行为，你就成为市场中盈利的"少数人"了。

股市震荡行情中如何实现稳健投资？

A股市场有一种强大的生物，其生命力比"野火烧不尽，春风吹又生"的"离离原上草"还要坚强，俗称"韭菜"。当然，谁都不希望自己成为被人割完一茬又一茬的"韭菜"，而是希望通过"精准抄底+成功逃顶"成为人生赢家。然而，真实的结果往往是"系列操作猛于虎，账户余额二百五"。

普通投资者如此，专业投资者也不尽如人意。我们曾经统计过市场上各类金牛奖基金的次年表现，结果发现，业绩的连续性并不尽如人意：多数金牛奖基金的次年表现竟然没有超过混合基金和股票基金的平均值，这说明即便是基金经理，也很难保证其投资能力的持续优异，很多时候，也许只是"撞大运"。收益是市场给的，错误是自己犯的，这才是正确投资观，而不是相反。

对普通投资者而言，收益固然重要，稳妥似乎更为关键。在趋势性行情下，普通投资者可以通过购买被动型的指数基金来获取上行市场的平均收益，同时也可以通过及时止损策略来避免下行市场的持续损失。但是在震荡行情下，很容易出现频繁错误操作的情况，那么我们这些只想通过股市赚点菜钱的普通人，又该如何操作呢？我建议把握好以下几个要点。

能听懂新闻，知道经济的基本情况

我们进行投资一定要看清形势，经济形势好的情况下做成长性投资会获得不错的收益；在经济形势欠佳的情况下，投资风格应该相对保守。关于经济基本面分析，有几个基本的指标需要了解：

1. 经济增速：GDP同比变动

看经济发展水平的好坏，我们看得最多的是GDP同比增速。同比的意义就是：今年与去年同期相比如何？同比增速当然是平稳向上比较好，所谓"蒸蒸日上"说的就是这个意思。消费、投资和出口是GDP增长的主要动力，通过查看这些指标，我们能更好地理解经济现状。

消费指标我们需要看"社会消费品零售总额"，直观的意思就是有多少商品被消费者购买，这个值越大，表明消费越旺盛。除了消费，我们还要看投资，投资主要包含基于生产需要的固定资产投资和其他房地产开发投资。一个良好的经济发展环境是企业多生产，居民多消费，二者之间保持齐头并进的势头。

作为一个国家而言，总会有贸易往来，这样就形成了进口（买其他国家的商品）和出口（将产品和服务卖给其他国家）。那么，净出口也是经济增长的一个重要组成部分，相当于一个国家将商品卖给国外，赚取了收入。

2. 景气度指标

除了看经济现状，我们还要关注景气度，PMI是通过对采购经理的月度调查汇总出来的指数，一般用它来反映经济的变化趋势。PMI包含很多分项指数，不仅包含诸如新订单、产量、雇员、配送、库存等反映经济生产过程的指数，还包含经理人对经济活动的预期。PMI以50%作为分界线，人们形象地称之为"荣枯线"。景气度越高，经济环境变好的可能性也越大。

3. 物价水平指标

衡量物价变动的常见指标是CPI，这个指标我们也主要看同比，就是与去年同期相比，物价是涨了还是跌了。一般而言，经济增长会伴随温和的通货膨胀，因为经济变好，社会经济活动会增加，同时收入增加，需求旺盛，会带动物价水平适当上行。

了解一些基本的资产配置知识

我们经常听到这样一句话：不要将鸡蛋放在同一个篮子里。其本质含义是分散。在震荡行情下，普通的投资者怎样才能做到"涨跌随意，宠辱不惊"呢？我们的建议是：在权益类和固收类资产上坚持平衡配置。

何为平衡配置呢？所谓平衡，就是使投资收益不至于在市场变动中有太大幅度的波动。为了实现这个目的，我们建议投资者按照以下方法进行：坚持权益-固收风险的均衡匹配。

那么如何实现稳健的投资收益呢？一个直观的想法便是利用股票提供上涨的弹性，由债券提供防御机制。这种配置方式的优点在于：避免频繁操作，少动则少错。当然，在极端情况下，会出现"股债双杀"的情况，但是，无论如何，债券价格波动要远远小于股票价格波动。

定一些简单可行的交易纪律

投资最忌讳的是"纸上富贵"，即账面上有不少盈利，但是那只是"浮盈"。大多数人很难做到及时"落袋为安"。这不是某个人的问题，这是人性，一位优秀的投资者，至少要克服人性的一些弱点。那么如果做到呢？一个简单的方法就是给自己制定好投资纪律。

1. 止盈纪律

当我们进行股票投资时，一定会有收益预期。收益预期至少包含两个要素：一是时间，即我们预期在多长时间内能实现收益；二是收益水平。有了这两个要素：我们就比较容易克服"贪婪"的心理。投资之前，不妨给自己设定一个简单的收益目标，一旦收益达成，就减仓或者兑现盈利，积极准备下一笔投资。例如，买入后2天盈利5%。

2. 止损纪律

比止盈更重要的是止损。止损就是纠错，一般很难让人承认自己的错误，很多人会在大跌的时候补仓，这种行为一般是错误的。通常，人们在损失较大的时候，很难作出正确的决定，主要原因是心态坏了。止损实际上是对失败投资的一份保险。例如，买入后2天内亏损不超过5%。一种可行的建议是在买入之前，定好目标收益和止损点，一旦在规定的时间内实现目标收益，及时离场。在经过多次盈利兑现后，就会有丰富的成功投资经验。

如何评估股票靠不靠谱？你需要了解这套"三表"股门阵

投资上市公司，最害怕遇到业绩爆雷。怎么避雷呢？最好的方法就是阅读财务报表：一是财务报表有编制规则，这是监管部门制定的；二是上市公司年度报表均是经有证券期货从业资格的机构审计过的；三是普通投资者能够了解到的最靠谱的信息就是财务报表了，比道听途说的小道消息要靠谱得多。不过，报表分析是专业性很强的工作，不是所有人都能掌握。本文希望通过对财务报表的基本逻辑和关键指标的说明，为大家提供一些借鉴，帮助大家在股票投资过程中"潜伏得深深的，赚得满满的"。

企业经营的基本逻辑

图5-4列示了企业在经营过程中涉及的一些关键主体以及主体之间的关系：一是作为价值创造主体的企业；二是作为资金提供者的债权人和股东。

企业：价值创造主体　　　　　　　　　　资本市场：交易价值

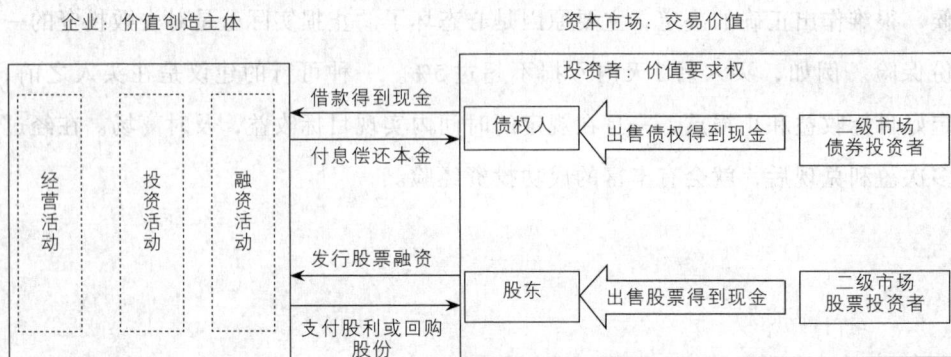

图5-4　企业经营的基本逻辑

资料来源：苏宁金融研究院。

企业通过3项活动创造价值：融资活动、投资活动、经营活动。（1）融资活动是企业与资金提供者之间的交易，例如企业通过借钱或者卖股份来筹措资金；或者企业通过回购股份、偿还债务的方式收回利润分配权。（2）投资活动是企业利用在融资活动中得到的资金和在经营过程中积累的资金，获取经营活动所需要的资产。这些资产有可能是有形的，例如厂房和设备，也可能表现为知识型资产和智力资产，例如技术和专利等。（3）经营活动是企业利用所投资的资产，生产并销售产品的过程。在经营活动中，企业将资产与人工和原材料相结合，生产出产品或者服务，并将它们销售给客户，从客户那里收回资金。如果经营成功，企业可以通过经营活动积累足够多的资金，用来进行资产更新和返利给债权人及股东。

企业外部的主体有两个：债权人和股东。（1）债权人通过收取利息或者在资本市场卖掉持有的债券获利。正常来讲，只要企业能够还本付息，企业的债权人是不太可能亏损的。（2）股东通过获得分红或者卖出股票获得收益。通常情况下，股东的价值回报波动较大，因为股东的回报与企业经营的盈利空间以及市场的"想象力"有很大的关系。所以，投资企业的股票可能会亏损，主要原因是你给予企业的价值评价超过了大多数投资者的"想象力"。这也是我们需要进行基本面分析的主要原因。

上述关系可总结为一句话：企业负责筹措资金购买资产，并用人工和原材料将这些资产合理地利用起来，经营得好则可以吸引更多的投资者提供资金，生意越做越大。那么债权人和股东怎么知道一家企业经营得好不好呢？这就涉及描述企业经营状况的财务报表了。需要说明的是，本文不考虑估值的影响，只考虑股权和债权的"底层资产"，即"账面价值"。

报表反映企业经营状况

财务工作者使用3张表描述企业经营情况：资产负债表、利润表和现金流量表。这3张表有什么意义呢？又有哪些坑需要我们注意呢？

一是资产负债表，这张表反映企业在某个关键时间点的"家当"有多少。简言之：资产（家当）=负债（到期要还的）+权益（股东投资的，要分红的）。企业的融资活动在资产负债表中主要通过权益和负债体现。投资活动通过资产端来体现，例如存货和房屋、机器设备之类的固定资产，这些类别能够反映企业资产的流动性。经营活动通过应收账款/预付账款（别人欠企业的）和应付账款（企业欠别人的）来体现，这些类别可以反映企业在产业链上下游的地位。资产负债表中需要注意：（1）存货（没有卖出去的产品、半成品）不要占比太高；（2）应收账款（债权）占比不要太高；（3）负债占比不要太高（企业还不起债的时候会被破产清算）；（4）短期负债/长期负债的比率不要太高，否则企业光顾着还钱了，哪里还有心思好好挣钱？

二是利润表，这张表反映的是企业的收入项和支出项，以及最后收支相抵的利润情况。这是股票投资者最为关心的部分，因为投资企业的最大目的是企业要能赚钱。融资活动在利润表中主要表现为财务费用、利息支出；投资活动在利润表中主要表现为投资收益或损失；经营活动主要表现为销售收入和销售成本，以及管理费用。利润表中有一个关键点需要注意，非经常性损益，简单点理解，就是这笔收入或损失是不常有的，一般都是补贴收入之类的。因为不常有，所以如果企业突然某年扭亏为盈，需要关注这部分对企业盈利持续性的影响。

三是现金流量表，这张表反映的是企业现金流是否足够维持企业运转，简而言之，赚钱归赚钱，关键要能变现！企业的融资活动、投资活动、经营活动都会产生现金流，但是，我们最关心的还是经营性现金流，充足的现金是企业经营的润滑油，很多企业往往死于资金链断裂。我们看到的很多债券违约事件，就是因为企业没有足够现金进行支付。现金流量表的粉饰要相对困难一些，毕竟，需要真金白银在账上流转一圈，想造假，有点难。

总体来看，作为普通投资者，应先看现金流量表，再看资产负债表和利润表。

如何利用报表排雷？

一是要明白简单的勾稽关系：资产负债表可理解为企业的"家当清单"。赚钱了（利润表）会增加资产负债表中的股东权益，亏损则会减少股东权益；现金流净增加会增加资产项下的"货币资金"，就是"账上有钱"了。

二是资产要关注真实的流动性。例如流动性最好的是货币资金，但要关注有没有受限，即那些以保证金形式存在的货币资金；存货和应收账款占比不能太高，这些资产随着时间的推移会贬值。

三是利润要关注盈利性和成长性。盈利方面，毛利率要高，一般30%以上比较稳妥，什么概念呢，就是售价10元的商品，成本只有7元。如果毛利都赚不到，更谈不上净利了，我们经常听到的"护城河"，大概率就是说企业的毛利率比较高。成长性方面，即企业不仅现在要赚钱，以后更要赚钱，简单讲，就是生意越做越大，如果营业收入和营业成本同步扩大，大概率就是成长性比较好的企业。

四是现金流要关注可持续性。一般而言，经营活动产生的现金流量净额是我们比较关注的，特别是"销售商品、提供劳务收到的现金"，这是企业现金增加的最可靠来源。

作为普通投资者，如果能够对自己关注的股票进行上述简单的核查，大概率是不会踩雷的。至少，你能看出别人推荐的股票靠不靠谱。

深扒上市公司财务造假套路之利润表

对于投资者，判断一家上市公司是否是好公司的一个重要依据是财务报表。但有些上市公司为了拉抬股价，故意操纵报表，虚增业绩。为此，苏宁金融研究院投资策略研究中心在《深扒上市公司财务造假套路之资产负债表》一文中，主要介绍了上市公司资产负债表的财务造假手段。本文聚焦利润表，介绍与利润表相关的造假套路。首先，给您介绍什么是利润表；其次，解析利润表中容易造假的高危科目，并结合上市公司造假案例为您讲解；最后，我们教您识别利润表中的财务造假，助您练就一双火眼金睛。

利润表中有哪些信息？

利润表反映的是一段时间内公司的经营成果。利润表的核心是一个勾稽关系：利润=收入−费用。从这个公式就可以看出，一家公司的经营成果由收入和费用共同决定。对于利润表，其科目排列主要是依据计算净利润的步骤。典型的利润表基本结构见表5-8。

表5-8　　　　　　　　　　　　　典型的利润表基本结构

营业收入	
减：营业成本	
税金及附加	
销售费用	
管理费用	
财务费用	
加：资产减值损失	
公允价值变动收益	
投资收益	
营业利润	
加：营业外收入	
减：营业外支出	
利润总额	
减：所得税费用	
净利润	
每股收益	
基本每股收益	
稀释每股收益	

资料来源：苏宁金融研究院。

拿到利润表之后，投资者应该如何解读呢？关键有"三看"：一看结构。计算公司营业利润、利润总额、净利润占营业收入的比例，看公司成本和收入是否同步增加或减少。二看变化。利润表有季报、年报，可连续起来看，从数据的变化中判断企业经营状况的变化以及是否有异常情况发生。三看具体的科目。例如非经常性损益，如果一家企业净利润增长绝大多数是来源于非经常性收益，那么这种增长是不可持续的，我们需要将其剔除后再进行评估。

利润表中容易造假的高危科目

上市公司操纵利润表的主要方式是虚增收入或减少费用，其目的是虚增经营业绩。下面详细介绍：

1.虚增收入

上市公司收入造假方式主要有两个：提前确认收入和虚构收入。首先看提前确认收入。提前确认收入通常发生在完工百分比法运用不当、收入存在不确定性等情况下，上市公司通过确认本不应该计入当期的收入来做大利润。例如，公司A通过将技术转让费提前确认为收入，虚增利润超5 000万元。其具体做法为：公司A将委托他人开发的两项技术转让给其他3家公司，收取技术转让费5 500万元，并确认为当期收入。但公司A此时尚未完全享有技术使用权和转让权，该笔款项不能作为公司收入计入利润表。上市公司B通过不当使用完工百分比法来提前确认收入，以避免利润表上出现业绩亏损。上市公司B通过操纵收入来粉饰报表，在合同尚未完工的情况下提前确认近3亿元的收入。如此一来，公司业绩扭亏转盈。

其次来看虚构收入。与提前确认收入相比，虚构收入则要复杂许多。虚构收入主要通过伪造合同、虚构合同价格、虚假交易等方式来增加收入。在这种情况下，业务交易实际上是没有发生或者没有必要发生的。上市公司C通过虚增成交金额来虚构收入，并将虚构的成交金额分散至大量的客户名下，这样每个客户虚构的成交金额并不高，之后 C 公司再通过在建工程、补贴款等名义将款项返回给客户。如此一来，C 公司便可虚增收入，美化业绩。公司 D 通过串通客户、经销商虚构合同以及合同价格来虚增收入。具体来说，D 公司与部分客户虚构合同，客户虚假采购 D 公司产品并预付定金，但客户并不提货，D 公司再把定金退还客户，从而完成虚假销售。此外，D 公司还通过提高合同价格的方式虚增收入。在与部分客户签订合同后，单边虚增合同价格，从而达到虚增业绩的目的。

2.操控费用

除通过虚构收入美化业绩，上市公司操纵利润的方式还有减少费用，其方式主要包含推迟确认费用、少计费用以及将原本应该费用化的项目资本化。首先来看推迟确认费用。推迟确认费用，顾名思义，就是将应该本期确认的费用推迟到后面的财年确认，从而减少成本，增加利润。例如，上市公司 E 将年终奖推后发放，把本该在 2013 年确认的 3 000 万元年终奖，推迟到 2014 年 1 月发放和记账，推迟确认费用使 E 公司 2013 年净利润大幅增长。

其次来看少计费用。少计费用也很容易理解，就是通过少计或者不计费用来隐藏已经发生的费用，从而达到虚增业绩的目的。上市公司 F 通过少计辞退福利和高管薪酬减少费用计提，从而增加利润，美化报表。2013—2015 年，F 公司通过调减内退人数、不予全部计提内退员工福利和少计高管薪酬等方式，少计管理费用近 3 000 万元。公司 G 则通过少计成本来虚增利润。2013 年，公司 G 通过虚构协议，将外购的产品成本超 5 500 万元计入管理费用，之后又将该笔所谓的"管理费用"调整至"生产性生物资产"科目，最终进行产品销售时，没有对该项成本进行结转，导致少计成本超 5 500 万元。

最后来看将原本应该费用化的项目资本化。将原本应该费用化的项目资本化，简单来讲，就是将公司已经发生的费用列为资本，从而减少费用，虚增资产。例如，将研发支出中的研究阶段的费用计入资产成本，从而可将费用推迟至之后的几年确认。此外，公司还有可能将已经发生的费用列为"长期待摊费用"

等资产科目，这也是虚增利润方式的一种。上市公司 H 在 2015 年将费用化的研发支出从管理费用中移出，计入资产。具体来说，就是将费用化的研发支出一部分调整至"预付账款"，另一部分调整至"存货"，合计虚增利润超 200 万元。

如何识别利润表中的财务造假？

上文简单介绍了利润表中常见的造假手段，那身为普通人，又该如何识别这些手段避免踩雷呢？

本文主要为您提供以下 5 种方法：一看上市公司的实际控制人及其控制的关联公司是否有过财务造假记录。二看审核上市公司财报的会计师事务所，看该会计师事务所负责审核的其他上市公司是否曾爆出过财务造假。三看异常，反常即为妖。把利润表扒开来看，做 3 个比较：首先是横向比，也就是和同行业的其他上市公司比，比例是否过高或者过低；其次是纵向比，也就是和该公司历史财务报表比，看相关科目是否发生了比较大的变化；最后是报表数据之间的逻辑关系是否存在不合理的情况。例如，销售费用和营业收入之间就存在着非常明显的逻辑对应关系。一家公司有较高的营业收入，必然产生与之对应的销售费用。如果一家公司营业收入与销售费用不匹配，那么利润表上很可能存在造假的情况。四看公司是否有不合理的重大会计政策调整，尤其是这个调整直接导致公司扭亏为盈。当公司对会计政策进行调整时，必须要弄清楚会计政策变化是否合理，因为改变会计政策例如改变折旧年限、坏账计提比例等均会对当期利润造成影响。五看财报的附注。财报的附注一般是就相关科目的处理方法进行说明，如果该公司对某一科目的处理方法与众不同，那您就得当心了。

深扒上市公司财务造假套路之 资产负债表

巴菲特的投资精髓，浓缩成一句话就是选择又好又便宜的公司。什么样的公司是一家好公司？外部投资者判断的一个重要依据就是财务报表。因此，有些上市公司为了拉抬股价，给财务报表"涂脂抹粉"，甚至会财务造假。

财务报表一般是指3个报表：资产负债表、利润表和现金流量表。这3张表从不同的侧面刻画了一家公司的经营状况。本文聚焦资产负债表，首先给您介绍什么是资产负债表；其次，解析资产负债表中容易造假的高危科目，并结合上市公司造假案例为您讲解；最后，我们教您如何识别资产负债表中的财务造假，助您练就一双火眼金睛。

资产负债表告诉投资者什么信息

如果把一家公司比作一个人，资产负债表等同于公司的体检报告。它清楚地告诉投资者公司的家底及其构成。资产负债表的核心是一个勾稽关系：资产=负债+所有者权益。从这个公式可以看出，一家公司的资产要么是借债购买的，要么是股东投入购买的。对于资产，资产负债表按照可变现程度从高到低排列。对于负债，资产负债表按照债务期限从短到长排列。典型的资产负债表基本结构如图5-5所示。

资产(资金占用)		=	负债(资金来源)		+	所有者权益(资金来源)	
流动资产	货币资金(例如库存现金)		流动负债	短期借款		所有者权益	实收资本
	非现金资产(例如应收账款、预付账款、存货)			经营性流动负债(例如预收账款、应付账款)			资本公积
非流动资产	长期投资(例如长期股权投资)		非流动负债	长期借款(例如期限在一年以上的借款)			盈余公积
	固定资产(例如机械设备、厂房等)			长期应付款或应付债券(例如租入固定资产的租赁费)			未分配利润
	在建工程			其他非流动负债			
	无形资产						
	其他非流动资产						

图5-5　典型的资产负债表基本结构

　　拿到资产负债表之后,投资者应该如何解读呢?关键在以下的"三看":一看结构。先看大的结构,例如这家公司主要是靠负债经营(负债占比较大)还是靠自身造血来发展。再看小的结构,例如负债的结构,短期借款占多少,长期借款占多少。二看变化。资产负债表有月报、季报、年报,可连续起来看,看结构变化,从中判断企业经营状况的变化。三看具体的科目。例如预收账款和应付账款,如果一个企业预收账款和应付账款比较多,说明这个企业在与上下游的博弈中是占优的。

资产负债表中容易造假的高危科目

上市公司操控资产负债表的主要目的是虚增资产、隐藏负债。

1.先来看资产端

资产端容易造假的科目主要有应收账款、存货、在建工程等。首先，应收账款是造假的重灾区。应收账款是应收而未收的款项，因赊销而产生。有些上市公司为了粉饰财报，与关联企业虚构交易来虚增应收账款，以达到做大资产的目的。例如，上市公司 A 通过虚增应收账款的方式，虚增营业收入至 40 亿元。公司 A 虚增应收账款的方式是商品返利。公司 A 让入驻厂商以应付商品返利款的名义给该公司打欠条，并将这些欠条包含的款项计入公司当期应收账款，而欠条并不作为还款依据。如此一来，公司 A 资产和收入均有大幅提高。上市公司 B 的造假手段则是"用外部借款减少应收账款，并于下一报告期再将该笔应收账款重新做回到账上"。具体来说，就是从外部借款，将所借的金额分批做成收款业务，付款人填写与公司 B 有业务往来的客户，伪造公司 B 已收回应收账款。如此一来，便可以降低公司 B 应收账款账龄、减少坏账损失，等报告期一过，再将该笔借款还给借款人。

其次，来看存货的猫腻。存货的难点在于核数和估值，易于操纵的存货品类包括农林牧渔行业产品、易腐品以及贬值较快的商品（例如电子零配件）。农林牧渔行业产品由于其特殊性，存货数量往往不易盘点，且价格受自然条件影响较大，易被操纵。一般来说，农林牧渔企业终端较为分散，尤其对农产品加工业来说，采购多面向小型农产品组织或农户，交易对象较为分散，不容易核对。另外，有些农产品本身的性质导致其存货难以核数。拿水产品举例，某上市公司在 2019 年第一季度报告中称，净利润亏损超 4 000 万元，理由是"扇贝跑路"。

最后，除了应收账款和存货，在建工程也是需要重点关注的科目。以某上市公司C为例，2008—2012年，其通过污水处理工程、淀粉糖扩改工程以及供热车间改造工程，虚增资产超8 000万元。具体做法为，以工程项目名义设立银行存款明细科目，并虚拟支付工程款项；然后再将工程转包给虚假承包商，同时将银行账户中的工程资金转到该承包商的银行账户中；最后虚假承包商与公司之间签订虚假购销合同，其账户中转入的工程资金再次回到公司C的账户中。

2.再来看负债端

在负债端，隐瞒负债可以降低债务杠杆，美化资产负债表。隐瞒负债的方式有很多，包括故意将负债错误分类，通过回购调节公司资产负债情况等。

上市公司D隐瞒多项债务。2012—2014年，其与非银行金融机构订立了41项借款协议，总贷款额为352亿元。2014年12月31日，公司D未偿还负债为308亿元。在未偿还的308亿元债务中，138亿元借款被记录为"其他应付款"；44亿元被记录为"权益"；82亿元在过往的会计年度被分类到"其他应付款"，但在2014年12月31日之前又被重新分类为短期或长期债务；另外还有44亿元的款项没有入账。值得注意的是，公司D未偿还借款308亿元中的129亿元，通过汇款代理最后被调配至不明账户及受益人。此次公司D企图隐瞒的41项借款协议中，涉及制作虚构协议和文件、未经授权付款、利用汇款代理掩饰不恰当及未经授权付款的真正目的，对付款及未偿还负债的不正确会计处理方式，与前雇员、供应商、汇款代理及其他第三方串通等多项违规操作。

此前，国外的上市公司还曾出现通过回购来调节公司的资产和负债的情况。某上市公司E通过"回购105"将500亿美元资产临时移出资产负债表，隐藏债务以掩盖债务危机。"回购105"简单理解就是公司用价值105美元的资产作为抵押向交易对手借入100美元的现金，并承诺日后再将这些资产进行回购。这种回购操作与通常的回购的不同之处在于，"回购105"并非资产的真实卖出，而是短期遮掩，且其成本高于一般回购。E公司在财报发布的前几日，通常会通过"回购105"将资产和负债从资产负债表中移出，使资产和负债双降，等到报告期过后，再将原资产买回，并支付高额利息。

如何识别资产负债表中的财务造假

上文我们了解了资产负债表中常见的造假手段，那么我们如何做到识别这些手段避免踩雷呢？本文主要为您介绍4种方法。一看上市公司的实际控制人及其控制的关联公司是否有过财务造假记录。二看审核上市公司财报的会计师事务所，看该会计师事务所负责审核的其他上市公司是否曾爆出过财务造假。三看异常，反常即为妖。把资产负债表扒开来看，做两个比较：首先是横向比，也就是和同行业的其他上市公司比，比例是否过高或者过低；其次是纵向比，与公司历史财务报表比，相关科目是否发生了比较大的变化。四看财报的附注。财报的附注一般就相关科目的处理方法进行说明，如果该公司对某一科目的处理方法与众不同，您就得当心了。

如何从财务报表的科目分析中发现白马股隐患？

炒股，最直击大家灵魂深处的事情是什么？相信对二级市场投资者来说，大白马频繁"爆雷"连续跌停一定算一个。投资者损失惨重之时不免发懵，为何稳定优秀的大牛股会突然出现业绩断崖式下滑？难道真的只是公司暂时出现了困难吗？投资者只是单纯的运气不好而"踩雷"？非也！

客观世界从来没有那么多突如其来，所有的崩塌与繁荣都在发生前留下了蛛丝马迹，只是发现者寥寥无几罢了。在此，讲一个从财务报表的科目分析中发现白马股隐患的方法，希望对大家规避损失有所帮助。今天介绍的是资产负债表中存货与应收账款这两个科目，第一部分教大家如何利用营收增速与存货增速剪刀差排雷，第二部分教大家如何利用营收增速与应收账款增速剪刀差排雷。

利用营收增速与存货增速剪刀差排雷

通常来讲，公司在经营时会根据营业收入的增速来调整存货的增速，以确保公司在产品热销时不会因为产能的问题出现供不应求，也不会在产品销售遇阻时出现产能过剩、存货堆积的情况。因此，我们看到很多企业的营业收入增速与存货增速是相匹配的，即使有短期的波动也会被时间的拉长所平滑。鉴于此，当一家公司的营业收入增速与存货增速剪刀差不断扩大时，精明的投资者就要小心了，一定是行业或者公司经营出了问题。

在此，我们以欧菲光为例具体说明。欧菲光属于消费电子行业，主营业务是智能手机摄像头膜组与触控类显示屏膜组。该公司上市以来，业绩持续增长，尤其自2010年以来伴随着智能手机在全球渗透率的快速增加，给投资者带来了丰厚的回报。然而，2018年欧菲光年报震惊资本市场——欧菲光公告宣布，存货相关跌价准备计提和成本结转合计24.3亿元，2018年年报业绩从之前的业绩快报18.39亿元净利润修正为亏损5.19亿元！这一异常爆雷，看似突然，实则早有征兆。从图5-6我们可以看到，欧菲光在2017年之前的营收增速和存货增速一直都是保持同方向变动，业绩匹配度很高。然而，自2017年一季报开始，欧菲光营收增速不断下滑，存货增速却不断走高，二者增速出现了方向相反的剪刀差。

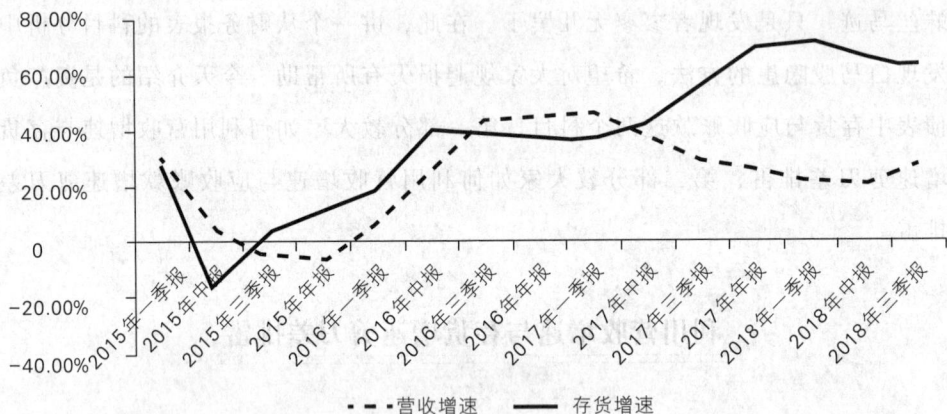

图 5-6 欧菲光营收与存货增速对比

一般来讲，存货过高主要原因有以下两种：一是公司预计下一阶段将会大量出货而提前备货；二是公司产品销售遇阻，存货积压。欧菲光的主营业务属于消费电子行业，这类产品的特点就是生命周期短、更新迭代快。一旦卖不出去，产生积压，就会发生大量的存货减值。那么，为什么2017年欧菲光的存货开始急速增加呢？

这和手机行业摄像头与屏幕技术迭代速度快的特点有关系。2010年智能手机快速发展以来都是单摄像头，而2016年下半年iPhone发布的新双摄手机引爆了手机双摄这一潮流，其他厂商纷纷跟进，手机摄像行业发生巨大变化。联系到这一行业背景，这次欧菲光的业绩爆雷也就在情理之中了。

对有心的投资者来说，二级市场其实给了充足的时间去避免这一损失。欧菲光2017年开始连续3个季度的增速剪刀差异常后，股价却处在历史最高点，可见市场对这一信息反映不足。如果投资者在2017年连续3个季度财报公布后没有发现这一隐患，没关系，接下来在2017年年报与2018年一季报公布后这一剪刀差依然存在，股价已经有一定程度下跌，如果这个时候及时离场，依然可以避免严重的损失。

一些学过有效市场理论的投资者可能会质疑笔者的分析，认为一切公开信息已经充分反映在股价中，基本面分析在股市中无法取得超额收益。然而，上述案例已经充分证明我国A股市场对一些需要分析的信息反映严重不足，精明的投资者通过对公开数据的深入分析完全可以避免严重损失。

利用营收增速与应收账款增速剪刀差排雷

接下来介绍另外一种排雷方法——利用营收增速与应收账款（此处应收账款包括了资产负债表中应收票据与应收账款两个科目，下文中都用应收账款来代替）增速剪刀差排雷。正常来讲，公司的销售策略是公司在经营过程中不断摸索后形成的比较稳定的模式，不会轻易改变，因此营收增速与应收账款增速的变化也应是同步的。如果投资者发现某一阶段应收账款增速明显高于营收增速，那就有可能是公司的经营出了问题。

在此，我们举东阿阿胶的例子来说明。东阿阿胶是一家以中药保健品为主营业务的公司，其主导产品"东阿"牌阿胶具有2 500多年历史，汉唐至明清一直是皇家贡品。

从图5-7中可以看到，东阿阿胶公司2009—2014年的应收账款占营业收入的比例一直很低，但是从2015年开始这一占比增加，出现异常。如果说2015年和2016年应收账款的增长只是经营波动，那么2017年这一数据继续大增且突破历史高点大幅上扬，就绝不是简单的经营波动所能解释的。

对数据敏感的投资者，在财报中看到这一数据时，应该能感觉到公司的经营出了问题。2018年一季报东阿阿胶的营收增长只有1.17%，这与之前营收的高增长相比有巨大的落差，而此时公司的应收账款继续大幅增加，由2017年10.57亿元猛增至2018年一季度的16.29亿元，2018年一季报应收账款占营业收入比例高达96%！果然，2018年中报、三季报和年报的经营数据继续恶化，2019年一季报和中报的经营数据加速恶化，公司股价大幅下跌。

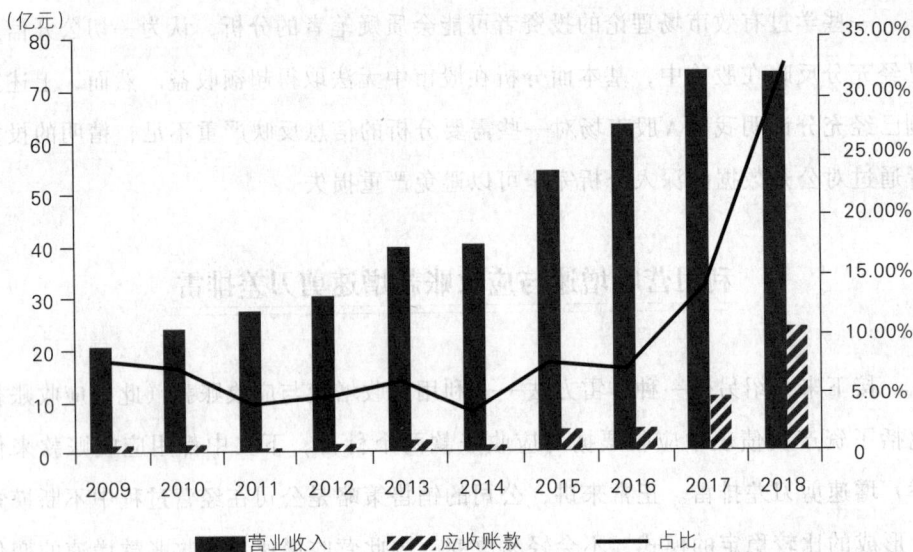

图 5-7　东阿阿胶数据

　　接下来，我们结合东阿阿胶公司的基本面来分析一下公司究竟出了什么问题。东阿阿胶公司的产品，作为家喻户晓的百年老字号，所拥有的绝密配方是其强大的竞争优势。从该公司多年来的财报也可以看到，应收账款占营业收入的比例一直都保持非常小的规模。这说明该公司的产品一直都很畅销，不存在经销商大规模赊销的情况。然而，2015 年开始这一占比开始不断上升，并且在 2017 年和 2018 年大幅增加，与此同时营业收入增长却开始停滞甚至下滑。其实，东阿阿胶在 2014 年营收就出现过负增长，虽然 2015 年、2016 年、2017 年连续 3 年营收恢复了高增长，但这 3 年应收账款增速大幅度高于营收增速。因此，东阿阿胶公司很有可能从 2015 年开始以大规模赊销给经销商为代价来维持营收的高增长，与此同时不断将产品提价。

　　这样，经销商可以支付少量资金拿到更多的货，经销商就会有动力去拿更多的货，而公司通过提价使经销商拿到货物的同时营收增加。这些经销商不断增加的存货并非都销售给了消费者，而是部分在涨价预期下被经销商囤积起来。于是让人意想不到的一幕出现了，这种本是消费品的阿胶，被涨价预期赋予了投机属性，而东阿阿胶公司继续增加应收账款，加大赊销给经销商的力度以保障营收增长，直到压垮骆驼的最后一根稻草出现——随着东阿阿胶越来越昂贵和其他品牌阿胶产品的降价，买账的消费者减少，经销商不再囤货，终于，投机氛围埋下的隐患导致财报数据爆雷。

笔者通过复盘发现，无论是2017年的财报还是2018年一季报，都反映了这一隐患，可是A股市场的股价，对这一数据的反映严重不足，这给了精明的投资者充足的离场时间。精明的投资者利用这一方法提供的线索完全可以规避股价大幅下跌的风险。

总结

文章的最后，我们做一个总结。本文介绍了资产负债表中存货与应收账款这两个科目，通过发现这两个科目在财报中的增速与营业收入增速的不匹配来发现隐患，从而避免股市投资者承受爆雷后股价大幅下跌的损失。

这里值得一提的是，任何方法都不能死板僵化地套用，唯物主义很早就告诉我们"具体情况，具体分析"。不同的行业，不同的公司，有不同的产品特点与商业模式，我们在分析一家公司的经营状况时，一定要全方位地深思熟虑。遇到上述介绍的科目异常时要警惕，全面而仔细地分析一下公司的基本面是否有恶化的风险，才能做出正确的决策。

相信聪明的你已经学会了此分析方法，可以复盘一下其他爆雷的公司，看看在股价大幅下跌前的财报中是否也出现了很多异常科目。你发现了哪些公司有爆雷的迹象呢？欢迎留言与我们交流！

风险提示：本文所提到的公司只是案例研讨，不涉及任何股票推荐。股市有风险，投资需谨慎！

投资被退市警示的股票能赚到钱吗？

从 2019 年 5 月中下旬开始，A 股进入最严退市监管期。对广大股民来说，股票退市究竟是福是祸？为什么有些人在 ST 股票中攫取了丰厚的回报，有些人却倾家荡产？大家在股票投资中应该如何避免踩雷？本文尝试给出一些解答。

详解退市三阶段

所谓退市，包括被动退市和主动退市两种情况。其中，被动退市是指当上市公司不再满足上市条件的情况下，根据相关规定，从交易所摘牌退出的过程。在 A 股，因为上市公司的瑕疵，发生被动退市，有一个非常严谨的（三阶段）流程，状态逐步升级，具体如图 5-8 所示。

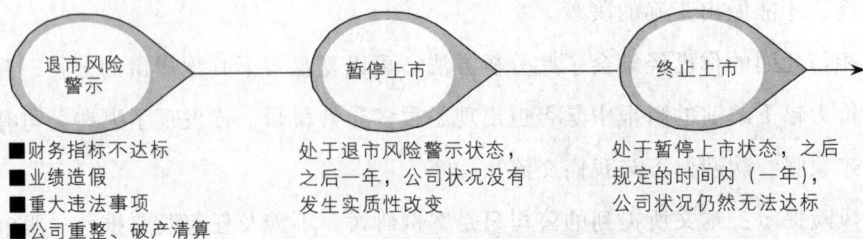

退市风险警示	暂停上市	终止上市
■财务指标不达标 ■业绩造假 ■重大违法事项 ■公司重整、破产清算	处于退市风险警示状态，之后一年，公司状况没有发生实质性改变	处于暂停上市状态，之后规定的时间内（一年），公司状况仍然无法达标

图 5-8　上市公司被动退市流程

资料来源：苏宁金融研究院。

1.退市风险警示

启动退市流程的第一阶段，对存在退市风险的上市公司进行退市风险预警（即在上市公司名称前冠以"*ST"）。根据交易所股票上市规则，被视为存在退市风险加以预警的公司包括以下4类：

（1）财务指标不达标。财务指标无法达到继续上市的要求，包括连续两个年度净利润为负，或者在过去一个年度的净资产为负，营业收入低于1 000万元。从这个标准看，A股对于上市公司的利润考核是非常严的，很多我们熟知的在美国上市的中概股都无法满足这个条件。

（2）业绩造假。对业绩造假的"零容忍"是全球资本市场的惯例，在国内这样的情况包括对会计报表的"重大会计差错或虚假记载"，或者无法在法定的期限内披露财务报告，以及会计师无法给出肯定的审计意见（财务报表太假了，连负责审计的会计师都看不下去了）。

（3）重大违法事项。当发生欺诈发行、重大信息披露违法或者其他涉及国家安全、公共安全、生态安全、生产安全和公众健康安全等领域的重大违法行为，公司的法律风险影响到继续上市的条件时，交易所将启动退市风险警示。常见的如长生生物因为生产不合格疫苗，涉嫌重大违法行为，被深交所给予退市风险警示。

（4）公司重整、破产清算。当发生公司重整或者破产清算等重大变故的时候，交易所也会及时警示退市风险。

虽然被提示退市风险警示，相关的股票仍然可以交易流通，但是涨跌幅限制由10%下降到5%。如果在风险警示阶段，公司通过整改，相关的问题得到解决，则可以向交易所申请撤销退市风险警示，恢复正常交易状态。

2.暂停上市

处于退市风险警示状态的公司，在一个会计年度的时间内，相关问题没有得到实质性改善，则公司进入暂停上市状态。该状态是上市公司避免被退市的最后机会，若整改期内仍无起色，将进入终止上市状态。若能及时解决相关问题，则还留有一线生机，可以申请恢复上市。在实务中，处于退市风险警示和暂停上市阶段的上市公司，会使出浑身解数处理相关的问题，避免被退市。

例如，最近闹得沸沸扬扬的上市公司卖房案——某造车的上市公司连续亏损两年，进入"退市风险警示"状态，为了续命，一口气卖了数百套房产，众人惊呼这哪是造车公司，分明是房地产公司呀。

笔者认为，此类操作虽可以解一时之忧，但不可持续，投资者还需要考察公司主营业务的可持续创新和发展能力。

3.终止上市

当上市公司处于暂停上市状态一段时间后（具体时限根据退市原因而不同），如果相关问题仍未解决，上市公司将进入终止上市流程，具体包括两个步骤：

（1）退市整理期。在接到交易所终止上市决定后，上市公司进入为期30个交易日的退市整理期，整理期内股票可以挂牌交易，这也是散户最后的下车机会，和投机者最后的上车机会。

（2）退市转板。退市整理期结束后，正式从交易所摘牌退市。相应的股票转板到"全国中小企业股份转让系统"（简称三板）继续挂牌交易。三板虽然可以交易，但是由于投资者数量有限，流动性和估值都受到影响。

被终止上市的公司如果能够整改到位，又满足上市条件的，监管机构一般会网开一面，还是有机会申请重新上市的。但是如果公司因欺诈发行强制退市，不得重新申请上市。所以，在退市股中，欺诈发行的上市公司更加危险。

从上面的分析，可以发现上市公司被动退市的基本流程看似复杂，却有其特殊的意义：一方面，该流程给予上市公司足够的整改时间，处于"退市风险警示"或者"暂停上市"阶段的企业通过积极整改，是有可能取消退市风险警示，恢复正常上市的。根据 Wind 的数据，仅 2019 年开年至今，已有 16 家上市公司顺利完成整改，成功实现摘帽（即将标志退市风险警示的标记"*ST"去除）。另一方面，也是给投资者足够的时间了解风险，理性投资。根据该流程，一个上市公司，从退市风险警示到最终退市之间需要一年左右的时间，而且即使最终确定终止上市，也还有 30 个交易日的退市整理期，给予投资者足够的反应时间理性决策。

另外，还有一种上市公司主动退市的情形，即公司因为被并购或者战略发展的需要，主动向监管部门申请退市。相对被动退市，主动退市更加正面和积极，比较经典的案例是阿里巴巴于 2012 年从香港主动退市，之后卧薪尝胆，并于 2014 年以 250 亿美元创下美股 IPO 募资纪录。

以上是关于退市的基本情况的介绍。

退市监管趋严的影响

目前，退市监管趋严，对广大投资者是好消息还是坏消息呢？在笔者看来，退市监管趋严对投资者是有积极意义的，主要表现在 3 方面：

（1）提升违规成本，震慑问题企业。之前，因为违规成本偏低，A 股市场出现了一些令人匪夷所思的事件，如扇贝跑路、存款失踪、大股东挪用资金甚至暴力抗法等。如今退市监管趋严提升了违规成本，对问题企业能够起到有效的震慑作用。

（2）提高配置效率，利好优质公司。因为 A 股总市值在一定时间内是有限的（根据 Wind 的数据，截至 2019 年 5 月 28 日，A 股的总市值为 58.6 万亿元），退市监管的趋严，使得不良企业和问题企业被出清，资源更多地向有竞争力的优质公司聚集，对提升资本市场的资源配置效率存在积极的意义。

（3）保护中小投资者。一方面，问题企业被打上"*ST"的标记，提示退市风险，有助于中小投资者及时地规避风险，理性投资；另一方面，退市监管趋严使得上市公司优胜劣汰，市场环境日益优化，对保护中小投资者利益也有着积极的意义。

当然在短期内，退市监管趋严，也会给上市公司和投资者带来一定的困惑，上市公司不得不考虑更高的退市风险，对经营决策更加谨慎；投资者也有必要重新检视投资策略，规避相关风险。但是从长期来看，加强退市监管，让资本市场有进有出，新陈代谢，有利于建立一个更高质量的资本市场，利大于弊。

投资人注意事项

那么，面对退市监管趋严的大环境，投资人需要注意些什么呢？

投资被退市风险警示的股票能赚钱吗？答案是能，但不一定适合中小投资者。市面上，针对问题股票的投资策略通常包括两种：（1）信息研判法。利用信息优势和研究能力，选择基本面有望改善、能恢复上市的股票进行投资。这里的关键是信息优势和研究能力，即在市场上的其他人之前发现有潜力的标的，并提前买入布局。（2）资源介入法。此类机构往往有很强的资源，在大肆购入问题公司股票实现控股的同时，开始将相应的资源注入问题公司，包括且不限于资金、资产、管理能力等，待问题公司恢复正常，再逐步卖出。

以上两种策略都基于机构的信息优势、研究能力和丰富资源，中小投资者在不具备相应优势的情况下，贸然投资问题公司股票，跟赌博没多少区别。综上所述，对中小投资者，在投资中务必注意3点：

（1）远离问题股票。根据退市风险警示机制，在存在较高退市风险的股票前冠以"*ST"，其本意就是警示投资者，理性投资，注意风险。根据前面的介绍，中小投资者无论在信息优势、研究能力还是介入资源方面都非常有限，故远离问题股票可能是一个更好的选择。

（2）关注市场动向。需要注意到，我们处于一个动态的市场中，关注市场的动向是一个好习惯，除了把握市场趋势（衰落行业更容易出现问题公司），一些突发事件可能也会使得某个正常的上市公司沦为存在较高退市风险的公司，如2018年7月爆出来的"疫苗事件"，使得经营了26年的上市公司长生生物在很短的时间沦为了有高退市风险的公司。作为投资者，有必要密切关注市场的动向，规避风险。

（3）有自己的判断。市场上充斥着各类专家，良莠不齐，所以作为成熟的投资者，务必有自己的理性判断，专家的意见应仅作为参考。对那些号称有内幕消息、推荐具体股票的"专家"，务必特别警惕。如果真的那么准，这些所谓的"专家"，早已经自己去买了，没有必要在媒体上做公益。投资一些自己从事或者熟悉行业的股票会是一个很好的选择。

最后，希望本文对大家拨开股票退市的迷雾，发掘企业的价值有帮助。

股民在分红前需知道这些常识

近些年，上海证券交易所、新华社频频敲打A股不重视现金分红的"铁公鸡"。对此，中小股东们自然欢欣鼓舞。本文无意探寻太多社会影响，仅仅从金融的角度，解析分红那些事儿。

什么是分红？

分红是企业净利润的分配方式之一。辛苦经营一年，企业获取了一定的净利润。关于净利润的分配，一般有两种方式：一部分以"留存收益"的方式，保存在企业内部，为企业未来的增长提供资金支持；另一部分以"股利（分红）"的方式，分配给股东，如图5-9所示。

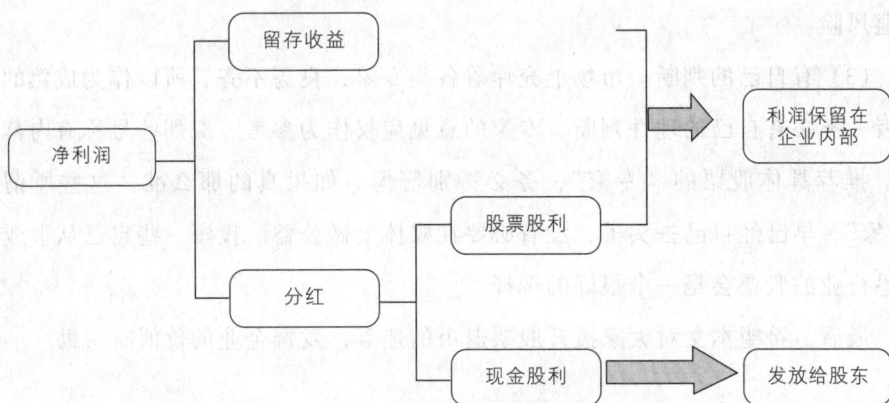

图 5-9　上市公司净利润分配示意图

资料来源：苏宁金融研究院。

股利一般有两种形式：现金股利和股票股利，其中，股票股利实际上就是将净利润以股票的方式发放给投资者，也就是传说中的"送股和转股"。在这种模式下，利润仍然保留在企业内部，其效果与留存收益类似。只有现金股利，才是扎扎实实地将利润以现金的形式分配到股东手中，也是本次监管机构强调的分红形式。

投资股票能得到什么？

假设今天从市场上购买了 1 股工商银行（601398）的股票（7.75 元/股），那么，作为股东的你，到底得到了什么呢？

（1）相应股份对应净资产的所有权。所谓净资产，是资产减去负债后的剩余部分，这一部分归属全体股东所有，除以工商银行发行在外的普通股股数，即得到每股净资产 5.62 元（2017 年三季报）。

（2）相应股份的净利润。截至 2017 年 9 月 30 日，工商银行 2017 年的每股净利润为 0.64 元，这一部分利润完全属于股东，最终，会以两种方式进行分配，一部分以现金分红的方式分配给股东，另一部分则以留存收益的方式进入净资产。无论哪种方式，这 0.64 元/股的净利润都属于股东。

（3）参加股东大会并投票的权利。作为股东，有参加工商银行股东大会，并且对股东大会讨论的议案投出自己庄严一票的权利。过去小股东需要自费到现场，参加股东大会，成本非常高，现在随着技术的发展，网络直播、网络投票技术的应用，小股东也有了更多表达意见、行使权利的机会。

综上所述，股东投资在财务报表中反映出来的收益其实就是净利润。在工商银行的案例里，每股 0.64 元的净利润，一部分以现金的形式给予股东，另一部分以留存收益的方式成为净资产，最终反映在股价的增值上。那种"除了现金股利，留在企业内部的利润不是股东的"的说法是有问题的。

现金分红对中小股东多多益善吗？

不一定！这取决于"企业成长所实现的收益率"与"股东自己再投资收益率"哪个更高。前文已经分析过了，财务报表中归属股东的收益实质上是净利润。无论是现金分红，还是留存收益，不过是净利润最终的表现形式。现金分红，相当于将净利润以现金的方式分配给股东，股东可以根据情况，在资本市场上进行再投资；留存收益，相当于将原本属于股东的利润再投资给企业，享受企业成长带来的收益率。最终选择哪种方式，取决于以上两种方式，哪一种能够为股东创造更高的价值。

当企业成长实现的收益率比股东自己再投资的收益率高时，以留存收益的方式将净利润留在企业，是一个更好的选择。该策略更加适合成长股。以苹果公司为例，从 1997 年乔布斯再度入主公司，至 2011 年乔布斯离开，苹果公司未进行任何分红，但是，在此期间，在乔布斯的带领下，苹果的业绩飞速增长，股价从 0.56 美元/股（前复权）一路涨到 50 美元/股（前复权），翻了将近 90 倍，年化复合收益率 38%，如图 5-10 所示。这个收益率是普通投资人很难通过资本市场实现的（股神巴菲特的长期复合收益率也仅仅在20%左右），所以在此情况下，不拿分红，直接将净利润以留存收益的方式继续投资苹果，对股东来说，是更好的选择。当急需用钱时，股东可以通过卖出股票实现收益。

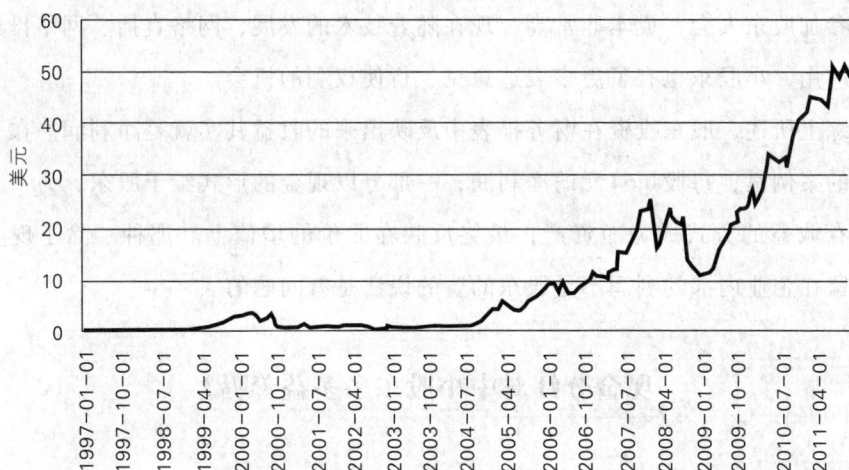

图5-10　1997—2011年苹果公司股价走势（前复权）

资料来源：Wind，苏宁金融研究院整理。

当企业成长实现的收益率低于股东再投资收益率时，现金分红，对股东特别是中小股东是更好的选择。该策略最典型的案例就是大盘蓝筹股。如前面提到的工商银行，经营非常稳健，盈利能力了得，但是其主营业务相当成熟，网点遍布全国大部分地区，业务渗透几近饱和。工商银行要实现如苹果当年那样的高速增长已经相当困难，但每年赚到的净利润却相当可观，将净利润分配给股东，让股东通过再投资实现收益增值，是更好的选择。

A股市场一些上市公司处于亏损状态，或者一年的净利润在北京/上海买不了一套房的情况下，要求现金分红基本上非常困难。另一部分盈利不错，但又不主动分红的上市公司，成为本次监管的重点关注对象，如图5-11所示。

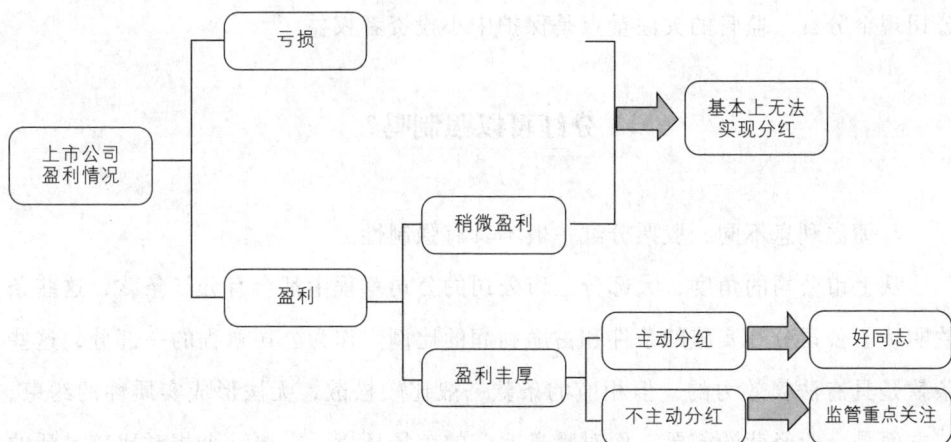

图5-11 上市公司分红情况示意图

资料来源：Wind，苏宁金融研究院整理。

理论上，如果能够实现如苹果公司那样的持续高速增长，即使不主动分红也是没问题的，因为维持这样的高速增长，确实需要大量资金支持，而中小股东可以通过股价增值实现收益。但是，当前的A股市场中，如同苹果一般的高成长公司非常少，很多公司在成长和收益率有限的情况下，仍然选择将净利润留在公司内部，一般是出于以下一些目的：（1）更大的支配权和影响力。这部分净利润理论上虽然归属于全体股东，但是一旦留存在公司内部，则属于管理层和大股东支配。对资源支配权的追逐，也是企业家的常情，更多的资源，意味着更大的影响力。（2）应对未来行业的波动。考虑到行业的周期性，企业也不可能一直处于盈利的状态，所以在盈利时，进行必要的储备应对行业的"冬天"，也是企业的一种选择。

如果说，条件（2）（"为未来的行业寒冬购置冬装"）是必要的，条件（1）（实现管理层或者大股东的支配权和影响力）却有可能损害中小投资者利益。在主营业务增长有限的情况下，为了维持较高的增长，这部分资金可能会被投到房地产，或者资本运作等管理者并不擅长的领域，承担较高的风险。本次"上市公司现金分红"监管的关注重点是保护中小投资者权益。

分红可以强制吗？

与债券利息不同，股票分红一般不具有强制性。

从上市公司的角度，大部分上市公司的公司章程中都会有分红条款，这些条款明确了公司分红实施的条件和占净利润的比例。作为公司章程的一部分，这些条款是具有法律效力的，但相应的条款一般比较松散，无法形成实质性的约束，一方面是企业经营的需要，面对瞬息万变的市场环境，需要一个相对比较灵活的约束条件；另一方面公司章程的制定更多地受大股东和董事会的影响，他们显然也不可能给自己戴上"紧箍"。

从监管层的角度，2013年，证监会发布《上市公司监管指引第3号——上市公司现金分红》，但是考虑到企业经营的复杂性，对企业现金分红的监管是非常困难的。与查处财务造假、内幕交易等违法行为不同，股利分配是一个公司的经营治理问题，更多的只能通过督促企业和教育投资者的方式去推动，无法动用法律法规简单地一刀切。

"高送转"有意义吗？

高送转只不过是投资者手中的股票数量增加，由于整体股权价值不会由于股利分配而增加，故"高送转"后，每股价值会降低，理论上不会增加股权价值。考虑到"高送转"的新闻能够吸引更多的投资者注意到相关的股票，另外，随着每股价格的降低，可以吸引更多的投资者投资股票，在一定程度上，对股价有积极作用。例如，贵州茅台7万元/手的高门槛，将很多小投资者拦在门外，如果能够通过"高送转"，将股价降下来，很多小投资者也有机会参与了，无疑对股价有积极影响。

分红的替代方式有哪些？

除了现金股利和收益留存，还有更好的替代方案吗？还真有，股票回购！即公司利用资金在市场上回购部分股票，由此带来的股价上涨，相当于进行了一次分红。股票回购的优势包括：（1）市场信号更加正面。传统的现金分红一般比较稳定，如中国平安，每半年一次分红，无论业绩好坏，分红务必持续，一旦中断，对市场将是一个非常负面的信号。而股票回购不存在持续性的问题，回购计划可以根据企业的盈利情况，随时推出，对股票的市场影响也偏正面。（2）避税。传统的现金分红存在一定的股息红利税（对长期投资者有一定减免），考虑到对股票投资，我国暂时不征资本利得税，通过股票回购的方式，可以起到一定的避税效果。

好了，今天的股票分红那些事儿就分享到这里。愿您在新的一年股票长红，财源广进。

上市公司回购股票，股民需注意哪些风险？

在股市淘金的投资者群体中，除了基金、资管等专业机构和小散户，有一个特殊的群体值得关注——上市公司，它们会积极回购自家公司的股票。一旦出现上市公司回购自家股票的情况，股民往往欣欣然——连上市公司都来抄自己的底了，说明行情看好啊！但情况真的是这样吗？为什么近些年越来越多的公司选择股票回购？股票回购的结果到底如何呢？下面来进行详细解析。

什么是股票回购？

股票回购是上市公司利用自有资金购买自身股票的行为。由于上市公司与股民的信息不对称性，如果任由上市公司利用信息优势，在市场上买卖自身的股票，显然是不公平的。所以，上市公司的回购行为受到一系列的法律法规的制约。除了定期披露、专户专用等措施，整个过程，交易所将对上市公司的回购行为以及相关内幕知情人的交易行为进行监控。相对美股和港股，我国的回购制度更加谨慎和严格。需要指出的是，任何制度都是在灵活性和风险之间权衡。股票回购制度是在保证上市公司"资本管理的灵活性"和"大股东操纵市值/利益输送的风险"之间的权衡，并不能保证完全排除风险。

上市公司频频回购为哪般？

要解决这个问题，首先需要了解上市公司回购股票的目的。理论上，上市公司回购股票的目的主要包括以下4种：

（1）通过注销回购股份实现"分红"。即上市公司将回购的股份注销。在净利润一定的情况下，股份注销使得每股净利润增加，相当于分红一次。这种分红方式，与传统的分红不同，它的优势在于：

①市场预期和影响较小。如很多蓝筹股票多年来定期分红，市场容易形成思维定式，如果某次分多了或者分少了，甚至不分了，市场难免产生较多的猜测，最终引起股价的波动。而市场对回购注销式"分红"预期较小，且偏正面，故回购注销式"分红"在起到分红的效果的同时，对市场影响较小。

②税收优势。传统分红存在一定的红利税，而回购注销式分红，则是通过注

销股份，提升股价，采用资本利得的方式实现"分红"。由于我国目前没有征收资本利得税，故回购注销式分红存在一定的税收优势。

（2）用于员工持股计划和股权激励计划。这两种计划实际上是以低价甚至无偿给员工股票，员工往往需要满足一定条件（绩效、在职时间等）才能够获得激励股票。从积极的方面看，持股计划将员工的利益和企业的利益绑在了一起，提升了员工的积极性；从消极的方面看，员工的激励和资本市场的相关度较高，如果赶上熊市，不但不能产生激励，甚至可能存在负效果。另一方面，当长短期目标发生矛盾的时候，管理层会更有动力实现股权激励期内的目标，而牺牲企业长期增长的利益。

（3）用于实现公司发行的可转债的转股需求。可转债是一种债券，持有人有根据特定价格将债券转换成股票的权利。一般股票价格越高，持有人转换的意愿越强烈。如果上市公司手中没有股票，一旦持有人行权，上市公司需要临时在市场上买入，而此时的股价已经非常高了，意味着上市公司的转换成本非常高。如果通过提前回购持有股票，可以对冲这部分风险。

（4）维护公司价值和股东权益。这一条是2018年10月提出的。大背景是2018年股市持续下行，大量股票质押面临着被平仓的风险。为了防止质押风险蔓延，多地政府、券商、保险等机构纷纷成立基金帮助大股东解围。另外，全国人大常委会也修订了《中华人民共和国公司法》，允许上市公司为了维护公司价值和股东权益回购股票。在实际操作中，为了防止公司操纵市值，还规定了一系列限制性条件。

理论上，在回购预案中，上市公司需要注明回购理由，但是，在实际操作中，公司往往会列出多条理由，以便灵活处理，甚至有公司索性把4个理由都写。作为投资者，有必要透过现象，看清上市公司回购的真实意图，理性投资。

需要指出的是，2018年至今的回购潮，处于市场下行、企业盈利有限、大批上市公司股价跌幅触及大股东质押平仓线的大背景下，无论是发生的时间（从

2018年开始）还是规模（仅517亿元），都很难将其和2019年初这波股价上涨（仅2月25日当天交易量就过万亿元）建立直接的联系。因此，笔者认为，扎堆回购更多的是为了维稳救市，避免平仓的需要。回购行为赶上了这波股价上涨，但绝非推动力量。另外，根据Wind的数据，即使截至"牛气冲天"的2月25日，大股东疑似触及平仓线的市值仍然高达2.62万亿元。这一部分风险仍然不容忽视。

投资者如何把握回购的真实意图？

面对上市公司频频发布的回购计划，投资者的解读有积极和消极两个方面：从积极的方面看，回购计划的推出，一方面，反映了上市公司的资金面较为充裕，有能力开展回购计划；另一方面，公司对未来的发展有信心，认为当前股价被低估，值得回购。从消极的方面看，回购计划作为公司资本结构调整的一部分，占用了企业的自由现金流，提升了财务杠杆，进而可能对企业经营造成负面影响。

在实务中，笔者认为，需要从以下3个方面，把握回购计划的真实意图，理性决策：

（1）企业的基本面。基本面是企业市值的支撑和基础。一般认为，公司基本面包括3个维度：盈利能力（利润率）、经营效率（周转率）和财务杠杆。笔者认为应该从这3个维度深入分析企业价值，不要被企业提出的回购计划迷惑，选取有价值的企业进行投资才是重点。

对一个基本面良好的企业，回购相当于进行了一次分红，当然非常不错。如果在基本面不行的情况下，企业还进行回购，应该偏向托市维稳的目的，考虑到回购会占用企业本来就非常珍贵的自由现金流，提升财务杠杆和经营风险，此时，投资应该慎之又慎。

另外，在基本面分析时，需要考虑宏观和行业因素。

（2）大股东股权质押情况。一般认为，大股东股权质押比率越高，股价越接近股权质押的警戒线或者平仓线，回购计划更偏向于托市维稳。考虑到企业的回购资金有限，若一旦耗尽仍未维稳股价，则意味着股票在市场上有被抛售的风险，故对大股东股权质押比率较高、股价接近平仓警戒线的股票，即使有回购计划，仍然要慎重对待。

（3）大股东减持情况。如果在上市公司回购托市的同时，大股东却伺机减持手头股份，这种情况需要重点关注。虽然在减持公告中，减持的理由五花八门，从改善生活到自身投资需要，但是减持动作本身代表着大股东对公司发展的态度。在公司不得不回购托市维稳的同时，大股东减持股份更是一个消极的信号，需要引起重视，慎重投资。

最后，希望本文对大家拨开股票回购的迷雾，发现企业的价值有帮助。

被误解的"看空"

时至今日，"看空"已经成为一个充满争议的词汇。一方面，在股民的印象中，"看空"是一个充满敌意的词汇，"看空"报告一出，市场如惊弓之鸟，大幅震荡。有股民甚至号召大家去注销相关券商的股票账户，来给发布"看空"报告的券商施压。另一方面，相对于股民的惶惶不安，机构投资者和监管层对"看空"报告的态度更加理性。例如，对如何看待个股"看空"报告一事，证监会易会满主席在接受记者采访时表示，这都是非常正常的事情。

到底什么是"看空"？分析师如何得出"看空"结论？市场如何评价"看空"行为？本文尝试着给出一些答案，揭开"看空"的神秘面纱。

什么是"看空"？

所谓"看空"，是指基于客观事实，发表"标的资产价格高于价值"的意见。在券商研究报告中，以6个月内沪深300指数的涨跌幅为基准，若预计目标公司的股价涨跌幅弱于基准的5%到20%，则给予"减持"评级；若预计目标公司的股价涨跌幅弱于基准20%以上，则给予"卖出"评级。

需要指出的是，"看空"与污蔑诽谤不同。虽然，两者都表现为发表"标的资产价格被高估"，预期未来股价可能下跌，但是"看空"是基于客观事实，有着严谨的推理和演算，而污蔑诽谤则是利用无中生有的谣言传播。根据《中华人民共和国刑法》，"编造并且传播影响证券、期货交易的虚假信息，扰乱证券、期货交易市场，造成严重后果的"，涉嫌"编造并传播证券、期货交易虚假信息"，应负相应的刑事责任。

"看空"与"做空"的区别在于，"看空"仅是表达股价被高估的观点，而"做空"则是在"看空"的基础上，利用金融工具获利。常见的"做空"工具包括：（1）融券"做空"：借入标的证券卖出，待股价降下来以后，低价买入证券并归还。（2）期货"做空"：期货合约的卖出头寸（Take a short position），约定在未来以固定的价格卖出标的股票，在股价下跌时获利。（3）期权"做空"：买入看跌期权，有在未来某个时间以固定价格卖出标的股票的权利。

与"做多"一样，"做空"是股票投资策略之一，一旦对股票价值判断失误（判断股价会跌，实际股价大涨），"做空"也将遭受巨额亏损。

在实务中，券商研究机构较少发布"看空"的评级报告。根据Wind的数据，截至2019年3月31日，市场上近80余家券商研究机构，对A股共给出了13 718个评级（存在多个机构对同一只股票分别评级的情况），其中仅给出了21个"减持"或"卖出"评级，占总评级数的0.15%，见表5-9。显然，该分布是一个过于乐观的有偏分布，并不能代表市场的实际情况。发生这种现象的主要原因包括：

表5-9　　　　　　　　截至2019年3月31日，A股评级分布

市场	总评级数	买入	增持	中性	减持	卖出
A股	13 718	7 560	5 753	384	19	2

（1）来自上市公司的压力和影响。由于"看空"报告不仅直接影响上市公司在市场上的声誉，也会对其市值规模、后续的融资行为、管理层的绩效和薪酬等诸多利益产生冲击。不排除上市公司会利用一些公关手段和资源向相关的研究机构和分析师施压。

（2）来自重仓基金的压力。"看空"报告对上市公司市值的负面影响，将作用到重仓该公司股票的基金上。在国内，买方（基金）对卖方行研（券商研究所）有重大影响力，如知名的"新财富最佳分析师"排名，实际上就是由买方以投票的方式选出来的（虽然现在"新财富"停办了，但买方影响力仍在）。发布"看空"报告，会使分析师面临来自重仓买方的压力。

（3）监管与自我要求。在以散户为主体的A股市场，"看空"报告的影响力要远远高于"看多"报告，甚至可能引起股指的大幅波动。在此种情况下，"看空"报告容易成为监管关注的重点，行文和发布需要更加严谨，些许纰漏对分析师和研究机构的影响都是灾难性的。

（4）A股市场以"做多"为主要交易方式（研究价值的体现）。A股市场以"做多"为主的交易方式也是研究报告偏"看多"的原因，一方面，A股的"做空"工具有限，无论是融券还是期权、期货的种类和数量都相对有限；另一方面，由于各种原因，A股也不存在专业的"做空"机构。故券商研究机构的价值

体现在为买方推荐值得购买的股票，发布"看空"报告的动力不足。

综上所述，由于来自上市公司和重仓基金的压力，监管与分析师的自我要求以及A股以"做多"为主的交易方式的影响，分析师更偏向于发布"看多"的研究报告。对存在问题的企业，他们更多地会选择沉默，而非发布"看空"报告。

"看空"结论如何得出？

"看空"报告的准备和发布是一个非常谨慎的过程，因为期间牵涉相关方的诸多利益，分析师也面临来自各方的较大压力。"基于事实，客观分析"成为"看空"报告的底线。跨越底线，意味着需要面对来自上市公司、投资者和监管机构的问责，对研究机构和分析师来说都是灾难性的。目前市面上发布的"看空"报告，一般包括以下3个阶段：

（1）发现疑点。一般情况下，问题不会直接暴露出来，但是，敏锐的分析师会从上市公司一系列信息披露中发现疑点，开展细致调查。常见的疑点包括：

①业绩的巨大波动。上市公司的业绩往往存在一定延续性。若业绩发生巨大波动，其原因会吸引分析师去调查和挖掘，如"扇贝跑路""生猪挨饿"等事件，连吃瓜群众都会觉得匪夷所思，自然也容易成为分析师关注的重点。

②会计政策的重大变化。一般情况下，上市公司的会计政策存在延续性。会计政策的重大调整，存在利润操纵的可能，值得分析师进一步研究。值得关注的调整包括：摊销/折旧计提方法、存货计价方法、收入/成本的确认方法等。

③董监高的相关动作。上市公司的董监高（董事会、监事会、高管）成员是最了解公司实际运营情况的一帮人。虽然很难直接从他们嘴里获得有效信息，但是他们的行为（增持/减持公司股份、去留）传递出一系列的信号，值得分析师进一步挖掘。如某上市公司旗下P2P平台爆雷前后，包括财务总监在内的董监高成员集中离职，成为暴露公司可能存在问题的信号。

④股价的异常波动。股价的异常波动也是上市公司出现问题的信号，值得

进一步研究。股价毫无征兆地大幅下跌，应该警惕是否有一些潜在的风险在逐步扩散和发酵；当股价无理由地大幅上涨，则应该考虑上涨是否能得到基本面的足够支持，是否由于情绪化因素导致股价已经大大超过了企业的实际价值。

⑤来自利益相关方的信息。还有一些信号可能来自利益相关方，如企业的上游供应商、下游客户、企业员工等，如长生生物疫苗案件起源于一个员工的举报。

（2）调查详情。在发现疑点的基础上，分析师需要通过一系列方法对疑点和原因进行调研，用翔实的数据、严谨的推理来证实或者证伪疑点中的问题，给出客观的分析结论。常见的调查方法包括：

①财务报表分析。虽然存在一定调整空间，上市公司的财务报表受会计准则和第三方审计的限制，在一定程度上能够反映企业的经营状况。有经验的分析师能够从财务报表中分析出一些线索。如对年报附注中的上下游关联方分析——乐视当年就是通过关联交易、自买自卖的手法虚增利润的。

另外，一些可以提前确认收入、推迟确认成本的科目（应收账款、长期待摊费用），以及对利润影响较大、波动较大的科目，都是财报分析需要关注的重点。在分析方法上，常用横向与纵向相结合的方法，其中横向分析，是同一时点，行业内不同企业之间比较；纵向分析，是同一企业，不同时点数据之间的比较。

②实地调研。为了获得企业更加翔实的信息，很多时候，仅仅进行财务报表分析是不够的，研究机构会派出分析师对目标企业进行实地调研。

在浑水"做空"港股"辉山乳业"的案例中，为了证明辉山乳业通过虚报苜蓿自给自足，夸大其毛利润的行为，"我们（浑水公司）对辉山的调查已持续好几个月。在此期间，我们的调查人员访问了35个牧场，5个生产设施基地（其中包括1个中途停工的基地）和2个完全没有建设迹象的生产基地。此外，我们的调查人员通过无人驾驶飞机对辉山基地进行选址，并聘请了3位乳业专家，其中两位在中国奶业领域有着深厚的背景。我们的调查员在3个不同省份，与苜蓿的供应商及进口商进行了谈话，其中一些省份的供应商正向辉山出售苜蓿。此外，我们对辉山的营收进行了广泛尽职调查"(摘自浑水对辉山乳业的研究报告)。如果说财报上的造假相对容易,在现实环境中,虚构出相应的交易和业务,而且能够相互印证、无懈可击是一件很难的事情。

③股价比率对比。并不是每一个被"看空"的企业都存在财务问题。有时,被"看空"仅仅是因为其市值已经远远超过了其基本面所能支撑的范围。研究机构通过对比一系列股价比率(市盈率/市净率),来印证观点,提示风险。如证券机构"看空"中国人保和中信建投的案例,在研究报告中,对两公司的财务状况、业务实力都是持肯定的观点,但是,通过与同业比较股价比率,两公司的估值明显偏高(如中信建投的市净率高达4.2,远高于同梯队的券商和海外顶级投行——市净率大都在1~2),故机构给出了"卖出"评级。

(3)复核。审慎地复核也是研究的重要一步。由于"看空"研究报告的特殊性质,其与"谣言"可能只有一线之隔。只有审慎地复核相关的数据和事实,保证报告的客观、真实、准确,才能规避相关的法律风险,引导市场回归价值。另外,务必保证所有信息来自合法公开的渠道,避免触碰和传播内幕消息。总之,合法合规地写"看空"报告是一个技术活。

"看空"行为的积极意义

关于"看空"行为,笔者认为应该从分析师、上市公司两个角度来认识。

针对分析师,市场应该给予他们更多的宽容和鼓励,让他们能够客观自如地表达包括"看多"和"看空"在内的各种观点,主要是因为:(1)有利于提升市场有效性。在证券市场上,券商分析师的价值就是通过对信息的深度分析和传播,提升市场的有效性。其中,市场信息是指除内幕消息的所有消息,包括所有积极的和消极的消息。一个"只报喜不报忧"的市场,是无法通过价格机制实现资源的有效配置的。(2)有利于提升监管效率。目前对上市公司的监管压力较大,一方面,上市公司的数量与日俱增(截至2019年3月底,A股有3 593家上市公司，随着科创板的推出，上市公司的数量还将进一步提升）；另一方面，单个上市公司的业务也错综复杂，一些不合规的业务夹杂在合规业务之中。想从中理出头绪，发现问题，需要监管者大量的时间和专业性。鼓励分析师发表观点，发动市场的力量助力监管，有利于提升监管效率。(3) 有利于保护中小投资者的权益。对估值不合理的证券及时"看空"，提示风险，让类似"乐视"这样的问题尽早暴露出来，在其股价进一步偏离、更多的"韭菜"被"套入"之前，能够及时戳破泡沫，对保护中小投资者有积极意义。

从上市公司角度，"看空"行为对企业的声誉、市值和后续的融资都带来负面影响。在这场博弈中，上市公司总是在明处（受到上市公司信息披露制度的要求），而"看空"的暗箭却可能来自不同的方向。如何避免被"看空"和"做空"？笔者认为应该从以下3方面努力：(1) 规范经营，做好业务，用良好的基本面来支撑市值。一般认为，一旦市值偏离基本面，就给"看空"提供了可能性。如果在经营合规性方面再出现问题（虚假信息披露/关联交易/虚增利润等），就会给"看空"和"做空"留下更大的空间。(2) 利用法律的武器保护自己。对一些无中生有的恶意中伤，利用法律保护自己。(3) 异常波动及时披露，提示风险。市场存在情绪化的因素，即使基本面再好、经营再规范，市值仍有被投资者的热情推高到脱离基本面的情况。此时，上市公司需要履行"及时披露经营情况，提示风险"的义务。

总之，诚如易会满主席所说，"看空"是非常正常的事情。如果市场能够给分析师更多的宽容和鼓励，让他们能够客观地表达包括"看多"和"看空"在内的各种观点；如果上市公司能够正确看待被"看空"，在业务上下功夫，规范经营，限制炒作，用良好的基本面来支撑市值，相信市场能够更加成熟，也能更好地发挥资源配置的作用。最后，希望本文对大家了解"看空"，挖掘价值有帮助。

股市避雷指南

A股雷声滚滚，赠君避雷指南。A股避雷的第一要诀是适度分散。

所谓分散，就是不要把鸡蛋放在一个篮子里，具体到投资中就是不要重仓甚至押宝某一只股票，否则一旦爆发"黑天鹅"事件，迎接你的就是鸡飞蛋打，巨额亏损。所谓适度，就是既要分散又不能过度分散，一个人的精力和能力有限，如果同时持有的股票过多（例如超过15只），难免照顾不周，拣到烂苹果的可能性就很大。我们的建议是持有6~10只股票。当然，如果您使用量化选股的方法则另当别论。

在股市混迹多年且收益颇丰的老鸟，都听过这样一句话——"聪明的飞行员不会忘了使用他的检查清单，无论他拥有何等丰富的经验和卓越的天赋"。投资也一样，建议您制定一份投资的清单（checklist）。这个checklist至少需包括以下几项内容：

负面清单

负面清单就是投资的黑名单。黑名单可以帮助你辨识风险源，从而远离"黑天鹅"事件。具体建立哪些黑名单呢？在此提供3个建议：

（1）公司实际控制人有问题的不投。怎么知道公司的实际控制人有没有问题？一方面是借助网络媒体和企业舆情监测软件，例如苏宁金融企业舆情监测系统、企查查等，来了解公司实际控制人及其控制的实体的情况；另一方面是建立自己的消息渠道，例如您想投房地产行业，最好多和房地产行业的人交朋友，勤问多想。

（2）公司治理结构有问题的不投。判断公司治理结构好坏的一个简单法则就是这个公司和大股东之间资金往来的情况，例如公司和大股东控制的其他公司之间是否有过多、规模过大的关联交易，是否为大股东或者其控制的实体提供了过多的担保等。

（3）公司财务造假的不投。如何判断一个公司是否财务造假？一看该公司是否有过造假的历史；二看负责审计的会计师事务所和主审的会计师的执业记录是否有瑕疵；三看财报，要关联起来看，看看相关的科目之间是否对得上，是否符合常识；四是纵向看，和公司的过往比，看是否有重大的变化，如有，您得留心；五是横向看，和同行比，如果好得过分，您也得当心。

选股标准

选股无一定之规，但切忌人云亦云，朝令夕改。个人投资中应遵循的选股标准如下：

（1）是否符合自己的能力圈：也就是拟投公司的产品、业务，自己能否理解、能否看得懂？不买自己无法理解、看不懂的股票。再看拟投公司是不是行业的头部公司？一般限定只投行业前三的公司。

（2）是否有连续、公开的财报数据：至少有3年的公开财务数据。

（3）相关财务指标是否符合自己设定的最低标准：主要包括资产负债状况、盈利能力、成长性等。

（4）当前的价格是否合理：好的东西不能买贵了。可以通过绝对和相对估值模型来评估所选择股票的价格自己能否接受。

交易策略

选股标准决定了您打算买入什么样的股票，交易策略规定了您何时买，买多少，何时卖，卖多少。这取决于每个投资者的风险承受能力、投资期限以及投资风格。

如果是长线投资，对看好的股票，按照既定的仓位一次买入即可。买入后如果股价有波动，需要仔细分析波动的原因，并把这些原因和自己当初选择这只股票的标准进行比对，如果还符合，则应当坚定持有，否则应当考虑卖出。如果是短线操作，投资者应当做好仓位管理，制定止盈和止损目标并严格执行。

定期检查

定期（例如每个季度）检查投资的checklist，审慎考虑是否有需要更新完善的地方。对需要调整的地方，应当有充分的依据。

第6章

基金投资

不想成为牛市的"韭菜"，你
可以买基金

在股市这个行情瞬息万变、板块不停轮动的市场，甭管你是专家，还是大V，一不小心就会被推荐的股票拉下神坛。所以，给人推荐股票这样的事情，不能干！能干的是"授人以渔"，介绍一些投资思路和方法，帮助朋友们去判断、分析和决策。

买股票还是买基金？

刚入市的投资者问得最多的问题是：我应该买股票还是买基金呢？其实，这两个选项并不矛盾。两者的本质区别是投资者自己选股交易还是花钱请专业的基金经理帮助交易，在实际操作中，可以根据自己的具体情况（资金、时间、经验）灵活安排。如果资金规模和个人时间允许，甚至可以考虑分仓，一部分自己操作，另一部分交给基金经理打理。

具体来说，投资股票或股票型基金的优劣势见表6-1。

表6-1　　　　　　　　投资股票或者股票型基金的优劣势

	股票	股票型基金
持股数量	若干只股票	根据基金类型,覆盖十几只到上百只股票
持仓集中度	高	低
投资管理	投资者根据自身经验交易	由专业的基金经理和投研团队进行资产管理
费用	交易税费(较低)	申赎费用+管理费用+托管费用(较高)
结算	交易所竞价	每日计算净值+ 交易所竞价(仅限交易型开放式指数基金(ETF))
适用投资者范围	有时间、有经验	时间不确定,经验不足

资料来源:苏宁金融研究院。

对比表6-1中的内容可以发现:

(1) 在持股数量方面,基金可以覆盖更多的股票,持仓集中度更低,风险更分散。对选择直接投资股票的投资者而言,受限于个人的精力和能力,能够同时操作的股票数量是有限的。业界的经验表明,个人投资者同时持仓的股票数量不宜超过5只,再多就容易分散精力,顾此失彼了。但是,基金一般有专业的研究团队,同时持仓的股票往往是十几只到上百只,这样持仓集中度更低,投资组合的风险更加分散。

(2) 在投资管理方面,基金投资决策的专业度更高,受情绪影响更小。一方面,基金投研团队一般会对拟投资的目标股票进行财务分析和实地调研,这个是一般的投资者在专业能力 (研读分析财务数据)、时间上 (去上市公司实地考察) 无法达成的。另一方面,个人投资容易受到情绪的影响,追涨杀跌,而基金的投资则有一定的决策程序,相对更加理性,受情绪的影响更小。

（3）在费用方面，基金因为要请人打理投资，相关费用要高一些。直接投资股票，仅仅需要交交易税费（佣金＋印花税＋过户费），整体占交易金额的千分之一左右，按次收取，只要不是频繁交易，这部分费用不会太高。而投资基金的费用包括申赎费、管理费和托管费，其中管理费和托管费直接从基金净值里扣除，投资者是感受不到的，但是每年收取基金净值近1.75%的管理费和托管费也不是一个小数目（各基金具体费用比例有差异），另外，无论基金盈亏，这部分费用都是要收的。

（4）在结算方面，除了ETF基金，大部分基金的净值公布频率相对较低（每天一次），投资者不必花太多的时间去关注。而股票价格则在盘中时刻发生变化，除非已跌得太多，生无可恋，大部分的散户投资者都会不自觉地去看盘，甚至可能影响到一天的工作和心情。

综合以上分析，直接投资股票更适合有充足时间和经验的投资者，而对时间不确定、经验不足的投资者选择投资基金，将资金交给专业的人去打理则是一个不错的选择。当然两者并不矛盾，条件允许的话，也可以将资金分为两个部分同时进行。

如何选股票型基金？

根据Wind的数据，截至2020年7月20日，A股有3 884只股票，但股票型基金只有1 849只，仅为A股股票数量的一半。如何从这1 849只基金中选出适合自己的基金呢？

首先，根据基金经理参与程度的不同，将这1 849只基金分为3类：被动型基金（指数型基金）、主动型基金和半主动型基金（指数增强型基金）。虽然同为股票型基金，3类基金的投资策略和逻辑却大相径庭，不同管理风格的股票型基金产品对比见表6-2。

表6-2 不同管理风格的股票型基金产品对比

	被动型 （指数型基金）	主动型	半主动型 （指数增强型基金）
特点	跟踪特定的市场指数，收益随着指数的起伏波动	基金经理主动管理产品，争取获得超额收益	在跟踪指数的基础上，允许基金经理小范围调整持仓，以获得比指数型基金更好的收益
基金经理的作用	（佛系风格）提升基金净值跟踪特定市场指数的准确度，降低误差	（超人风格）通过市场调研、专业判断、科学决策，帮助投资者获得超过对标市场指数的收益	（佛系超人风格）跟踪指数，同时根据市场风格变化，调整仓位，以期更好的收益
管理费	低	高	适中
适合人群	仅希望获得市场平均收益的投资者或者对某个具体指数方向有价值判断的投资者	当甩手掌柜，信任基金经理，希望搏一把，获取超过市场平均收益的投资者	期待一个较前两种类型折中结果的投资者

资料来源：苏宁金融研究院。

接下来，结合各类型基金的特点，分别介绍它们的投资策略：

1. 被动型基金：重指数，轻产品

被动型基金，在命名上被称作"某某指数基金"或者"某某ETF基金"。其本质上是跟踪特定市场指数。为了追踪市场或者某个行业的走势，专业机构编制一系列市场指数，如沪深300指数，实际上是由沪深两市在规模和流动性方面领先的300只成分股按照一定的配比构成，也是反映A股市场整体表现的"晴雨表"。被动型基金的任务非常简单，就是跟踪这些指数的走势。如沪深300指数涨了2%，则跟踪沪深300的指数基金也应该涨2%。

在操作层面，因为各指数的成分股和配比都是公开的，基金经理只要进行相应的配置就可以了，非常简单。打个比方，指数编制机构就像医生开方子（编制指数），而被动型基金的基金经理相当于药剂师，按方抓药。由于管理难度不高，被动型基金收取的管理费也较低，一般是每年0.5%~1%。

在投资者适应性方面，被动型基金适合那些对市场整体或者某个具体行业有价值判断，但对个股拿不准的投资者。例如，某人预计近期A股会有一波涨幅，但是对具体投资哪只股票拿不准，因为每一只股票都有它自己特殊的风险，如疫苗案件、扇贝"跑路"事件等，一旦不小心买了这样的股票，难免要有损失。在这种情况下，最理性的办法是投资沪深300指数基金，相当于同时买了沪深两市300只影响力最大的股票，哪怕期间个别公司发生风险，但是对整个指数和中国经济的影响不大，投资者仍然可以获得市场平均收益。举一反三，同样的逻辑还适合那些对某个具体行业（如生物医药、人工智能、军工）看好，但拿不准个股的投资者。

在投资策略方面，我们建议"重指数，轻产品"——关注目标指数的选取，不要太在意具体选哪个公司的基金产品。因为既然是跟踪指数，只要目标指数确定了（如沪深300指数），具体选哪一个基金公司的哪一个指数基金其实差别不大。当然基金公司实力越强，基金规模越大的指数基金跟踪误差可能更小一些，流动性更好一点。

2.主动型基金：把钱交给靠谱的人

与被动型基金的佛系跟踪策略不同，主动型基金的管理团队更像一群超人，他们会根据自己的经验和选股策略，去挑选那些有增长潜力的股票，把握买点和卖点，帮助客户获得超额收益。

在操作层面，为了实现这个目标，基金经理和投研团队会更加主动地参与到投资决策的每一个节点，从市场信息的搜集、财务数据的分析，到对目标公司的实地调研，再到买卖时机的选择，定期的复盘和调整，都可以看到他们忙碌的身影。当然，由于主动管理的难度较大，故管理费比较高，一般是每年1.5%~2.5%。

在投资者适应性方面，主动型基金更加适合那些想当甩手掌柜，希望放手一搏，获取超额收益的投资者。当然，是不是基金经理付出了上述努力，就一定有超额回报呢？答案是不一定！一方面，市场情况瞬息万变，风格的转变，板块的轮动，会使之前制定的投资策略失效；另一方面，基金经理也是人，也难免有判断失误的情况。所以也有可能会出现基金团队辛苦干了一年，到头来业绩跑不赢大盘的情况。

在投资策略方面，建议"把钱交给靠谱的人"。因为主动型基金的业绩与基金经理关联度比较大，所以如果可能，建议了解一下基金经理的投资经验、历史业绩、投资风格等情况，投资经验越丰富，历史业绩越好，投资风格与现在市场热门的板块和风格相匹配的，则这样的基金经理更可能创造好的业绩。

最后，需要提醒的是，无论我们如何挑选基金经理，还是基金经理如何努力调研选股，都只能增加我们取得好收益的概率，真正的收益只有到赎回那一天才能知道。

3.半主动型基金：折中方案也是不错的选择

上文介绍了被动型和主动型两种风格截然不同的基金，有朋友肯定会问有没有折中一点的选择？答案是有的，就是我们下面要介绍的半主动型基金（指数增强型基金）。一方面，这个基金非常像指数基金，原则上要按照相应的指数的成分股和配比进行配置；另一方面，又给了基金经理一定的主动权，可以根据市场情况，在一定范围内适当调整配置，以期获得超额收益。基于以上特点，半主动型基金更适合那些期待一个较前两种类型折中结果的投资者。由于原则上按照指数配置，故半主动型基金的配置更贴近被动型基金，建议参考被动型基金的规则进行配置。

一些特殊的基金

前面介绍的是普通股票型基金的配置思路，其实在市场长期发展过程中，还演化出一系列特殊的股票型基金。这些特殊基金在普通股票基金的基础上，又各有特点，投资者可以根据自己的情况进行配置。

（1）分级基金：加杠杆的基金，高风险高收益。分级基金一般分为两个部分："分级A"和"分级B"。在操作上可以简单理解为"分级A"借钱给"分级B"炒股。所以"分级A"部分更像一个债券，获取固定收益，风险也相对较低。另一方面，由于向"分级A"借了钱，"分级B"可投入股市的资金规模翻倍，投资收益和亏损也随之翻倍。

假设某分级基金，"分级A"和"分级B"分别募了10亿元，"分级A"的投资者相当于买了一个债券，获取固定收益。而"分级B"的投资者相当于只投资了10亿元的资金，却可以拿20亿元去炒股，假设投资组合只涨了2%，在杠杆的作用下，"分级B"投资者的实际收益可以达到4%。当然，亏损也会翻倍。所以，那些希望加杠杆，通过承担更高风险，获取更高收益的投资者可以考虑投资"分级B"基金。

（2）ETF基金：场内交易基金，流动性更好。前面聊过，大部分的基金都是每天公布一次净值，申赎一般也需要1~2个交易日。ETF基金比较特殊，它属于场内交易基金，可以像股票一样在交易软件中实时竞价和交易，具有更高的流动性。

（3）FOF基金：投基金的基金，分散性更高，但需要收两道管理费。前面介绍的普通型基金，往往直接投资股票，而FOF基金则是投资基金的基金，故它的投资标的是其他基金。如此操作的好处是风险更加分散，缺点是要收两道管理费（FOF基金管理方收一道，被投资基金的管理方再收一道）。

（4）股债混合基金和保本基金：同时投资股票和债券，风险更低。此类基金的投资范围除了股票，也会引入一些风险相对较低的债券，而保本基金甚至还会采用一些保本策略，以进一步控制风险。由于风险更低，该类基金受到风险厌恶型投资者的欢迎。

（5）投资海外的基金：身在国内也可以投资海外。由于外汇管理制度的要求，我国公民直接投资海外资产是存在一定门槛的，但是国内市场上还是有一些工具可以投资海外资产的。如挂钩纳斯达克指数的纳指ETF（基金代码：159941），其实是一只跟踪纳斯达克指数的指数基金。另外市场上还有不少QDII基金，也是以海外资产为主要的投资标的。当然，目前的"牛市"主要在国内，海外市场由于疫情影响，存在较大不确定性，但是作为资产多元化配置的一部分，了解一下肯定是没错的。

买基金，你需要避开5个思维陷阱！

对普通投资者而言，进行基金投资比进行股票投资要省心得多，主要原因在于：基金管理人有专门的投研人员对底层资产进行分析，而这种分析又需要很深厚的专业功底及丰富的投资经验，这些都是普通投资者所不易具备的。同时，在投资过程中需要不断关注市场信息的变化，如果投入的资金量有限，花费过多的时间是得不偿失的。这也是我们一直奉劝普通投资者尽可能选择投资基金的重要原因。

然而，在实际情况中，我们也了解到一些投资者对基金投资存在一些误区，其中最主要的是缺乏将基金作为投资组合来看的理念，错误地套用股票投资过程中的一些惯用做法，导致投资结果与预期产生较大的偏离。下面，我们从5个方面来进行阐述，最主要的目的就是告诉大家组合投资与单个资产投资的差别，很多投资方法和理念可能在进行单个股票投资时管用，但是在进行基金选择时，反而是失效的。

买基金比买股票简单？

正常来讲，如果基金投资比股票投资容易，那么基金的盈利应该比股票要多，但事实并非如此。根据对股票市场投资者的收益统计，大部分的散户投资者并没有从股票投资中获利；而根据基金市场的统计，大部分投资者都是在"牛市买入、熊市卖出"，从而导致投资结果也不尽如人意。因此，二者的获利难易程度并无明显差别。

其原因在于很多投资者并没有理解基金的内涵。基金是管理人根据自身对市场的认知而构建组合。那么，在进行基金分析时，有一个重要的因素不能忽略，那就是基金管理人的管理能力。这种管理能力的衡量方式有很多，需要投资者根据自己的投资需求进行识别。例如，你是关注收益还是关注风险，抑或二者都关注？对每一种偏好，都有不同的指标进行衡量。进一步，你是关注长期收益，还是关注短期收益？你是关注长期风险还是短期风险？这些问题都直接影响到在选择基金时应该关注的重点。

投资基金并不比股票投资简单。因为在购买基金时，你需要识别基金管理人的股票投资能力，所以，投资基金是相对更加高阶的技能，需要对组合投资有深刻的理解才行。说通俗一点，你需要知道基金管理人会不会投资，才能决定买不买他管理的基金。

基金投资可以抄底吗？

笔者曾经遇到过一些投资者是这样选择基金的：你看，这只基金都跌成这样了，未来一定会净值反转，所以现在适合买入。这种反转的逻辑是存在问题的，股票市场的所谓均值反转效应在基金市场上是否成立尚待验证。毕竟，投资组合的构建是动态调整的，基金经理会根据市场来进行仓位的调整。即便是股票市场存在这种反转效应，又如何表明基金经理的管理能力也具备这种效应呢？

其实，这里的关键问题在于基金是主动型还是被动型。如果是被动型基金，基金经理对组合配置的干预度有限，是有可能存在这种规律的，但是由于组合的波动要小于单只股票，这种效应即便存在，也难以在统计上显著。如果是主动型管理的基金，便存在一个悖论：基金净值低，表明基金管理人在过去一段时间内没有把握好市场机会，或者说在投资中出现明显的错误。那么，你有什么理由相信他在未来会做得更好，从而带来净值的回升呢？

所以，在购买基金时，最好不要有抄底思维。

技术指标一样有效吗？

在股票投资中，散户最爱用技术指标来进行投资，而机构则擅长进行基本面投资分析。其主要原因在于：一是普通投资者不具备进行专业分析的能力和精力，用技术指标进行投资显得更直观一些；二是很多技术指标都是经过历史经验证明有效的。所以技术指标用起来并没有什么大问题，尤其是关于"量、价、时"的考虑，在任何时候都是指导我们进行投资的核心。

但是，在进行基金投资时，问题便复杂很多。第一，基金管理的过程中存在管理人的能力因素，这种因素如果不是经过复杂的统计分析，很难得出明显的结论。第二，基金是一揽子股票和其他资产的组合，那么这些资产融合在一起，很有可能出现一个问题，技术指标之间的信号相互抵消，导致投资者单纯依靠技术指标进行投资时，可能无所适从。第三，我们知道基金的交易是申赎机制，即便是场内的基金，也存在交易量的问题，技术指标的应用受限于标的资产的活跃度。

一般而言，对宽基指数基金而言，交易比较活跃，而且管理人的自由度较低，在实际投资过程中，技术指标分析是有用的；对其他的基金，存在逻辑上的不确定性，统计上更是难以得到可靠的结论，还是不用为妙。

高抛低吸玩择时？

很多投资者由于精力有限，会集中分析一只或几只基金，并且在投资过程中有节奏地择时操作，通常的做法是在净值跌到一定的价位以下时买入，当净值上涨到一定的价位之上时卖出。

当然，这个思路本身没有问题，任何投资理论和方法的最终目的都是高抛低吸，但是，问题在于：多少算是"高"，多少算是"低"？由于管理人能力因素的影响，我们没有办法直观地通过净值来进行左侧交易判断，所以，我建议大家还是尽量选择右侧交易：追涨杀跌。还有一个重要原因，基金投资多为申赎机制，不仅存在交易时间较长的问题，而且交易费用也较高。而"高抛低吸"对时机的选择和交易成本的要求都是比较严苛的。除非基金的调仓收益特别高，否则会得不偿失，毕竟，收益是预期的，而成本确是实实在在的"真金白银"。

费用越便宜越好？

上面提到基金的费用问题，那么是不是费用越低越好呢？一是，基金的费用收取（申赎费用）与持有时间相关，通常持有时间越长，手续费越低，因为基金申赎会导致基金管理人被动调仓，这些都会产生净值的波动。二是，通常基金的管理费与基金的类型相关。总体原则是，越是主动型基金，管理费越高。反之，管理费较低的基金通常是被动型基金，这个时候需要投资者自己选择。三是，我们购买基金的目标是投资收益，而不是省钱。这种观念很重要，在资本市场上基本不存在"物美价廉"这种概念。

综上所述，我们从基金交易和基金筛选两个方面对投资中可能遇到的问题进行说明，希望投资者在进行决定时记得问自己这样几个问题：基金是主动型还是被动型？基金的历史业绩表现是否稳定？基金的收益-风险是否符合我的投资偏好？基金的费用周期和我的投资周期是否匹配？

弄清楚上述问题，你的投资大概率不会出现太多的不如意。

新手买基金不亏钱的5个秘诀

对任何投资者而言，赚钱当然是非常重要的目标，但是，人贵有自知之明，并不是所有的钱你都能赚到。人的财运有限，市场变化无常，所以将能赚到的钱赚到手就是件很了不起的事情，那么如何知道哪些钱是适合自己赚的呢？

关于这个问题，有个专业说法叫用户画像。不过，目前的画像方法是有偏差的，机构普遍的做法是有针对性地对客户情况进行了解，并划分出不同的维度进行打分，从而实现对客户的相对位置进行锚定。但经过深入分析和实践之后，我们认为，模式化的用户画像并不适合指导投资定位，包括所谓的用户需求诊断也不能确切地了解客户的真实需求。因为一套问题不可能适合所有的投资者，如果投资者自己都不知道是什么情况，机构又凭什么对投资者进行诊断呢？

为了不至于出现过于糟糕的偏差，一般的用户画像方法会关注风险承受能力和资金的可投资期限两个维度，并将测试结果作为投资方案的约束条件，再结合收益要求为客户提供合适的投资方案。所以，大部分的客户画像是基于风险偏好和流动性角度进行分析的。这个流程其实存在漏洞，因为对某些客户的风险收益要求，市场可能根本无法提供投资方案。但是，市场上并没有哪家能够给出"无法提供方案"这样的答案。最后的结果自然是"满怀希望而来，心存怨恨而去"。

我们接下来的讨论，都是自省性质的，需要摸着良心回答，你可以不告诉我答案，但是一定要记住结果，因为这才是你下注的底气。

我适合基金投资吗

什么样的人适合进行基金投资呢？这个问题可以从两个层面来回答。

一是你是否认为分散投资优于集中投资。组合投资就是我们经常说的"不要把鸡蛋放在一个篮子里"，"鸡蛋"就是钱，"篮子"就是我们准备投向的资产。如果你认为分散合适，就应该选择"组合"。钱多的话，可以自己构建组合，钱少的话，可以直接购买组合。基金，就是组合。

二是你是否认为基金经理比你更善于构建组合。当资金达到一定额度时，投资者可以自己进行组合投资，这时，你需要考虑的问题是自己构建组合的能力是否卓越。如果你本身就比较厉害，当然可以选择自己做，但恐怕并没有足够多的精力，所以就更需要选择购买基金了，而且对基金的优选要求也更加严格。

不过，对一般的普通投资者而言，自然是既没有多到需要分散投资的闲钱，也没有精力进行专业分析，所以应选择让基金经理来打理。总体而言，"大富大贵"和"小富即安"这两类人最适合进行基金投资。

我是否了解基础的基金评价指标

评价投资策略的好坏，至少需要两个维度：收益率维度和风险维度。

1.收益率维度

运行1年以下的基金产品看累计收益率，运行1年以上的基金产品看年化收益率。累计收益率是从开始投资到现在，产品赚了多少钱；年化收益率是将产品的收益换算成投资期限为1年时的收益。例如，2018年1月1日至2019年7月26日，中证100指数的累计收益率为1.43%，而年化收益率却为0.93%。有一点需要提示，运行时间少于1年的基金的年化收益率没有参考意义。

举个例子：某只基金一天的收益率是0.2%，那么年化收益率就是48.6%（0.2%×243（交易日））。这里存在一个迷惑性的假设，就是每天都能赚0.2%。俗话说，做对事情不难，一直做对却很难。这里进行"年化"的含义就是一直做对，而实际上是难以做到的。

2.风险维度

波动率是常见的风险度量指标，它能基于平均收益锚定最终收益的大概范围。但是，我们实际上关注的还是买入之后可能出现的最坏情况，这个指标叫"最大回撤"，就是在过去一段时间内，从高点到低点之间的最大亏损幅度是多少。特别是对开放式基金，如果不想成为站岗的接盘侠，一定要注意最大回撤。注意，最大回撤是一个累计净值的概念，需要重视，因为这个值就是你可能面临的损失。

3.风险调整后的指标

一是夏普比率，公式比较复杂，不过一般的组合都会提供。其表达的含义是组合在历史上每承受1%的风险，会平均获得多少收益。通常这个指标可以用来考察组合的管理能力。二是信息比率，这个指标比较复杂。我们购买的每个基金都有业绩基准，简单理解就是标杆。特别是指数基金，其对标的就是某个指数。指数基金的收益主要是跟业绩基准比，而不是和市场比。信息比率反映的是超越基准的能力，首先一定要大于零，其次要越大越好。不过遗憾的是，这个指标不是很好查到，需要计算。简单理解就是投资经理的产品业绩超越基准组合的能力。

我应该选择什么样的基金

在决定买基金的前提下，你需要从两个维度来判断：择时和择标的。

一是你在行业的判断方面是否有专长。如果你是实体行业的从业人员，自然对所在的行业了解得比较透彻。如果你又认为自己对行业选择比较擅长，这个时候你应该考虑选择行业指数基金。一般的行业指数基金都是被动型指数基金，这个时候我们主要看信息比率。

二是你并不了解任何行业，也对"高抛低吸"这样的操作没有信心，那么你应该选择股票型基金和混合型基金。这个时候应该看的指标是夏普比率，不过，需要提醒的是，股票型基金和债券型基金的夏普比率是不能进行比较的，只有相同类型的基金进行比较才有意义。

三是如果你认为在自己的投资年限内，市场才是最厉害的，那么你应该选择投资宽基指数基金，例如沪深300指数基金、中证500指数基金。你需要看的指标是夏普比率（与无风险收益对比）、信息比率（与基准组合对比）。

我的可投资期限和风险承受度

可投资期限越长，意味着你在市场中挣钱机会越多，即使初期的投资中有一定的损失，也有翻盘的机会。因此，如果您的资金可投资期限较长，那么你投资于股票型基金的比例便可以更高一些。

还有另外一个重要原因，从长期而言，股票型基金的整体收益要高于债券型基金，因为经济社会发展总体上是增长的。虽然股票市场炒的是预期，但是决定估值中枢的仍然是企业的盈利。风险承受度越大，股票型基金的比率也要越高。因为债券型基金的收益相对稳定，不足以获取向上的弹性，而股票型基金则可以获得较好的向上弹性。

看一个策略的好坏，主要看什么

一是有效性。简单来说，就是一个策略能不能赚钱，这个主要看收益指标。二是可靠性。通俗来讲，就是运气成分越少越好。举个例子，3年投资期限，同样是赚50%，一个组合的3年收益分布是（14.47%，14.47%，14.47%），另一个组合的3年收益分布是［0，0，50%］。你觉得哪个好呢？显然是第一个，因为这个组合每年都在赚钱，每年都做对，而第二个组合则只有第3年做对。总结为一句话：正确，且大概率正确。

买基金产品前，先搞清楚5个问题

相比买股票而言，很多人是不屑于买基金的。因为他们认为自己买股票可以赚很多钱。经常会遇到这样的朋友：对他说最近有一只基金产品可以选择，预期年化收益7.5%，稳稳的，往往话音未落，就会收到一个"怼"：我前两天买股票一个涨停就10%。当然，这个朋友也可能就是你自己。

但是，这样想是不对的。手上没钱，往往会少买几只个股，赌性较强，因为你是在3 600只股票中选择少有的几个中意的；如果钱多一些，就可以买很多股票，实现组合投资，也就成了我们说的基金。

如果钱少，又想实现组合投资，怎么办呢？有办法，还是买基金。因为基金很便宜，起点也很低，一手贵州茅台几乎足够将全市场的公募基金各买一遍了。当然，聪明的你定然不会如此。毕竟真金白银掏出来，怎么也得挑一挑吧。那么在挑选基金的时候，我们应该看什么呢？一个比较没有内涵的答案：看收益。

这也是很多基金销售平台推销基金的方式，按收益排名来推荐，实际上是销售方赚取了销售费用，而投资者并不会享受到切实的收益。原因很简单，过去不代表未来。这一点在《股市震荡行情中如何实现稳健投资？》一文中已经详细阐述过了，在此不再赘述。

事实上，买基金与买股票不同，你买的不是标的本身，你买的是服务，是基金经理、研究员对你的财富进行的精心打理，你付出的成本是管理费用、销售服务费和赎回费用。目前，我们能够购买的公募基金有两种：契约型开放式和契约型封闭式。契约，就是合同的意思。我们能买到的每只基金都有一份基金合同。这个合同，一定要看。由于具体的合同事项十分繁杂，有一些重要的条款是监管要求，与普通投资者关系不大，我们从购买基金的决策过程中不能回避的几个关键问题来进行阐述，提醒大家哪些事项是需要注意的。

第一个问题：我至少需要多少钱才可以买基金

这个问题涉及基金的起购金额，意思是在扣除申购费（如有）后，账户余额应该大于起购金额，否则会导致购买不成功的情况。

目前，契约型封闭式基金的起购金额最小为 1 元，最高为 1 000 元；契约型开放式基金数量比较多，申购金额最低为 0.01 元，最多为 100 000 000 元。当然，对我们大多数人而言，起购金额在 1~1 000 元之间是比较合适的。幸运的是，在这个区间有 7 000 多个选项（相同母基金的不同份额没有去重）。那么，那些起购金额上百万元的基金，是不是我们就没有办法参与了呢？事实并非如此，这些基金大多是 ETF 基金，囊括了一揽子股票。至于什么叫一揽子股票，暂且先将它理解为"套餐"吧。ETF 基金有个特点，我们可以通过交易所进行交易，如同买卖股票一样，而且，其价格特别便宜。

举个例子，上证 50 指数的代码是 000016.SH，跟踪它的最大规模基金是"华夏上证 50ETF"，它的场外申购代码是"510050.OF"，申购金额下限是 900 000 元，场内交易代码是"510050.SH"，购买金额下限是 295.3 元（2.953×100，不含手续费）。如果你没有 900 000 元来申购"510050.OF"，你可以直接在股票账户中买入"510050.SH"，二者每天的收益率几乎一样。

第二个问题：我什么时候可以交易，交易的价格是多少

这个问题特别有意思。大家在买股票的时候，是不是会经常因为纠结于几分钱而错过了交易机会？大部分基金都是通过场外申赎来进行交易的，可以避免这个问题。

一般基金合同里会有这样的说明：基金的交易在开放日，遵循"未知价"原则、"金额申购、份额赎回"原则，赎回遵循"先进先出"原则、规定时间可撤销原则。其含义就是：投资者在提交申购/赎回申请时，并不知道基金的单位净值。基金净值一般由托管行在次日交易时间之前给出，但是投资者需要在前一天就作出申购/赎回的决定。既然不知道价格，是不是就不用纠结了呢？所以，买基金，一定要基于相对长期的判断，基金投资在短期内很难实现"高抛低吸"，而且费用也是要考虑的问题。

第三个问题：我交易一次需要多长时间

我们知道 A 股是 T+1 交易方式，就是今天买的，明天可以卖。但基金不是，基金的流程相对复杂，基金申购与赎回如图 6-1 所示。

申购		
T 日	T+1 日	T+2 日
申购	有效性确认	份额到账
赎回		
T 日	T+1 日	T+7 日
赎回	有效性确认	资金到账

图 6-1 基金申购与赎回

第四个问题：我买入后持有多长时间卖出比较合适

显然，鉴于上述冗长的申购赎回时间，大量的资金都变成了在途资金，不产生任何收益，所以每进行一次申赎，就相当于浪费了一些投资机会。不仅如此，投资者还会面临一些与购买金额和持有期相关的差异性费用。一般规律是，申购费率与申购金额挂钩（递减）、赎回费率与持有期限挂钩（递减）。

以某基金为例，基金的申购费率与申购金额挂钩，基本的规则是按申购金额递减，即申购金额越大，适用的申购费率越低，并且，如果投资者在一天之内有多笔申购，适用费率按单笔分别计算，如图6-2所示。

申购金额 M（含申购费）	申购费率
M< 100万元	1.5%
100万元 ≤ M < 200万元	1.0%
200万元 ≤ M < 500万元	0.6%
M≥ 500万元	按笔收取，单笔1 000元

图6-2　基金申购金额与申购费率

除此之外，在基金赎回的时候，可能还会面临赎回费用，通常赎回费率与持有基金的时间长短有关，一般是持有时间越长，赎回费用越低，甚至没有赎回费用。在此，还是以某基金为例，其对赎回费率的规定如图6-3所示。

持有期限T	赎回费率
T< 7天	1.5%
7天≤ T < 30天	0.75%
30天≤ T < 365天	0.50%
365天≤ T < 730天	0.25%

图6-3　基金赎回费率与持有期限

基金管理人有上述收费规定的目的是：一是鼓励投资者一次性多投入，这个目的是比较明确的，就是要扩大存量规模多收管理费；二是鼓励投资者持有较长的时间，因为投资者每申赎一次，管理人就要对头寸进行一次仓位调整，这会被动地产生交易成本。因此，基金管理人一般都会从费率上对投资者进行方向性激励，就是"多买+少动"。

"多买"的问题可以很现实地解决，有钱就行；"少动"的问题就比较具有挑战性了，对投资眼光和判断力的要求很高，这取决于投资者对收益的要求，因为市场只会给投资者合理的投资回报。

第五个问题：我对收益的要求是什么

不同投资者对投资收益要求不同，但是"盈亏同源"，我个人的意见是风险控制是第一位的。毕竟，赚钱不容易。不同的基金根据风险收益特征有不同的投向，专业上叫"基金类型"。基金合同中的"基金的投资"一章对投向、策略、业绩比较基准有明确的说明。

基金投向和业绩基准是基金经理的原则和底线。投资者只需要注意其中的"基金投向"和"业绩比较基准"就基本能够判断产品是否能够满足自己的风险偏好了。

根据《公开募集证券投资基金运作管理办法》的规定，基金的类别取决于其主要投向，而且区分主要投向的重要指标是投资比例：（一）百分之八十以上的基金资产投资于股票的，为股票基金；（二）百分之八十以上的基金资产投资于债券的，为债券基金；（三）仅投资于货币市场工具的，为货币市场基金；（四）百分之八十以上的基金资产投资于其他基金份额的，为基金中基金；（五）投资于股票、债券、货币市场工具或其他基金份额，并且股票投资、债券投资、基金投资的比例不符合第（一）项、第（二）项、第（四）项规定的，为混合基金；（六）中国证监会规定的其他基金类别。

显然，股票基金的收益波动最大，投资者在进行基金配置时，就是在管理一个基金中基金。

上述5个问题很重要，买基金时不可回避，而且基金合同中都有相关的条款。但是你仍然会面临一个终极的问题：买什么？

买什么的问题很复杂，可以另写一篇文章了。对普通个人投资者，我建议把握以下几个原则：一是与风险承受能力相匹配。根据个人财力，如果能承受较大的风险，则可以选择过去一年复权净值增长率较高的基金，多买混基。当然这种基金的波动也较大，相当于将资金的配置权限都交给基金经理。相反，可以多买货币基金和债券型基金，波动相对较小。二是与投资期限相匹配。如果投资期限较短，就应该看基金的短期表现，例如1个月、3个月的收益；如果投资期限较长，则要看期限较长的表现，例如最近1年、最近3年的收益情况。三是与自己的投资能力相匹配。如果自认投资能力差，可以考虑管理费较贵的混合型基金；如果自认是高手，但又不想要股票市场的"心慌慌"，可以买行业指数基金，而且指数基金大多有ETF和LOF产品，这样，就可以愉快地"高抛低吸"了。

最后一个原则，相同情况下，买基金规模大的。

小白投资者如何进行基金定投？

A股牛短熊长，散户居多，且容易追涨杀跌。真正在股市赚到钱的小白投资者没几个。那么，对小白投资者而言，哪种投资产品省心又不少赚钱呢？不妨看看基金定投。

什么是基金定投

基金定投是指以固定的周期，对特定的基金，每期投入固定金额的投资方式。例如，每月10日买入某基金1 000元。目前主流的基金销售平台都支持以定投的方式投资基金，投资者只需选好基金、定投周期以及金额，系统会自动扣款进行投资。

基金定投有什么优点

有分析师仔细比较过一次性投入和定投这两种投资方式在不同市场、不同投资期限中的收益差别，得到的结论是定投不能跑赢一次性投入。那我们为什么还要向大家，尤其是小白投资者推荐基金定投呢？下面，我们通过比较一次性投资和基金定投这两种投资方式，为大家详细说明基金定投的优点。

第一，对投资能力的要求不高。

Brinsongary, Singerbrian, Beebowergilbert等（1991）对美国退休基金1977—1987年的投资收益进行拆解后发现，其投资收益的91.5%来源于资产配置，选股和择时只贡献了收益的6.3%，也就是说，资产配置是获取收益的最重要原因。但是普通投资者，尤其是小白投资者并不能根据自己的风险承受能力和投资期限要求，基于各类资产的收益和风险数据，运用资产配置模型为自己构建一个合理的投资组合。另外，他们在选股和择时上也往往行差踏错，听消息选股，追涨杀跌并不鲜见。而基金定投通过选择宽基指数可以规避选股，通过长期定投可以平滑风险，规避择时。因此，相对一次性投资，基金定投对投资者能力的要求大大降低。

第二，资金门槛的要求较低。

之所以向以工薪阶层为主的小白投资者推荐基金定投，还与大家的可投资金的特点有关。

一次性投资往往需要准备大量的资金，而基金定投则是细水长流，定期定额投入，这种投资资金上的特点和工薪阶层的收入模式很匹配，容易实现，容易坚持，顺带还可帮助大家养成储蓄的习惯。

第三，对投资者情绪控制的要求不高。

投资的核心是理性，是对情绪的严格控制。在该贪婪的时候恐惧，该恐惧的时候贪婪，其结果就是追涨杀跌、高吸低抛，赔了夫人又折兵。但这种理性心理素质的养成很难，定投通过一定投资规则，对投资者的投资行为具有强制性。

因此，通过定投这种方式，小白投资者可以避免投资中的情绪波动，按照既定的节奏和目标进行投资。

如何进行基金定投

在说清楚定投的优点后，我们来谈谈该如何进行基金定投。

第一，如何选择定投标的。

基于测算，我们建议大家选择波动率较高的宽基指数作为定投的标的。所谓宽基指数，是指这个指数覆盖的股票面比较广，具有相当代表性，例如沪深300指数、中证500指数、中证1000指数、创业板指数等。根据我们的计算，上述指数中波动率从高到低的次序为创业板指数、中证1000指数、中证500指数、沪深300指数。确定了投资的指数后，大家可根据成立年限（越长越好）、管理规模（越大越好）、跟踪误差（越小越好）这3个标准选择对应的指数基金进行定投。

第二，如何选择定投周期。

在很多基金销售平台上，对定投周期，一般都提供了每月、每周、每日这3类选择。虽然定投周期越短，越能平滑风险，但根据我们的测算，每月和每周在投入成本和最终收益上差异很小，而每日定投则很难坚持。我们建议大家根据自己的固定收入的周期来选择定投的周期，这样比较容易坚持。

第三，如何选择定投金额。

定投的要义在于以时间换收益，要做好长期投资的打算，因此对定投金额要谨慎考虑，量入为出，宁少勿多，避免因资金问题死在黎明前的黑暗中。为了防止意外事件的冲击导致家庭流动性出现问题，从而影响定投计划，我们提供以下建议：首先做好家庭重大支出的规划；其次要留足6个月左右的家庭日常支出备用金；最后要为家庭收入的顶梁柱购置意外险、医疗险和重疾险。

第四，如何选择定投时点。

选择定投时点有两层意思：一是何时开始定投；二是如果按月或者按周定投，那么具体应该选择哪个时点定投。对第一个问题，根据测算应该是从震荡市的起点开始定投比较合适。当市场大跌，人心不定，市场大概率会在反复震荡中寻底，可谓是震荡市的开始。另外，当前各个主要指数的估值均已处于历史中位数以下，中证500指数等更是已经到了历史的底部。因此市场继续大幅下跌的空间比较小。综合以上分析，当前不失为一个开始定投的好时机。对第二个时点的选择，根据我们的测算，具体选哪一天差别并不大，建议选月末的周五。

第五，如何制定收益目标。

定投操作的关键是止盈不止损，那么该如何定一个恰当的收益目标呢？网上有一些文章提出根据市盈率（PE）、平均市净率（PB）等指标来确定是否止盈，都有一定的道理。我们的建议是，设定一个年化收益率10%～15%的止盈目标，达到年化收益率10%后即分步止盈，直至全部赎回。

不炒股的聪明人，都盯上了指数基金

　　如果你一直在关注资本市场的投资动向，你一定会发现，近两年以来关于指数基金的宣传越来越多。尤其是牛市过后，越来越多的投资者发现自己的持仓收益没有超过市场指数的收益，而在漫漫熊市中，除了空仓的，收益几乎也是远远落后于市场平均收益。

　　投资分为两种，一种是主动型投资，另一种是被动型投资。顾名思义，主动型投资就是投资者按照自己的观点进行资产管理。被动型投资是按照既定的规则进行投资，不进行规则之外的人为干预。主动型投资和被动型投资都有自己的基准组合。基准，就是标杆的意思。主动型投资的目标是战胜标杆；被动型投资的目标是尽量与标杆保持一致。

　　最常用的投资标杆是指数。指数起源于人们对价格动态的关注。举个例子，"鸡蛋的价格本月上涨1%"的意思就是鸡蛋价格指数变动了1%。如果以"一篮子菜的价格"作为观察对象，我们可以推导得出"一篮子菜价指数"，这里的"一篮子菜"可能包含了鸡蛋、青菜、水果和肉类。简单地讲，指数是为了综合反映事物的变化而按照既定规则编制的。

　　在投资领域，我们见得最多的就是股票价格指数。这些指数都有既定的编制规则，之所以要编制这些指数，目的就是希望知道在既定规则下筛选出的股票的综合表现如何。我们见得比较多的是上证综合指数、深证成分指数、创业板指数。

随着投资者的投资需求不断增加，出现了各种策略指数。这些指数的共同点在于：一是有事先研究好的编制方法；二是有既定的样本；三是有定期调整机制。

指数基金就是基于被动型投资来构建的组合。那么，为什么会出现指数基金？指数基金又是如何构建的？该如何投资指数基金呢？这是下面需要回答的3个问题。

为什么会出现指数基金？

投资者在进行投资时，总是要在收益与风险之间进行抉择，在大多数情况下，卓越的资产管理者总是着眼于通过专业的手段在承担既定风险的前提下获取更多的收益。但是，长期的市场数据表明，大多数投资者都难以超过市场本身。

其中的原因其实特别直观：以股票市场为例，股票价格是全市场参与者观点的综合体现。在股票指数的形成过程中，股价是重要的变动因素。所以，你如果想长期稳定地获得超过市场的投资收益，那么你对股票的价格判断一定要比市场上的大多数人要精确，而且要在多数股票、多数时间里都要有优势。记住，你是一个人，市场是千万人，以一己之力稳赢千万人，说实话，有点难。市场难以战胜，所以出现了一些跟踪指数的指数基金。这些基金的管理目标就是通过被动跟踪拟合某个市场指数的走势，获取市场平均收益。

指数基金看似被动，实际对管理人也会有严格的挑战，因为考察一个指数基金的绩效，最重要的指标是偏离度，即指数基金的收益不能比跟踪的指数差得太远，也不能好得太多。

指数基金是如何构建的？

指数基金投资的流程有4个步骤：确定目标指数、选择有代表性的股票、确定资金配置比重、完成指数投资流程。具体如下：

1.确定目标指数

选择哪种指数作为"标杆"是在指数基金投资前需要解决的第一个问题。在指数投资过程中，指数的选择非常关键，主要考虑的因素有流动性、代表性。国内市场上指数众多，如沪深300指数、深证100指数、上证50指数等，各指数构造原理不同，并非所有的指数都适合作为目标指数进行跟踪。还有一些细分的行业指数也可用来跟踪，是否选择行业指数作为跟踪目标，取决于对行业未来走势的判断。

2.选择有代表性的股票

构建股票投资组合解决的是"选股"的问题，具体包括两方面：一是指数投资组合应当包含多少只成分股。股票数量过多会使调整难度加大，调整所带来的交易费用也会相应增加；而股票数量过少则会导致跟踪效果不佳。二是如何来确定需要配置的股票。简单地讲，为了使构建的组合收益与标杆组合收益一致，我们需要确定两个问题：一是买多少只股票是合适的，毕竟每个人的精力和注意力是有限的；二是哪些股票能够入围成为重点买入对象，此问题涉及买入的股票是否具有代表性。

3.确定资金配置比重

指数基金投资的最终目标是与"标杆"的跟踪误差最小化。这里有两个层次的含义：一是在"标杆组合"不变的情况下，我们的投资组合收益能够每天与标杆组合保持大体一致；二是当"标杆组合"进行调整时，我们也能进行适时的调整。以我国的沪深300指数为例，沪深300指数根据样本稳定性和动态跟踪相结合的原则，每半年调整一次成分股，每次调整比例一般不超过10%。当成分股公司退市时，自退市之日起，就会从指数成分股中剔除，由过去一次指数调整时的候选样本中排名最高的尚未调入指数的股票替代。随着目标指数的调整，指数投资组合也要进行动态调整。

4.完成指数投资流程

在做好前面工作后，指数基金经理通过交易系统买入对应的股票，并根据指数投资的要求进行修正。

如何投资指数基金？

指数化投资产品对投资者的吸引力在于以获取市场平均收益为目标，同时较大程度地分散了个股的非系统性风险。其特点是与个股相比，牛市时，能够获取较为丰厚的收益，而在熊市时，回撤相对较小。从目前的指数基金情况来看，宽基指数基金的规模总体较大，而创新行业细分基金的规模相对小，但数量多。

作为普通的投资者，可以根据自身的风险偏好来进行选择：一是只要求能够分享到市场平均收益。这样的投资者适合购买沪深300指数这样的宽基指数基金，这类基金指标编制较早，各项规则运行较完善，且由中证指数公司自行编制，具有较好的维护经验。宽基指数的成分股跨行业较多，能够代表市场的总体收益。二是追求经济改革中的趋势性机会。这样的投资者适合投资于细分行业，在此需要明确一点，这类基金的行业风险过于集中，其收益的高低很大程度上取决于行业总体发展情况和市场对该行业发展的认知程度。

那么，面对市场上的千余只指数基金，我们该如何选择呢？合理的方法是用大部分资金来获取市场平均收益，同时利用小部分资金来获取细分行业的机会，这样既能保持市场收益的韧性，也能拥有行业收益的弹性。一种稳妥的建议是：80%的资金投资于宽基指数基金，20%的资金投资于个人比较有把握的行业指数基金。注意一点，指数基金适合长期持有，不适合"高抛低吸"。

投资处处皆套路，来看指数基金的增强方法

在指数基金的选择过程中，我们会发现有一些增强型的指数基金。我们知道，指数基金是被动型投资，那么何谓增强呢？其实，增强型指数基金也属于股票型基金，其基金净资产的80%以上需投资于股票。在基金合同中，通常会这样描述基金的投资目标：本基金在力求对××指数进行有效跟踪的基础上，力争实现超越目标指数的投资收益。

这里有两层意思：一是有效跟踪目标指数；二是超越目标指数。"有效跟踪目标指数"要求基金的收益变动不能偏离指数过多，这就客观上要求基金的权益仓位不能太低，言外之意，即便市场下跌也不能空仓，一般基金合同会要求80%的资金投资于目标指数的成分股。"超越目标指数"要求在收益上有所增厚，言外之意，就是在单个股票的权重配置上，要与指数的成分股权重有所不同，也即"有所多买，有所少买"。

那么，哪些股票要多买，哪些要少买，这就体现出指数增强策略的技术性了。指数增强一般有哪些方法，我们又该如何识别增强的效果呢？这是本部分要回答的问题。

增强型指数基金的操作方法

增强型指数基金是在被动投资的基础上，叠加增强策略。增强策略从大类上可以分为基本面增强、量化增强、合成增强（叠加股指期货），下面做个详细介绍。

1.基本面增强

基本面增强技术是在对指数成分股的基本面进行分析的基础上改变权重分配（相对于指数权重）。简言之，就是在对指数成分股进行细致分析后，发现有一些股票比其他的成分股要优秀，这样的股票我们就可以多买，在专业术语上叫"超配"；而对不够优秀的，则要少买，专业术语叫"低配"。至于哪些成分股需要低配，哪些成分股需要超配，这里有个简单的方法——对比哪家公司更能赚钱（毛利率），哪家公司赚钱更稳定（盈利增长），哪家的"护城河"更可靠（核心业务竞争力）。这些工作可以通过自上而下的研究方法进行挖掘，也可以通过自下而上进行投资逻辑的逐一确认来实现。

2.量化增强

与基本面增强相比，量化增强显得更为复杂一些，主要是运用一些数学工具进行统计计算，发现不同股票收益之间的关联性规律，通过调整权重来实现超越指数收益的目的。一是量化择时，即通过整体仓位的偏离来实现增强，在预判行情上涨的时候，整体多买股票，在预判行情下跌或震荡时，整体少买股票，从而实现"多赚少亏，整体超越"的目的。二是通过优化风格与行业配置，超配处于市场"风口"的行业。通常我们见得较多的策略是基于宏观经济的行业轮动配置。三是通过交易策略的优化，力图减少基金换手、市场摩擦以及冲击成本等不利因素的影响。这些方面主要是基于算法交易策略的设计来实现。

3.合成增强

这种增强方式加入了股指期货进行对冲操作。因此，只要指数基金的增强是稳定可靠的，便能通过这种技术来获得相对靠谱的收益。这是一种较"高阶"的玩法：一方面要保证组合的收益确实超过了指数的收益；二是这种超越必须具有稳定性，否则很容易被对冲的损失蚕食；三是需要选择合适的对冲比例，合理地平衡好股票市场与股指期货市场之间的价格联动关系。

目前公募量化基金的主要选股模型有以下几种：

一是以长信量化先锋为代表。通过模型选出对A股股价具有较强影响的4个因子（分别是价值因子、成长因子、基本面因子和市场因子），选取个股。价值因子包含市盈率、市净率、市现率、股息率、净资产收益率等指标；成长因子选取主营业务收入增长率、净利润增长率、预期每股收益增长率、市盈率相对盈利增长比率（PEG）等指标；基本面因子考虑销售毛利率、息税前利润/营业收入、营业成本/营业收入、总资产周转率等指标；市场因子主要考虑个股收益率。

二是以大成核心双动力为代表。首选通过因子筛选步骤，确定宏观、估值和动量3组因子，进一步采用相关性分析和统计检验两个步骤进行二次筛选，在保证所选因子对收益有较强预测性的基础上，进一步在行业内进行个股的挖掘。

三是采取阿尔法策略的基金。通过自下而上的公司研究，寻找历史阿尔法较高的个股，同时结合公司的行业地位、管理效率等情况以及财务因素进行分析；通过自上而下的资产配置策略确定各类资产的比例，并对组合进行动态优化管理，进一步优化整个组合的风险收益情况。

增强型指数基金的效果评价

我们知道，主动型基金的评价主要看调整后的收益，通常比较的基准是市场平均收益；被动型基金的评价主要看跟踪误差，比较的基准是所跟踪的指数。

对增强型指数基金，考察的层面有两个：一是有没有超越目标指数，参考的指标也比较直接，看收益率指标即可；二是看超越的稳定性如何。也就是说，我们理想中的增强型指数基金需要实现两个目标：强，且恒强。幸运的是，在业绩评价中有一个叫"信息比率"的指标，是专门用来衡量是否"恒强"的。关于其具体的计算方法，在此不进行赘述，一般的基金投资组合都会给出这一指标。

始终记住一点，在进行一项投资时，我们喜欢的是"收益"，我们不喜欢"不确定性"。在评价增强型指数基金时，我们喜欢的是"超额收益"，我们不喜欢的是"不稳定性"。

增强型指数基金对投资的意义

与普通股票型基金不同，增强型指数基金由于其特有的性质，我们可以较好地构建绝对收益组合。

第一，指数基金增强的方法本身具有系统性。普通的股票型基金获取超越市场的收益主要靠配置，也就是择时。但是择时策略本身的可靠性有待证明，同时，目前也没有一个指标能对择时进行精准刻画。择时，是个难题。而增强型指数则是在"强中选强""弱中选次弱"，具有较强的可操作性，这也是为何目前市场较为流行"多因子"的原因，因子就是"标尺"。通过这个"标尺"衡量所有的标的，高下立现。因此，指数基金的增强技术最终回到了"因子筛选"的层面，而"因子筛选"是可以通过统计方法来进行系统化验证的，包括可靠性。

第二，基于有效的增强，基金管理人可以有效地构建"对冲基金组合"。对冲基金的最大优势就是能够在不同的风险资产之间进行平衡，使得收益相对平稳。

第三，增强型指数基金的投资对象通常是经过严格筛选的指数成分股。指数的编制本身就对成分股进行了严格的挑选，这一工作的意义在于大大缩小了管理人的研究范围，使得研究目标更加明确而有效。

作为普通投资者，如果不满足于获取市场平均收益，可以考虑投资于增强型指数基金，考察的主要维度就是信息比率；其次看规模；最后，以宽基指数作为跟踪目标为佳。

如果你要买指数基金，我有N
个理由劝你选择ETF

　　普通投资者在进行基金投资时，一般途径是通过基金代销机构进行买入和卖出，这笔业务操作称作"申赎"。由于基金清算等因素，完成一次"申购"或者"赎回"一般需要3天左右，这样如果进行一次基金调仓可能需要一周左右的时间。我们是否有更便捷的选择呢？

　　在实际的基金投资过程中，我们发现市场上存在这样一类基金：一方面可以通过申购/赎回进行交易，一般通过代销机构进行操作，这类基金的代码一般以".OF"结尾；另一方面也可以直接在交易所进行场内买卖，操作方式与买卖股票没有差异，这类基金的代码一般以".SH"（上海证券交易所）或".SZ"（深圳证券交易所）结尾。

　　这种既能申赎也能上市交易的基金有两种：一种是LOF，上市型开放式基金，目前有303只基金；一种是ETF，交易型开放式指数基金，目前有265只基金。这两种基金在交易所的交易方式没有差异，可以直接像股票一样买卖，主要的区别在于申赎机制。与普通基金一样，LOF也是用现金申购或者赎回，投资者支付的都是现金。而在ETF的交易机制下，投资者申购时需要按照基金公司给出的申赎清单来进行申购或者赎回，可以选择现金也可以选择一篮子股票组合，为了便于交易，成分股通常允许现金替代。由于一篮子股票组合相当于公开了基金的持仓结构，所以一般ETF均以被动型投资的方式呈现。

那么，这种看似并不起眼的差异，会给投资者的交易带来什么样的影响呢？在此，我们从申赎差异、应用范围及投资策略3个角度来进行阐述。

申赎差异

以跟踪沪深300指数的两只基金为例：兴全沪深300指数增强基金（163407. OF、163407.SZ）和华泰柏瑞沪深300ETF（510300.OF、510300.SH）。这两只基金都是既可以直接以基金净值进行申赎，也可以在交易所以竞价方式进行买卖的，都有交易所的场内基金代码。在场内交易方面，二者没有明显的差异。各自的二级市场交易价格（即".SH"或".SZ"的价格），会跟随着".OF"的净值波动。

对场内成交量比较大的活跃型基金，场内份额相当于提供了较好的流动性，因为场外的申赎虽然在变现方面不会有问题，却会有较大的时间成本。正常来讲，完成一次基金的赎回需要3个以上交易日才能拿到可交易的资金，对短线投资者来讲，可能会错过很多交易机会。对场内交易量较小的基金而言，场内的份额会面临流动性较差的境地。所以基金的申赎机制就显得格外重要。

一般而言，LOF基金的申赎门槛较低，以现金形式即可；ETF基金的申赎门槛相对较高，虽然对投资者提供了现金和一篮子股票作为申赎的对价选项，但是在最低金额上往往有限制。

例如，兴全沪深300指数增强基金（163407.OF、163407.SZ）既可以像普通基金一样在场外进行申赎，也可以通过交易所进行场内申赎。

在场外申赎中，不同的渠道受到金额的限制不同：（1）在基金管理人直销柜台进行申购时，投资人以金额申请，每个基金账户首笔申购的最低金额为人民币10 000元，每笔追加申购的最低金额为10 000元；（2）基金管理人网上直销平台每个基金账户首笔申购的最低金额为人民币10元，每笔追加申购的最低金额为人民币10元；（3）除上述情况及另有公告外，基金管理人规定每个基金账户首笔申购的最低金额为人民币10元，每笔追加申购的最低金额为人民币10元。

在场内申赎中，合同约定投资者通过场内申购该基金，单笔最低申购金额为1 000元；场内赎回基金的数额限制参照交易所相关业务规则办理。而且有一点值得注意，投资者使用中国证券登记结算有限责任公司（中证登）的股票账户或者证券投资基金账户即可进行申赎。

ETF基金则复杂得多，以华泰柏瑞沪深300ETF（510300.OF、510300.SH）为例，基金最小申购、赎回单位为90万份，而且投资者申购、赎回的基金份额需为最小申购、赎回单位的整数倍。一个感觉，就是很贵！

在申赎方式上，ETF基金一般采取份额申购和份额赎回的方式，即申购和赎回均以份额申请；而在支付方式上，则包括组合证券、现金替代、现金差额及综合对价方式。ETF管理人会在每个交易日结束后给出下一个交易日的申赎清单。

应用范围

LOF基金和ETF基金最大的不同在于申赎机制的差异。这种差异对应用会有什么影响呢？对资金量较小，达不到一个申赎单位的，直接进行场内交易就好，无法利用到ETF交易所带来的便利。但是，如果资金量足够大，则可以很好地利用ETF的交易便利。

第一种应用：买入连续一字涨停股票

当看好某只强势股票，该股票连续涨停导致无法买入时，可以利用ETF基金持有该股票。具体的操作方式为：寻找一只ETF基金，其中目标股票的占比越高越好。一种方式是通过场内买入该基金，然后申请赎回，这样就能得到该股票份额了。投资者面临的风险是需要卖出其他不愿意持有的股票。

第二种应用：卖出连续一字跌停股票

如果投资不慎，就会买入"爆雷股"，通过正常的股票竞价交易很难卖出。

大体的操作路径是配好一篮子股票，申购份额，然后在场内卖出。面临的风险是需要按比例买入很多并不愿意持有的股票，同时也要面临份额转入场内进行交易时的价格波动风险。

第三种应用：构建基金组合

由于ETF有组合申赎机制，一般ETF基金都采用完全复制的被动型投资策略。同时，为了将组合申赎的冲击降到最低，基金经理的目标是严格控制对指数的跟踪误差。这样的基金正是主动型基金组合所需要的。如果投资者善于进行资产配置，而不精于或者无暇进行具体的底层标的选择，ETF基金是很好的选择。ETF保证了跟踪误差在可控范围内，基金组合的构建者只要关心大体的指数组合比例即可，而不必过分将精力用于基金的筛选，毕竟对基金经理的筛选要相对复杂一些，可控性也差一些。

投资策略

基于ETF的投资策略相对丰富。最基本的策略就是通过获取场内份额与基金净值之间的差异进行套利。这种方法在ETF发展的初期效果还可以，但随着量化技术的应用和市场交易的活跃，这种套利方法基本没有获利的可能。但是我们仍然可以通过一些细节部分的处理，来获取较好的收益。

ETF基金由于能够实现成分股与一篮子股票之间的兑换，在股票减持方面具有极好的便利性。通常，大量卖出或买进某只股票时，会对市场价格造成较大的扰动，也就是我们常听说的冲击成本。但是在我们的ETF交易体系中，是成分股组合与份额总值之间的等价兑换，省去了中间的市场交易环节。因此，ETF基金对大批量的股份减持十分有用。只是在指数标的选择上，要满足两个条件：一是所减持的股票要在指数中占有相对较大的权重；二是相关的指数基金总体市值要大，这样才能提高效率。

如此种种，都是LOF基金做不到的。LOF基金的好处在于提高份额的变现能力。由于是现金兑现金，LOF基金可以涵盖很多主动型管理的策略。虽然市场上出现了增强型指数ETF，但这相当于通过申赎清单向市场透露了自己的投资策略，最终结果可能就是这个增强策略失效。

总体而言，ETF的优秀之处在于减少不必要的市场交易，提高效率，降低成本。而且，对投资者来说，ETF更加透明，有利于我们构建投资策略。

手把手教你买折价基金

8月下旬，修订后的两融新规正式开始实施。新规中一系列的放开措施对杠杆投资者无疑是一大利好。但是杠杆是一把双刃剑，除了放大投资收益，也同样放大了损失。那么，对低风险偏好的投资者而言，有没有什么投资品种，既能帮我们扩大收益，同时又能不放大我们的损失呢？折价基金或许是一个不错的选择。下面，笔者将重点为大家介绍什么是折价基金以及折价基金投资的注意事项。

什么是折价基金

有不少基金可以在场内交易，当这些基金在场内的交易价格低于其净值，该基金便处于折价状态；相反，当场内的价格高于其净值，便处于溢价状态。目前，可以在场内交易的基金主要有以下几类：

（1）ETF基金。该类基金可以在场内交易，但必须以一篮子股票进行申购和赎回。很多投资者用于定投的华夏上证50ETF（510050.SH）以及华泰柏瑞沪深300ETF（510300.SH）等都属于此类基金。除了股票，也有投资现货黄金的ETF基金以及货币型ETF基金。

（2）LOF基金。该类基金可以在场内交易，也开放申购赎回。它除了可以被动投资一篮子股票，也可以连接主动管理型基金。

（3）封闭式基金。该类基金在申购期开放申购，之后进入封闭期不对外开放申赎，但可以进行场内交易，直到封闭期结束重新开放申赎。这两年的几只封闭式战略配售基金吸引了投资者注意。通过投资战略配售基金，可以参与CDR（中国存托凭证）相关投资机会。

（4）分级基金。该类基金分为两个结构：A类基金及B类基金。A类基金获取固定收益，B类基金通过杠杆投资具体标的。如果A类与B类份额数为5：5，那么B类基金实际上加上了一倍杠杆。2020年以后，分级基金将逐步退出历史舞台。

上述几类可在场内交易的基金都会在不同程度上处于折价状态。那么投资折价基金究竟有什么特别之处呢？下一节我们具体介绍。

折价基金可以放大收益

当基金处于折价状态，说明该基金已经反映了投资者对后期走势的负面预期，所以进一步下行的动能也会在一定程度上减弱。

如果市场转而上行，折价基金反而能扩大我们的收益，其原理是：市场人气恢复过程中，基金交易价格回归净值，同时叠加了净值的上涨。

下面我们举一个例子。图6-4是深市封闭式基金指数（399305.SZ）同上证指数、沪深300指数换算成净值后的对比图（选取区间为2005年6月30日至2015年6月30日）。

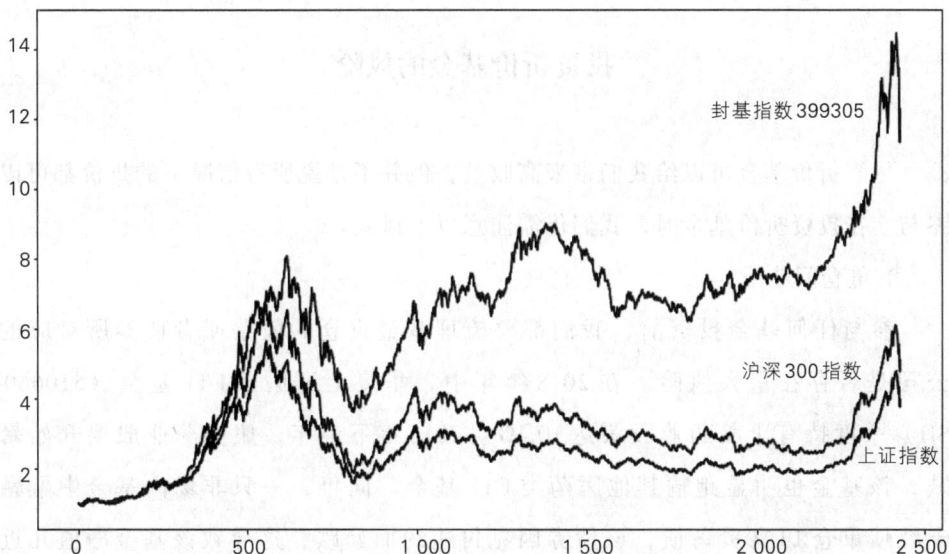

图6-4　深市封闭式基金指数、沪深300指数及上证指数净值对比图

资料来源：苏宁金融研究院。

　　在2005年年中，大盘极度低迷，几乎所有的封闭式基金都处于折价状态（折价率最高达50%以上）。随后，股权分置改革逐步拉开大幕，大盘走了一波气势磅礴的牛市。2008年金融危机后，大盘持续调整，直到2015年杠杆牛再次推升指数。这10年间，上证指数涨幅为395.69%，沪深300指数涨幅为509.05%，而399305这个封闭式基金指数的涨幅高达1 228.42%。

　　让上述封闭式基金有如此高收益，首先是市场人气恢复使得基金交易价格从折价状态回归了净值，然后牛市又推升净值上涨，最后一些担心踏空的投资者甚至愿意以溢价买入基金份额。这一系列的过程，让基金的最终收益达到同期上证指数的3倍。

投资折价基金的风险

尽管折价基金可以给我们带来高收益，但并不是说所有情况下的折价都可以参与。在投资折价基金时，我们仍需注意以下风险。

1.重仓问题股

参与任何基金投资前，我们都要梳理基金重仓的股票或者债券所对应的公司是否存在重大风险。在2018年年中，华夏上证医药ETF基金（510660.SH）一度持有康美药业股票达10.4%。2018年下半年，康美药业股票开始暴跌，该基金也明显跑输其他医药类ETF基金。同年，一只非场内基金中融融丰纯债重仓14富贵鸟债，该债券因兑付违约而暴跌，这导致该基金净值几近腰斩。因此，对重仓持有某只股票或者债券的场内或者非场内基金要尽量回避。

2.基金停牌

折价基金也会因为资产重组等原因停牌，对投资者来讲这就锁定了流动性，并且很难估计重组后的风险。停牌时间越长，风险越大。这里举嘉实元和（505888.SH）这只基金的例子。该基金为封闭式混合型基金，很大一部分资金投资于中石化销售公司一级市场的股权。该基金于今年7月5起突发公告开始停牌。停牌前净值为1.1553元，交易价格为0.993元，折价率高达14%。如果基金开放申赎，那么以市价买入，并且以净值赎回，就有12%左右的收益（假设赎回费率为1.5%）。然而，8月14日晚，嘉实元和基金在停牌期间突然公告提前清盘。8月27日公布清盘净值仅为1.00552元，原本14%的折价利润也随之泡汤。

3.市场持续下行

当市场处于低迷状态时，不少投资者因急于兑现可能折价卖出，这就导致基金容易处于折价状态。此时，市场仍有持续下行的风险，投资者应避免过早参与投资此类折价基金。以南方500LOF基金（160119.SZ）为例，该基金在2013年年中折价率已经达到3%以上，但高折价率持续了一年多时间，期间基金净值下跌幅度一度达15%。如果投资者在2013年年中买入该基金，就要承受净值大幅下行的风险。

正确选择折价基金的几点建议

因为前面列示的风险，我们在选择折价基金时应该仔细分析、慎重取舍。在此，笔者给出以下几点建议。

1.选择指数型基金

指数型基金通常对标某一指数，例如华泰柏瑞沪深300ETF对标的是沪深300指数。选择指数型基金的主要原因是其净值估算较为方便。基金的净值通常在收盘后公布。对指数型基金，我们可以通过对应指数的涨跌幅以及前一日基金净值在收盘前的交易时段估算出当日净值，然后根据折价率在当日就可交易。对主动管理型基金，因为不清楚基金经理在当日的操作，因而很难在收盘前估算出净值并操作，这样往往错过买入的最佳时机。

2.信用风险较低

对信用风险低的债券基金或者货币基金，如果当基金折价，投资者可以选择参与。图6-5是工银纯债定期开放债券基金（164810.SZ）的日线走势图。从图6-5中可以看到，该基金自2018年下半年开始交易价格基本稳定在框体之内，但偶尔也会在大幅偏离框体的价格上成交。这主要因为投资者急于卖出，但是没有足够的对手盘，于是就会偏离合理价位挂单，造成了较大的折价。

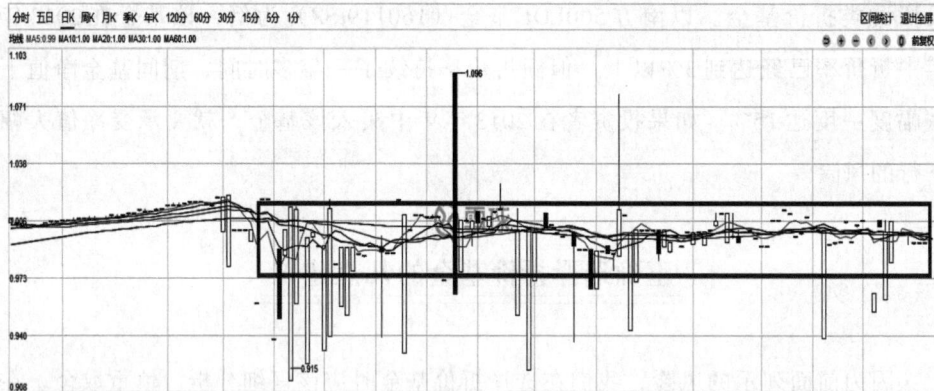

图6-5　工银纯债定期开放债券基金日线走势图

资料来源：苏宁金融研究院。

图6-6为货币基金华宝添益（511990.SH）日线走势图，可以发现其价格也在一个稳定区间波动，偶尔会有较大偏离。此类基金分散投资高等级债券、银行票据、国债逆回购等，因而其风险低，价格很大概率会回归合理区间，因此值得参与。

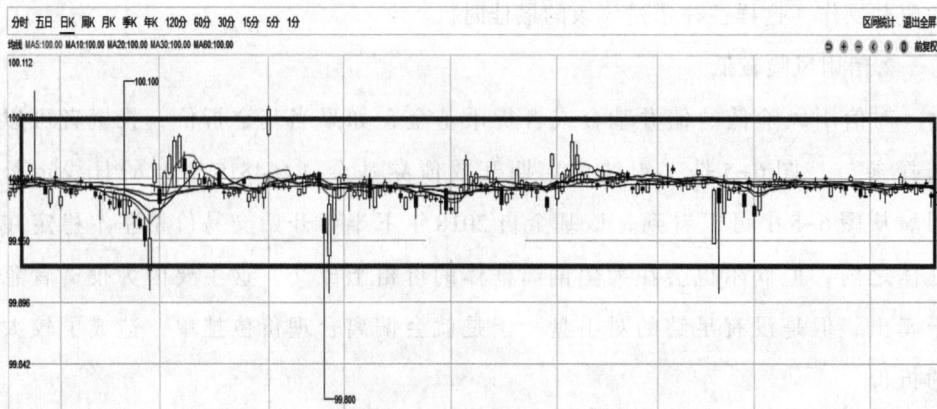

图6-6　华宝添益日线走势图

资料来源：苏宁金融研究院。

3.折价率较高

折价率衡量的是基金的折价程度。具体而言，假设某只基金的净值为1.01元，此时场内价格为0.98元，折价率为2.97%（(1.01 − 0.98)÷1.01×100%）。很多投资者参与折价基金投资是为了通过套利获取折价的利润。对交易价格为0.98元、净值为1.01元的基金，套利者可以首先在场内以每份0.98元买入该基金，再以净值赎回基金，这一过程投资者可以获取单位份额0.03元（1.01-0.98）的利润。但目前大部分场内基金的申赎费率较高，通常在1.5%左右。对上面的例子，还需扣除0.01515元（1.01×1.5%）的手续费。因此，只有选择折价率大于赎回费率的折价基金才有机会获得正的套利收益。

基金的折价套利

我们一般很难判断行情的后续走势，且长期持有某只折价基金会有前面介绍的风险，但是我们可以针对折价率较大的基金进行短期的持续性套利。

笔者在此给出针对一只LOF基金的折价套利策略。该策略的交易对象选为南方500LOF基金（160119.SZ），赎回费率为1.5%。策略将资金两等分，对每份资金进行如下步骤交易：（1）T+0日：如果基金折价率超过1.5%，且另一份资金不在这一步，那么按收盘价买入，并进入步骤（2）；否则不操作，次日返回步骤（1）。（2）T+1日：按当日净值赎回所有份额，并进入步骤（3）。（3）T+2日：资金到账，返回步骤（1）。

因为T+0日买入基金，最早T+2日资金才能赎回到账，这会承担1到2日的风险敞口，因此该策略将资金两等分，实现头尾相衔，达到平滑风险的目的。我们将轮动策略净值与南方500LOF基金净值做个对比（时间为2014年1月1日至2016年1月1日），净值曲线如图6-7所示。

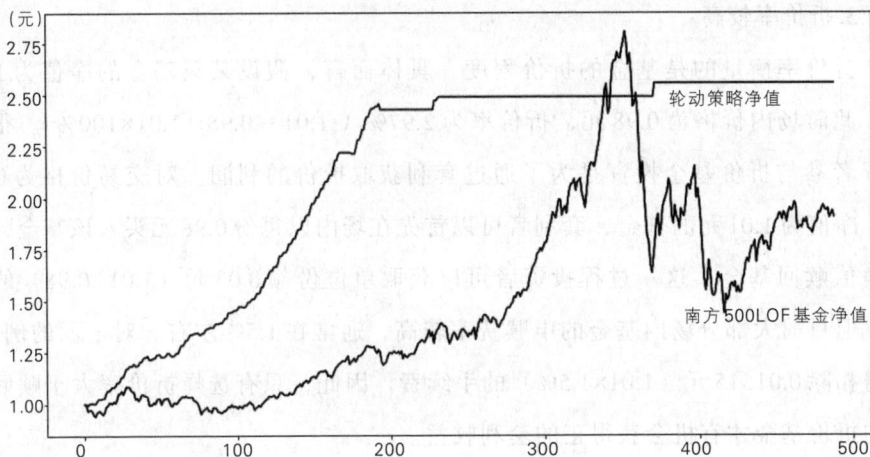

图 6-7　折价轮动策略净值走势

资料来源：苏宁金融研究院。

实验结果显示，轮动策略的涨幅为 255.07%，同期基金净值的涨幅为 161.65%。同时可以发现，策略的回撤较小，这主要由于策略是不断地做超短期的套利，其风险敞口本身很小（风险敞口为 1 到 2 个交易日）。该轮动策略自 2016 年以后便停摆了，这是因为此后的基金折价率始终小于 1.5%。这说明，做折价套利在熊末牛初时期是相对有效的。在市场平稳的时期，套利空间很小。

总结

本文介绍了折价基金的基本概念以及选择折价基金的注意事项。笔者给出了一种针对 LOF 基金折价套利的方法。对其他可以场内交易的基金也有不同的套利方法，如分级 A 类基金的上折和下折套利、ETF 基金利用一篮子股票进行折溢价套利等。这些套利方法背后的原理与本文介绍的 LOF 基金折价套利是一样的。

最后，需要提醒读者的是，任何投资方法都有风险以及局限性，建议在参与投资前仔细分析，或者通过模拟盘练习。

高手带路：消费类基金
如何选？

消费、医疗、科技是A股投资的三大主线。今天我们来谈谈消费。先看两个数据（如图6-8和图6-9所示）。从图6-8可以看出，1978年以来，我国GDP逐年快速增加，与此同时，消费对GDP的贡献也在稳步增长，这个趋势在2008年全球金融危机后愈发明显。

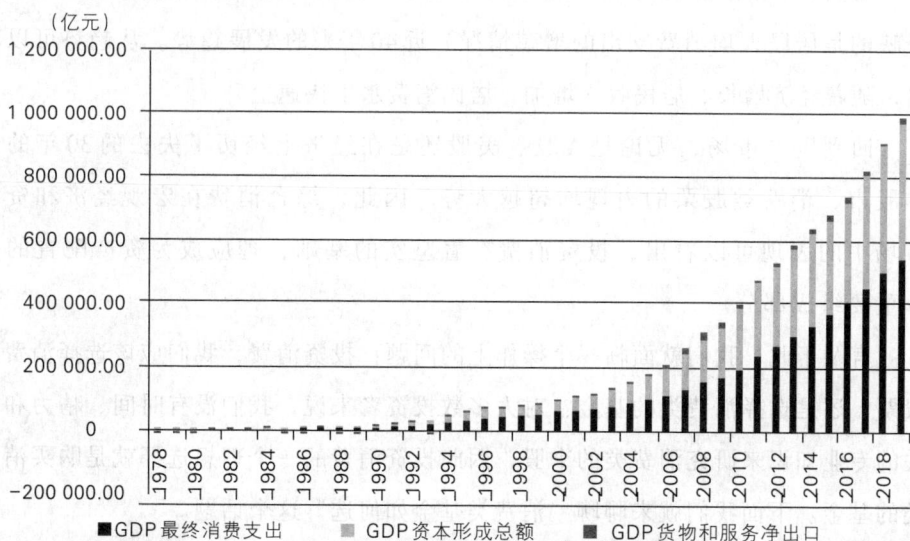

图6-8　消费占GDP比重

资料来源：Wind，苏宁金融研究院整理。

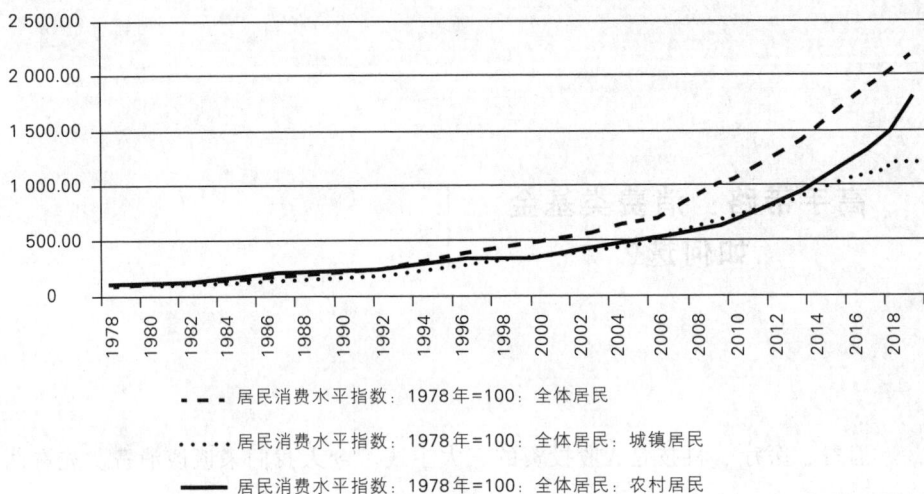

图 6-9 居民消费水平指数

资料来源：Wind，苏宁金融研究院整理。

与图 6-8 相佐证的是图 6-9，图 6-9 展示的是居民消费水平指数（这个指数反映的是居民人均消费支出的增减情况）近40年来的发展趋势。从趋势可以看出，随着经济增长、居民收入增加，居民消费水平快速上升。

回到资本市场，无论是 A 股、美股还是在经济上经历了失去的 30 年的日本股市，消费类股票的表现均超越大势。因此，综合消费在宏观经济和资本市场中的表现可以看出，投资消费有着坚实的基础，理应成为资产配置的一个重要组成部分。

言及于此，我们就面临一个操作上的问题：投资消费，我们应该选择消费类股票，还是选择消费类的基金？对大多数投资者来说，我们没有时间、精力和相关的专业知识来研究消费类的个股，因此投资消费的一个理想选择就是购买消费类的基金。下面我们就来聊聊"消费类基金如何选"这个话题。

消费类基金有哪些类型？

消费类基金大致可分为两种类型：一种是主动管理型基金；另一种是指数型基金。主动管理型基金是基金经理发挥主观能动性，各显神通，按照自己的投资框架、投资逻辑精选个股形成基金的股票组合。指数型基金也被称为被动管理型基金，这里的被动是指指数型基金的基金经理在进行投资管理时不能有主动性，只能被动地完全复制指数进行投资。

指数基金相对比较复杂，我们进一步加以说明。什么是指数？股票市场包罗万象，A股、美股都有数千只股票，有些投资者关心个股的情况，有些投资者关心市场整体的情况，为了满足后者的需求，指数公司就根据规则编制了各种指数以呈现总体的情况。

编制指数的规则主要有两个：一是选股规则；二是加权规则。所谓选股规则，是指根据什么标准选择纳入该指数的股票。以沪深300指数为例，沪深300指数的选股规则是：对样本空间股票在最近一年（新股上市以来）的日均成交金额由高到低排名，剔除排名后50%的股票，然后对剩余股票按照日均总市值由高到低进行排名，选取排名在前300名的股票作为样本股。所谓加权规则，是指纳入的股票按照一个什么样的比例加权形成一个综合性的指数。同样以沪深300指数为例，沪深300指数采用分级靠档的流通市值加权方法来构造指数。受到市场诟病的上证综指采用的是总市值（注意不是流通市值）加权的方法，因此它不能准确反映市场行情的变化。

指数基金根据成分股票的行业覆盖范围分为宽基指数基金和行业指数基金。所谓宽基指数，是指该指数的成分股票覆盖多个行业，例如上证50、沪深300、中证500等指数。所谓行业指数，是指该指数的成分股票来自某个行业，当然这个行业的口径可大可小，例如上证消费、中证500消费等指数。

从交易方式这个角度出发，指数基金又可以分为ETF、LOF、ETF联接基金、一般指数基金等。ETF指数基金可在场内（证券交易所）像股票一样直接交易，也可在场外通过一篮子股票申赎。LOF与ETF的区别主要是场外交易方式不同，LOF场外可通过现金申赎。很多投资者没有股票账户，也不熟悉场内交易方式，为了方便这类投资者，一些基金公司推出了ETF联接基金，这类基金方便投资者在场外用现金申赎ETF。一般指数基金主要盯住某一类指数，交易方式是场外使用现金申赎。

回到消费类指数基金，很多机构推出了自己的消费类指数，例如Wind、中信、中证指数公司、申万等，这些机构推出的消费类指数大同小异，从行业覆盖来看，主要分为主要消费（必选消费）和可选消费两类。

以中证指数公司编制的消费类指数为例，主要消费包括以下细分行业：食品与主要用品零售、饮料、包装食品与肉类、烟草、农牧渔产品、家常用品、个人用品；可选消费包括汽车零配件与轮胎、汽车与摩托车、家庭耐用消费品、休闲设备与用品、纺织服装、珠宝玉石奢侈品、酒店、餐馆与休闲、综合消费者服务、媒体、日用品经销商、互联网零售、多元化零售、其他零售。在明确细分行业后，根据入选股票来源的不同，又分为沪深300消费、中证500消费这样具体的消费类指数。当然，消费类指数根据所框定的行业还可以进一步细分，例如食品饮料指数、白酒指数等。

消费类基金如何选？

在弄清楚消费类基金的类型后，解决消费类基金如何选的问题就相对容易了。

首先来看消费类指数基金该如何选。既然是指数基金，关键点就是选消费的细分行业，就要看哪类细分消费指数的历史表现最好（如图6-10和图6-11所示）。从图6-10可以看出，主要消费（上证消费）和可选消费这两个主要的消费指数，主要消费的表现明显优于可选消费；从图6-11可以看出，主要消费下的沪深300消费的表现又远好于上证消费和中证500消费。

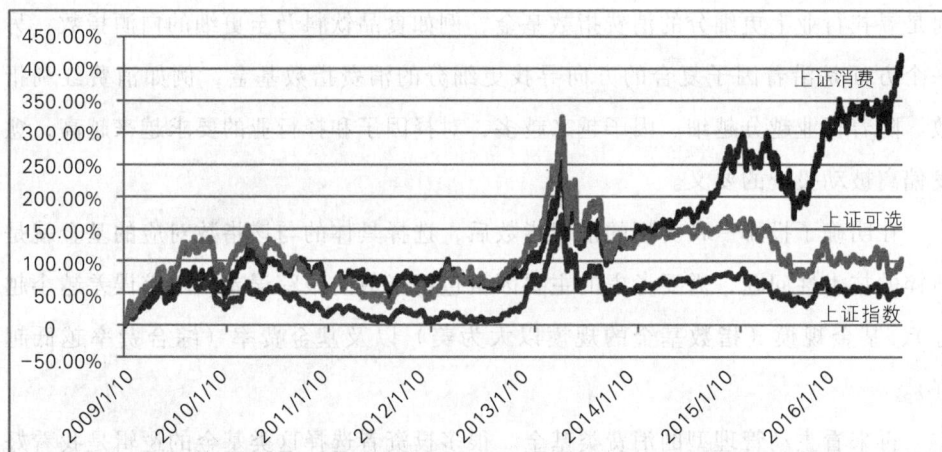

图 6-10 上证指数、上证消费、上证可选指数走势

资料来源：Wind，苏宁金融研究院整理。

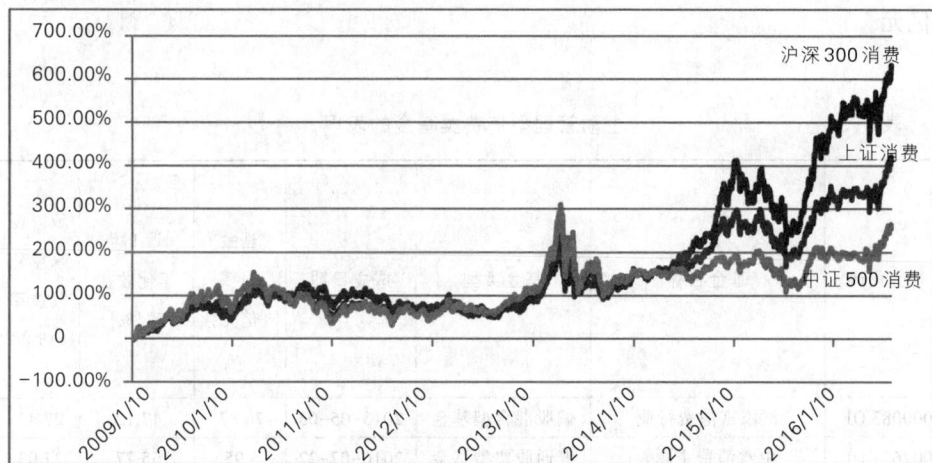

图 6-11 上证消费、沪深 300 消费、中证 500 消费指数走势

资料来源：Wind，苏宁金融研究院整理。

当然，我们还可以顺着两个方向更进一步地观察更细分的消费指数：一个方向是寻找行业上更细分的消费指数基金，例如食品饮料乃至更细的白酒指数；另一个方面是沿着因子复合的方向寻找更细分的消费指数基金，例如消费红利指数。随着行业越分越细、因子越来越多，对择因子和择行业的要求越来越高，愈发偏离被动投资的要义。

在明确了投哪一种类型的消费指数后，选择具体的与该指数对应的基金就是纯粹的技术性问题，需要考虑的主要因素包括指数的跟踪误差（跟踪误差越小越好）、基金规模（指数基金的规模以大为美）以及基金费率（综合费率越低越好）。

再来看主动管理型的消费类基金。很多投资者选择这类基金的逻辑是我看好消费这个行业，同时我信任基金经理在这个行业中的选股能力。这样我既能获得这个行业的β收益，还能获得基金经理选股带来的α收益。我们看看主动管理型消费类基金的表现（见表6-3），筛选标准如下：成立3年以上，基金规模不低于2亿元。

表6-3　　　　　　　　　　　　　　主动管理型消费类基金的表现

基金代码	基金名称	基金类型	成立日期	基金规模（亿元）	近1年年化收益率(%)	成立以来年化收益率（%）
000083.OF	汇添富消费行业	偏股混合型基金	2013-05-03	76.87	47.12	27.43
002621.OF	中欧消费主题A	普通股票型基金	2016-07-22	5.95	65.77	27.03
001927.OF	华夏消费升级A	灵活配置型基金	2016-02-03	7.22	44.43	19.96
260104.OF	景顺长城内需增长	偏股混合型基金	2004-06-25	14.16	33.59	18.67
398061.OF	中海消费主题精选	偏股混合型基金	2011-11-09	3.31	41.24	17.69
270041.OF	广发消费品精选	偏股混合型基金	2012-06-12	5.53	38.98	17.52
519002.OF	华安安信消费服务	偏股混合型基金	2013-05-23	5.69	73.36	16.96

基金代码	基金名称	基金类型	成立日期	基金规模（亿元）	近1年年化收益率（%）	成立以来年化收益率（%）
002967.OF	浙商大数据智选消费	灵活配置型基金	2017-01-11	2.28	48.47	16.94
660012.OF	农银汇理消费主题A	偏股混合型基金	2012-04-24	6.82	61.02	16.90
240001.OF	华宝宝康消费品	偏股混合型基金	2003-07-15	11.14	61.98	16.52
000551.OF	信诚幸福消费	偏股混合型基金	2014-04-29	3.85	39.57	15.68
260109.OF	景顺长城内需增长贰号	偏股混合型基金	2006-10-11	29.47	32.70	15.56
090015.OF	大成内需增长A	偏股混合型基金	2011-06-14	2.73	51.57	15.06
519056.OF	海富通内需热点	偏股混合型基金	2013-12-19	7.90	60.10	14.10
206007.OF	鹏华消费优选	偏股混合型基金	2010-12-28	7.54	53.24	13.60
110022.OF	易方达消费行业	普通股票型基金	2010-08-20	176.01	30.15	12.89
519714.OF	交银消费新驱动	普通股票型基金	2015-07-01	2.42	37.22	12.86
001044.OF	嘉实新消费	普通股票型基金	2015-03-23	15.03	36.45	12.55
519915.OF	富国消费主题	偏股混合型基金	2014-12-12	11.82	44.39	11.58
690005.OF	民生加银内需增长	偏股混合型基金	2011-01-28	5.00	53.04	10.87
481013.OF	工银瑞信消费服务	偏股混合型基金	2011-04-21	5.21	33.98	10.29
310388.OF	申万菱信消费增长	偏股混合型基金	2009-06-12	2.07	61.06	10.26
161810.OF	银华内需	偏股混合型基金	2009-07-01	35.43	79.64	9.26
150049.OF	消费收益	普通股票型基金	2012-03-13	5.42	4.70	5.18
161611.OF	融通内需驱动	偏股混合型基金	2009-04-22	2.12	61.47	4.40

资料来源：Wind，苏宁金融研究院整理。

我们将上述基金和消费类指数做个比较。以消费指数中表现较好的沪深300消费为例，该指数最近1年、3年、5年和10年的复合年化收益率分别为35.25%、34.23%、20.21%和16.8%。两相对照，我们可以发现，能够跑过指数的基金经理凤毛麟角。

从消费的长期表现看，它应该成为我们资产配置中不可或缺的部分，但是从短期看，当前上证消费、沪深300消费、中证500消费的滚动市盈率（PE（TTM））分别达到40.93、31.6、42.99，处于各自历史分位的81%、62%、72%，大家还是要注意中短期的回调风险。

第 7 章

理财入门

手握10万元想稳稳赚钱，该怎么做投资？

大多数人进入资本市场时，都本着一颗挣钱的初心，但很多时候是做了赔本买卖：既没有挣到钱，也没有学到什么有用的理财技巧，却交了不少"学费"。如果有一种产品，能够在保本的基础上又略有一些收益，岂不是很好？遗憾的是，根据最新的监管规定，所有的资管产品都不能承诺保本，当然，更不能承诺保证收益了，之前市场上公募发行的保本基金也陆续地改为"避险策略"基金了。

当然，监管要求是对整个资产管理行业而言的，其目的是规范机构的运作。如果有人给你推销保本保收益的产品，那他大概率是个骗子。那么，对个人投资者来说，是不是意味着我们的投资不可能保本呢？如果不能保证收益，有没有一种相对稳妥的方式，能够让我们获得较稳健的收益呢？理论上是有的，但实际效果则取决于执行的力度。下面我们将介绍一些投资过程中的资金分配小技巧。

首先搞清楚个人投资目的

首先，我们需要明确一个关键问题：普通投资者进行一笔投资的目的是什么？最为朴素的想法就是保值增值。

单纯的保值很简单，放在账上不动就可以了，但这只能解决财产的安全问题，解决不了保值的问题，因为还有通货膨胀呢，如果想要增值，则不可避免地需要进行风险投资，这就存在着本金损失的风险。换一种思路，我们可以将"保值"和"增值"分开进行，即一部分资金用来满足"保值"需求，另一部分资金用来实现"增值"目的。幸运的是，在正常的市场条件下，我们是可以实现这一目标的。其中的关键就在于对"保值"资产和"增值"资产的分配。

其次看一下保本投资策略

保本投资策略的基本原理如下：

将本金分为两部分：一部分投资于固收类资产，也就是常见的债券型基金，其投资的额度为"使得到期收到的债券本金和利息等于期初的全部本金"；剩余部分则可以投资于权益类资产，可以是股票也可以是股票型基金。投资到期时，投资于债券型基金的本金和收益能够实现保本，而投资于股票型基金的部分，只要没有变成 0（收益率为-100%），我们总体就是赚钱了。如果遇上股票市场行情好，股票型基金部分的收益是很可观的。在资金量不是很大的情况下，我建议这部分资金主要投资于沪深 300 指数基金、中证 800 指数基金等能够反映股票市场平均收益的基金。

图 7-1 描述了这个策略的基本逻辑，为了更直观，我们举一个简单的例子来说明。

假设小苏有 100 000 元闲置资金，对这部分钱的投资要求是不能承受本金损失。那么，从 1 年的投资期限来看，可以这样选择：将 10 万元拆成 95 000 元的保本投资部分和 5 000 元的增值投资部分。根据 Wind 的统计结果，最近 1 年全市场债券型开放基金的算术平均收益率为 5.57%，加权平均收益率为 5.61%，中位数收益率为 5.31%。如果小苏的运气不是太差，我们有充分的理由利用市场平均收益来对其债券基金投资进行估计。

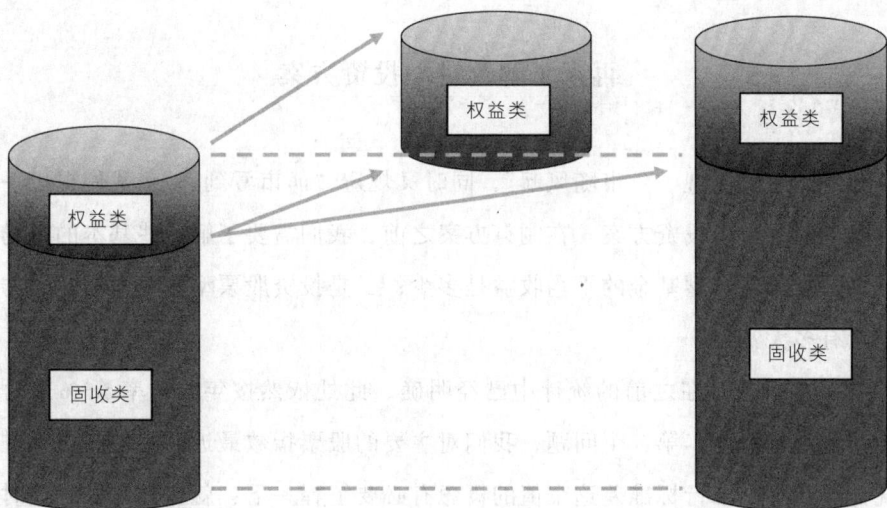

图7-1 "固收+"策略示意图

资料来源：苏宁金融研究院。

保本投资部分收益：假设投资收益率为5.3%，那么95 000元的部分通过购买债券型基金，在1年后可获得的收益为：95 000×（1+5.3%）=100 035（元）。增值投资部分收益：对剩余的5 000元，如果将其投资股票或者是股票型基金，即便收益率为–100%，本金也是没有问题的，而如果投资获得了正的收益，则是十分明显的加分项。当然，对5 000元的投资额度，我们还是建议购买股票型基金。

显然，这种投资安排有一个最大的优势——稳妥，不用担心本金损失。不过，稳倒是稳，但整体收益有限，原因是对风险进行了过于严格的事前控制，导致投资于股票型基金的比例过低。为了解决这个问题，我们提出一种新的思路，即加大对股票型基金的投资比例，使得在股票市场猛涨的时候能够获得较好的收益，同时采取严格的风控措施，保证在股票市场狂跌的时候也能够及时止损，全身而退。

再来了解改进型投资方案

为了能够既实现"牛市随风起"，同时又规避"熊市亏到底"，我们提出一种可供参考的改进型投资方案。在制订方案之前，我们需要了解一些基本的市场信息：一是投资债券型基金的平均收益是多少；二是投资股票型基金面临亏损的市场风险有多大？

第一个问题，在之前的统计中已经明确，此处依然按年收益率5.3%来对债券型基金进行估算。第二个问题，我们对主要的股票指数最近两年的收益率进行了统计。其中，下行标准差这个值的概念有必要解释一下：就是只计算亏损时的市场波动。直观的理解就是，我们只需要关心给我们造成损失的那部分的波动。

举个例子，假设在过去两年500多个交易日中，有300个交易日的收益率是正的，另外的200多个交易日的收益率为负值，我们在计算下行标准差的时候，只需要考虑这200多个交易日的情况，因为这才是我们进行绝对收益投资所面临的真正风险。表7-1提供的是2017—2019年中证规模指数收益率情况。

表7-1　　　　　　　　2017—2019年中证规模指数收益率情况

证券代码	证券简称	年化波动率	下行标准差	最大回撤	区间年化收益率
000300.SH	沪深300	20.36	14.28	−32.46	3.18
000903.SH	中证100	20.72	14.38	−30.92	8.15
000904.SH	中证200	22.17	15.96	−37.97	−5.81
000905.SH	中证500	23.52	17.60	−40.11	−9.34
000906.SH	中证800	20.46	14.54	−33.24	−0.31
000852.SH	中证1000	24.51	18.85	−48.09	−14.32
000902.CSI	中证流通	20.88	15.27	−35.13	−5.19
000907.CSI	中证700	22.66	16.64	−38.90	−7.66
000980.CSI	中证超大	19.43	13.74	−29.53	2.42
000985.CSI	中证全指	20.84	15.21	−34.78	−5.02
930903.CSI	中证A股	20.87	15.27	−35.13	−5.19

资料来源：Wind，苏宁金融研究院整理。

有了上面的数据，我们可以用下行标准差作为重要的参考指标。此处假设下行风险为15%。我们的策略为：通过投资债券型基金实现到期后的保本；通过投资股票型基金来博取市场收益，这里的股票型基金投资可以承受的亏损程度为"血本无归"。然而，这是最坏的情形。市场往往没有我们想得那么糟糕，为此，我们提出的改进思路为：如果市场的下行风险是15%，那么实际上我们承受的平均亏损就是15%，而不是"血本无归"。基于这样一种认识，我们可以适当提高投资于股票型基金的投资比例，但是多了一个注意事项，就是当亏损达到15%时，应该止损，停止对股票型基金的投资。

一个策略示例

假设小苏有100 000元闲置资金，对这部分钱的投资要求是不能承受本金损失。股票市场投资的下行风险为15%，债券型基金的预期收益为5.3%。出于动态调整的考虑，小苏可以在初始投资时进行一定的风险暴露，但是需要做好止损。

如前所述，当固定收益类投资的收益是5.3%时，在1年的投资期限内，可以安排5 000元投资于股票型基金，预期到期能保证本金。鉴于下行风险为15%，我们可以安排约35 000元 [5 000×（1/0.15）] 投资于股票型基金，剩下的65 000元仍然投资于债券型基金。当股票型基金的亏损达到15%时，全部卖出，投向债券型基金。此时进行固定收益投资的资产约为95 000元。根据5.3%的投资收益，自始计算，1年后（事实并不需要1年）仍可保本。

与前述策略不同，本策略用于权益类资产投资的比例较大，获得了较大的收益弹性。据统计，2008年1月1日至2019年7月9日，沪深300指数收益率为正的比率为57.55%；而以12个月为周期进行计算，1年内跌幅超过15%的比率为16.5%，其收益明显要高于第一个保守的策略，毕竟我们投入的本金是第一个策略的7倍。

为了对比，我们对股票市场的行情分3种情况进行比较：市场下跌股票收益率为15%、市场收益为0、市场上涨股票收益率为15%，见表7-2。

表7-2　　　　　保守策略与改进策略在3种市场情形下的收益对比　　　　　金额单位：元

	债券收益率	5.30%		
	股票收益率	−15%	0	15%
策略1				
债：95 000	本息100 035			
股：5 000		104 285	105 035	105 785
策略2				
债：65 000	本息68 445			
股：35 000		98 195	103 445	108 695

资料来源：苏宁金融研究院。

很明显，第一种策略（保守策略）在任何一种情况下都是能够保本的；第二种策略（改进策略）在风险可控的情况下，实现了较高的收益，即便是在股票市场最差的情况下，也能保持98 195元的本金，而这笔钱，就算是仅仅投资于债券型基金，也能很快达到100 000元的初始本金；在市场最乐观的情况下，能够多赚接近3%的收益。

最后看3点注意事项

通过比较上述两个策略，在具体的实施过程中需要重点注意以下3点事项：

一是注意止损的纪律性。第二个策略叠加了止损的操作，当股票型基金的损失达到15%时，需要全部转向债券型基金的投资，切记不可抱有侥幸心理，不能用赌的方式来解决这个问题，该止损的时候绝不拖泥带水。

二是在实际操作过程中，对股票型基金的部分可以调整，即随着盈利的增加，根据盈利部分进行同比例放大投资。但指导原则仍然是控制好止损。相当于在保持既定放大系数的情况下，增加了投入，在上行市场上有良好的"滚雪球"效应，在下行市场上也能保持淡定，在震荡市场中则是宠辱不惊。

三是投资有风险，要做好最坏的思想准备。在极端情况下，会出现股债双杀的情况，到时固收类资产投资收益不达预期，这个时候就属于系统性风险了，无法避免。

理财忽略3步骤，容易吃大亏

做好个人或者家庭理财需要遵循以下3个步骤：一是做好资金规划；二是明确理财目标；三是树立科学的理财方法。下面详细介绍：

理财第1步：做好资金规划

可把个人或家庭的资金按用途分为3个部分：一是用于日常支出的钱，包括日常消费和必要的开支项目，例如子女教育费用、贷款利息等。二是保命的钱，主要是购买保险的支出。保险是个人或者家庭的防护网，它可以防止重大意外事件对个人或者家庭的冲击。对这部分支出，我们的建议是先保护家庭的顶梁柱，后覆盖全家。险种选择的顺序是意外、医疗和重疾险。三是生钱的钱。在建立了个人或者家庭的防护网之后，才能确保用于投资的钱是长钱，长钱对获得投资回报至关重要。

理财第2步：明确理财目标

在确定个人或者家庭的理财目标时，应当考虑3个主要因素：

一是个人或者家庭的风险承受能力。每一位投资者在券商开户或者到银行购买理财产品时，相关机构都会要求填写一个评估风险承受能力的问卷，并根据评估结果向投资者推荐符合其风险承受能力的理财产品。认真填写这个问卷非常重要，因为每一类资产的风险是不同的，你能承受什么样的风险，在很大程度上决定了你能购买或者配置什么样的资产。收益是对风险的补偿，相对来说，能承受较大风险的个人或者家庭，其理财目标也可相对定得高一些。

二是你的投资期限，即你用来理财的资金能够投放多久。一笔3个月的资金和一笔3年的资金，在可投的资产类别上有非常大的区别。长期资金相对于短期资金而言，可投的范围要广得多，可承受的风险也相对大一些，收益也相对高一些。

三是你的投资能力。投资能力的高低决定你的投资范围和投资方法，自然也会影响你的理财目标。在此，需要提醒的是，千万不要高估自己的投资能力，多做一些客观的投资能力评估，或者听听他人对自己投资能力的评价，或者看看自己真实的投资业绩，有助于我们更好地认清自己的投资能力，也有助于我们制定合理的理财目标。

理财第3步：树立科学的理财方法

什么是科学的理财方法，仁者见仁，智者见智。我们的看法脱胎于现代投资理论，其核心就是3句话：多元分散、长期坚持和适当调整。

首先来看多元分散。多元分散是指投资组合上的多元分散，也就是你的钱不能放在一个篮子里，不能投资于单一资产。很多投资大家给普通投资者推荐了投资组合，我们来看看这些投资的构成、风险和收益表现（见表7-3）。

表7-3　　　　　　　　　　经典的投资组合及其历史表现

	巴菲特	全球	哈佛	耶鲁	等权重	聪明贝塔	风险平价	全天候
美国大盘股票	90%	20%	18%	20%	20%	10%	8%	18%
美国小盘股票								3%
发达国家股票		15%	18%	20%	20%	10%	8%	6%
新兴市场股票		5%	15%					3%
美国公司债券		22%		10%		20%	35%	
美国短期国债	10%							
美国10年期国债					20%		35%	15%
美国30年期国债		15%	6%	15%		10%		40%
发达国家10年期国债		16%	11%		20%			
通胀挂钩债券		2%	6%	15%		10%		
商品			13%		20%	10%	5%	8%
黄金						5%	5%	8%
房地产信托投资基金		5%	13%	20%	20%	10%	5%	
年回报	9.82%	9.90%	10.45%	10.16%	9.90%	9.50%	9.21%	9.50%
年波动率	14.01%	8.45%	10.69%	10.68%	10.21%	7.19%	6.48%	8.24%
夏普比较	0.32	0.55	0.48	0.46	0.45	0.59	0.61	0.51
最大回撤	-47.02%	-26.87%	-45.72%	-41.60%	-46.00%	-27.17%	-14.41%	-14.59%

注：表中的哈佛、耶鲁是两校校办基金的投资组合，全天候是桥水基金创办人达里奥推荐的投资组合。

在此，我们也计算了国内资本市场不同投资组合的历史表现（见表7-4）。

从这两张表可以看出，持有多元资产相比投资单一资产，在控制风险的同时，还可以提高收益。

其次来看长期坚持。很多投资者，特别是缺乏投资经验的投资者，在投资上往往是骑墙派，今天听你的，明天听他的，这是投资最忌讳的。在短期内，资本市场往往会有比较剧烈的波动，但是拉长了看，风险要小很多。因此，认定了多元分散的投资方法，就要长期坚持，不能人云亦云。

最后是适当调整。中国股市的特点是牛短熊长、长期震荡，和成熟资本市场

表 7-4　　　　　　　　　　国内资本市场投资组合的历史表现

股票	债券	现金	房产	累计收益	年化收益	年化波动	最大回撤	夏普比率
1.000				289.71%	12.00%	67.96%	-65.64%	0.146
-0.363	1.000			61.53%	4.08%	0.48%	0	4.138
-0.244	0.616	1.000		43.46%	3.05%	1.01%	0	0.957
0.102	-0.439	-0.749	1.000	232.09%	10.52%	9.04%	0	0.932
0	50%	50%	0	52.50%	3.58%	0.68%	0	2.200
20%	40%	40%	0	99.94%	5.94%	22.82%	-34.82%	0.169
33%	33%	34%	0	130.69%	7.21%	33.08%	-45.62%	0.155
60%	20%	20%	0	194.83%	9.43%	49.47%	-57.49%	0.148
90%	0	10%	0	265.09%	11.40%	63.75%	-64.16%	0.146
0	20%	10%	70%	179.11%	8.93%	6.71%	0	1.020
0	25%	25%	50%	142.29%	7.65%	4.97%	0	1.119
25%	25%	25%	25%	156.70%	8.17%	25.88%	-38.15%	0.235
40%	10%	10%	40%	219.22%	10.16%	35.38%	-47.27%	0.228

注：股票为沪深300，债券为中证全债指数债券，现金为中证货币型基金，房产为江苏房屋平均销售价格。

有比较大的区别。在这种市场特征下，建议大家在投资时除了多元分散、长期坚持外，还要注意适当调整。这里的适当调整是指根据市场适当调整高风险资产（例如股票）和低风险资产（例如债券）在投资组合中的配比。一般来说，高风险和低风险资产的配比应在二八之间摆动，也就是说，股票向牛时，组合中的股票配置不要超过80%，股票走熊时，组合中的股票配置不要低于20%。

怎么调整呢？可以通过设立合理的止损和止盈目标来帮助你调整投资组合中的资产配比。当股票跌幅超过20%时，要通过降低仓位来及时止损，相应的资金配置到低风险的债券或者现金类资产，当股票上涨幅度较大时，也要通过降低仓位来锁定盈利。

需要提醒的是，理财风险和收益相伴相生。从目前的宏观经济和外部贸易环境看，资本市场不会很乐观。在这种情况下，大家不妨依循理财3部曲：合理规划家庭开支、明确理财目标以及树立科学的理财方法，且行且珍重！

普通人买理财产品
需掌握3点收益常识

我们在做一项投资决策时，往往需要回答3个问题：风险承受能力、投资期限以及目标收益。前两个问题比较好回答，风险承受能力可以通过问卷来测量，投资期限取决于自己的资金筹划，比较难回答的是目标收益。投资的目标收益定多少合适？本文从如何计算收益、各类资产的收益水平以及决定目标收益应考虑的因素等方面进行分析，供大家参考。

如何计算投资收益

如何准确度量投资收益，比较靠谱的标准是复合年化收益率。复合年化收益率是怎么算出来的呢？我们通过一个例子来说明：一项2年期的投资，起始本金是1万元，第1年收益率是25%，第2年收益率是-25%，这项2年期投资的复合年化收益率是多少？如果使用简单的算术平均来计算投资收益，就是把每年的收益率相加后再除以投资的总年数，那么结果是0，这准确反映该项投资的损益情况了吗？显然没有，较为准确的计算方法是采用几何平均来计算投资收益，计算公式如下：

$$\sqrt[N]{期末金额/期初金额}-1$$

这里的N代表的是投资的总年数，用上述公式计算该项投资的年化收益率，结果如下：

$$\sqrt[2]{1 \times (1+0.25) \times (1-0.25) /1} - 1 = -3.175\%,$$

也就是说该项投资的复合年化收益率是-3.175%。

巴菲特曾经说过，复利是最伟大的发明。复利的"牛鞭"效应非常明显：首先，在时间的催化下，期初不起眼的收益率也会带来可观的回报；其次，期初收益率的微小差别经过时间的长久炼化，会带来财富的巨大差异。

举个例子说明，假设有3笔投资，期初本金均为10万元，复合年化收益率分别为5%、10%和15%（如图7-2所示），第10年时，3笔投资带来的收益达到：162 889.5元、259 374.25元和404 555.77元；第30年时，3笔投资带来的收益达到：432 194.2元、1 744 940.2元和6 621 177.2元；第50年时，3笔投资带来的收益达到：1 146 740元、11 739 085元和108 365 744.2元。

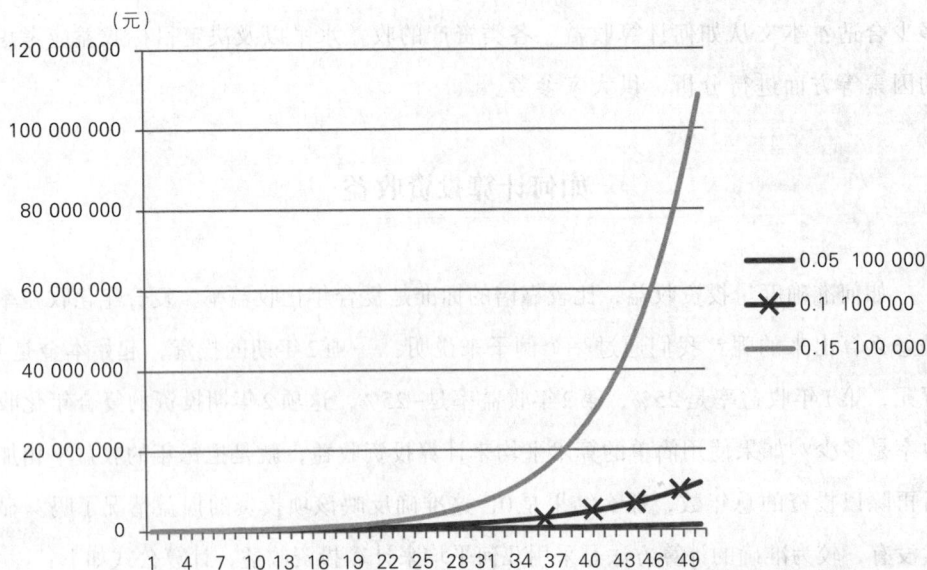

图7-2　复利效果图示

资料来源：Wind，苏宁金融研究院整理。

复利的"牛鞭"效应告诉我们，除了关注收益率的高低，投得稳、拿得久也攸关最终的投资回报。

各类资产的历史收益水平

投资者在确定投资的目标收益时，一个重要的参照基准就是各类资产的历史收益率。我们汇总了债券、股票、黄金和房产的历史收益情况（见表7-5），供大家参考。

表7-5 各类资产的复合年化收益率

资产		复合年化收益率	时间跨度
债券	中证全债	4.16%	2003—2019
黄金	伦敦金现	6.87%	1973—2019
房产	70个大中城市新建商品住宅价格	4.42%	2011—2019
股票	万得全A指数	10.2%	1995—2019
	上证综指	11.57%	1991—2019
	深证成指	8.88%	1992—2019
	上证50指数	7.25%	2004—2019
	沪深300指数	8.02%	2003—2019
	中证500指数	11.7%	2005—2019
	创业板指数	5.22%	2011—2019
	恒生指数	8%	1991—2019
	标普500指数	8.18%	1991—2019
	纳斯达克指数	11.58%	1991—2019

从表7-5可以看出，各类资产的历史收益率差别很大，这一方面是因为大类资产本身的风险收益特征有明显差别。举例来说，中证全债虽然复合年化收益率

只有4.16%，但它的年度最大回撤低到-2.41%，而沪深300指数虽然复合年化收益率高达8.02%，但年度最大回撤高达-65.95%；另一方面是因为各类资产的取样时间不一致，特别是A股的几个指数，指数创建时间不同可能会影响收益表现。

另外一个值得参考的收益率是各类基金的历史复合年化收益率，我们筛选了市场中存续期超过5年的各类基金的收益情况，结果汇总见表7-6。

表7-6　　　　　　　　　　　各类基金的历史复合年化收益率

基金类别		最高	最低	均值	中位数
股票型	普通股票	24.57%	-12.41%	7.01%	7.13%
	被动指数	22.08%	-13.37%	4.77%	5.35%
	指数增强	16.66%	-1.34%	8.37%	8.42%
混合型	偏股混合	27.32%	-11.66%	8.95%	8.77%
	偏债混合	16.01%	0%	7.32%	6.91%
	平衡混合	24.47%	0.02%	9.93%	10.75%
债券型	长期纯债	9.68%	-10.53%	5.3%	5.34%
	中短期纯债	5.12%	0%	2.87%	3.69%
	混合一级	11.93%	-3.96%	5.86%	5.81%
	混合二级	15.02%	-4.04%	5.84%	5.72%
货币型		3.9%	0.04%	3.28%	3.32%

资料来源：Choice，苏宁金融研究院整理。

这里需要提醒读者注意的是，因为存在幸存者偏差（好的基金才能生存下来，差的基金被淘汰了）的问题，表7-6中的数据可能高估了基金给大家带来的回报。从表7-5和表7-6的数据可以看出市场能够带给大家的回报以及投资领域的佼佼者（基金公司）能够给大家带来的回报，大家可以根据表7-5和表7-6的数据来调整自己对投资回报的心理预期。

决定目标收益时应考虑哪些因素？

投资者如何给自己划定一个相对合理的目标收益，取决于两大类因素：一类和投资者自身的状况有关，例如投资者的风险承受能力、投资期限等；另一类是市场能够给予的回报水平。

投资者对自己投资能力的评估往往超过自己真实的投资能力，从而为自己定下不切实际的目标收益。通过比较表7-5和表7-6的回报数据，可以看到专业投资机构中的佼佼者也很难跑赢市场，希望这个比较可以帮助你冷静下来，为自己定一个合理的收益目标。

投资中最令人忧心的是风险错配，原油宝是一个再典型不过的案例——原油宝底层是海外的原油期货，除了期货的高杠杆风险，还叠加了汇率风险，明显是一个风险非常高的投资品种，但大量的风险承受能力较低的银行客户购买了这个产品，当损失真实发生的时候，很多投资者无法承受。如何评估自己的风险承受能力，可综合年龄、财富状况等因素去考虑，概括起来讲就是年龄越大、财富越多，投资理财追求的首先是保值，其次才是增值，所以风险偏好应当尽可能放低，目标收益率也应降低；年龄越轻、财富相对较少，投资理财更多应追求财富的增值，风险偏好可适当提高，目标收益率也可适当提高。

投资期限越长越好，很多投资者长钱短投，热衷于择时，最终的收益往往并不理想。投资收益主要来源于3个方面：资产配置、择时、择资产（例如择股）。大量的研究表明，投资收益主要来自资产配置，择时、择股并不靠谱。资产配置、定期调整、精选低费率的投资标的，然后静待复利带给你惊喜，是投资理财的不二法门。

投资理财需要懂一点
大类资产配置常识

本文重点是分享一个大类资产配置的概念。如果说，各类股票投资策略是战术谋划的话，大类资产配置则是战略布局，好的战略布局能使投资胜算大大增强。

什么是大类资产配置？

提到可投资资产，很多人的第一反应是股票和债券。其实，在市场上，可投资资产的种类很多，一般分为权益、固定收益、另类投资和衍生品四大类，每个大类旗下又涵盖若干子类。每一类资产的预期收益和风险特征存在巨大的差异。此外，各类资产收益率和风险之间也存在着不同程度的相关性。

所谓大类资产配置，就是在具体配置某个资产（股票或者债券）前，首先将资金在各个大类资产之间合理配置。其次才考虑大类资产内部的具体配置策略。下面，我们来看一下主要的大类资产类型，如图7-3所示。

权益类资产是指通过对目标企业的权益进行投资而形成的资产，主要包括直接投资和间接投资两个部分。其中，直接投资主要是在二级市场上买卖股票，这里就不再赘述了。间接投资，则是通过投资股票型基金，借力基金经理的专业能力，间接投资于权益类市场。同时，基金又可以分为主动型基金和被动型基金，

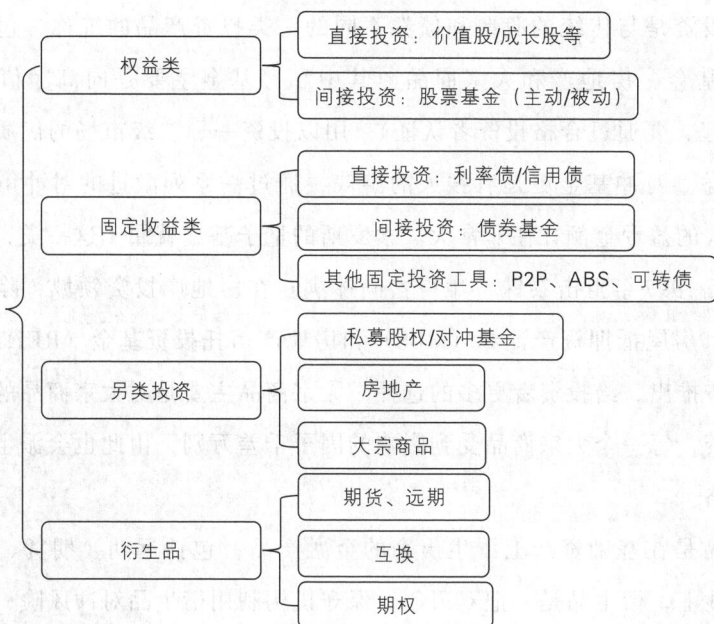

图 7-3　大类资产分类图

资料来源：苏宁金融研究院。

在主动型基金中，基金经理根据自己的专业能力，选出最具价值股票进行投资，故基金经理的专业水平对主动型基金的业绩影响较大。而被动型基金主要是紧盯某个指数（国企指数、沪深300指数、中小盘指数），所以其表现与跟踪的那类型的股票的总体表现息息相关。

固定收益类资产通过对目标机构的债权进行投资而形成资产，主要包括直接投资、间接投资、其他固定投资工具等。其中直接投资是在二级市场上直接买卖债券，包括以利率风险为主要分析对象的利率债和以信用风险为主要关注对象的信用债。此外，投资者还可以通过投资债券基金的方式寻求收益。除了传统的债券投资，近年来固定收益市场上还出现了很多新的固定收益投资工具供投资者选择，包括P2P、资产支持证券（ABS）和可转债等。

另类投资是与传统的股票和债券不同的一类投资产品的统称，包括私募基金、对冲基金、房地产和大宗商品。其中私募基金主要是向高净值客户募集（100万元起，要通过合格投资者认证），用以投资一、二级市场的优质标的，高风险高收益。对冲基金更是有钱人的游戏，通过一系列激进的对冲策略开展投资，每一次的盈亏金额往往非常大。索罗斯的量子基金就属于这一类，通过宏观对冲策略，1997年狙击泰铢，赚得盆满钵满。在房地产投资领域，除了直接买房等方式，房屋抵押资产证券（MBS）和房地产信托投资基金（REITs）等新的投资也逐步推出，给投资者更多的选择。大宗商品主要是对大宗商品的现货和期货进行投资，每一个大宗商品受到影响的因子千差万别，由此也会派生出一系列的投资策略。

衍生品是在基础资产上派生出来的金融产品，包括远期、期货、互换和期权。在属性上，衍生品是一把双刃剑。保守机构利用衍生品对冲风险，而投机者则通过衍生品投资，承担极高的风险，以搏取高额的收益。2018年年底，中石化旗下的联合石化在石油期货投资上出现大额亏损，联合石化的总经理和党委书记双双被停职，虽然具体亏损额度一直没有披露，但是，随后两天，中石化在A股和港股两个市场蒸发681亿元市值。1995年，有233年历史、在全球范围内掌控270多亿英镑资产的巴林银行，因一名交易员的违规衍生品投机操作，轰然倒地。由于衍生品交易中高杠杆的特性，如何制定交易策略，如何控制市场风险和操作风险成为衍生品投资需要注意的问题。

为什么要进行大类资产配置？

有人会说，投资不就是各类资产低买高卖，赚取差价吗？为什么要首先进行大类资产配置，然后再在大类里面考虑具体资产配置策略呢？下面，让我们从一张大类资产市场趋势图说起。假设在2013年年底，我们在各大类资产指数上分别投资了1元钱，图7-4显示了随后的各年年底，我们在各类资产上的收益情况

（在此，之所以选择大类资产指数，是因为大类资产的指数代表各大类资产在当期的平均表现）。

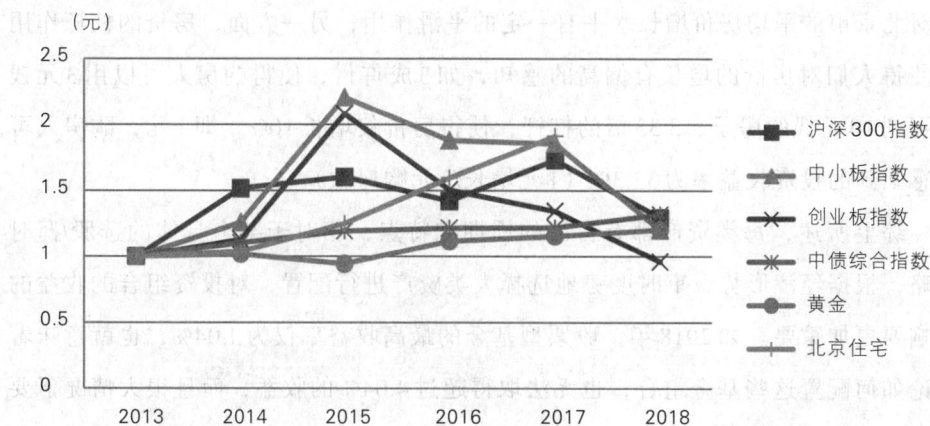

图7-4　大类资产市场趋势图

资料来源：Wind，苏宁金融研究院整理。

具体来看2015年，赶上一波大牛市，对股权类资产，即使在年中的时候股指已经触顶下滑，在2015年年底的各股权类资产的收益率仍然是50%以上，而对成长性较高的中小板和创业板，当初1元的投资已经涨到2元，持有期收益率达到100%。随后的3年中，股权市场进入震荡下滑期，到了2018年年底，如果投资的是大盘股和中小盘，当年1元的投资，2018年年底的价值分别为1.3元和1.2元，5年的复合收益率（年化）仅5.2%和3.7%。如果，一直持有创业板股票，在2018年年底，当初1元的投资只剩下0.95元了，投资收益为负。

相对股权类资产价值的剧烈波动，债权类资产和黄金价值增长相对稳定，如果2013年年底分别投资1元在债权资产和黄金，到了2018年年底，投资价值为1.32元和1.2元。5年的复合收益率（年化）达到5.67%和3.7%。

根据统计局披露的数据，2017年北京市商品房平均售价3.41万元/平方米，较2013年的1.78万元/平方米，同比增长了90%，年复合增长率为17.5%。在很多人的印象中，这些年北京市的房价增长要更快一些，主要是因为，一方面，该数据是对全北京市的房价进行统计，包括顺义、密云、平谷等远郊县的数据，进而对北京市的平均房价增长水平有一定的平滑作用；另一方面，房贷的杠杆作用也使得人们对房价的增长有偏高的感知，如3成首付，使得购房人可以用3元钱购买到10元钱的房子，3.33倍的杠杆，使得房价仅增长10%，即1元，购房人可以感知到的投资收益率为33.3%（1元增长/3元购房款）。

综上所述，每类资产都有自己的周期和特点，相对于某个具体的选股/择时策略，根据经济形势，审时度势地选择大类资产进行配置，对投资组合的收益的影响要更加重要。如2018年，股票型基金的最高收益率仅为4.04%，也就意味着无论如何配置这些基金组合，也无法取得超过4.04%的收益，而且很大情况下要亏损。但是，如果能够在大类资产配置时，根据经济情况，审时度势地缩小股票类资产的配置规模，转而配置一些更加保守的资产类型（债权/黄金），更加容易取得较好的投资回报。

另外，在海外的研究中，也证明大类资产配置对投资组合收益率的贡献率高达91%，而其他能力，如选股能力、择时操作对投资组合的贡献率仅为5%和2%。资产配置对投资组合的重要性如图7-5所示。

以上是对大类资产配置的基本介绍，在实际操作中，投资者需要综合考虑宏观经济、市场状况和自己的情况（预期收益需求、风险偏好、投资期限、流动性需求、税收和法律以及一些特殊爱好，如支持绿色环保等）来进行资产类型配置。

选股能力
5%

择时操作
2%

其他
2%

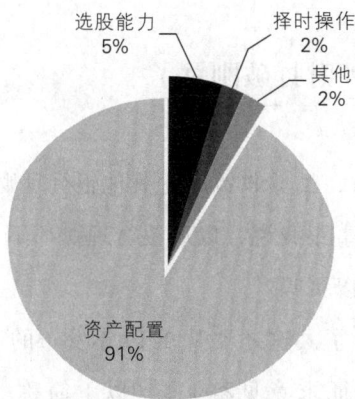

通过集中化创造财富；
通过有效的多元化来保留
财富。

资产配置
91%

图7-5 资产配置对投资组合的重要性

如何挑到一只靠谱的 银行理财产品？

A君是我的朋友，一线城市码农一枚，工资高，奖金高，也曾跟着千军万马杀入股市，可惜入市5年，3次被割，待资深"韭菜"身份确认后，终于铩羽而归，老老实实买起了银行理财。最近，A君刚发了年终奖，但迟迟没有下手，有天找我吐槽说"以前总是闭眼买理财，现在好担心自己买了个假理财，或是买了个违约的理财，好怕自己被"韭菜"再次附身，都不知道年终奖放哪儿好了。"听完A君的吐槽，我才发现，现在买银行理财有4个不得不考虑的问题，这决定了你买到的是不是一只靠谱的银行理财产品。

问题1：银行理财打破刚兑了

A君说："以前经常买银行保本理财，虽然收益率比其他银行理财低了一些，但至少本金有保障。现在身边的一些同事跟我说，以后银行理财都不保本了，这到底是怎么回事？以后还有保本理财可以买吗？"

银行保本理财确实要退出历史舞台了。这还要从2017年发布的《关于规范金融机构资产管理业务的指导意见（征求意见稿）》（以下简称《征求意见稿》）说起。它对银行理财最大的影响就是要打破刚性兑付。

以前的银行理财分为保本型理财和非保本型理财，前者风险较小，因为银行会按期兑付，等于是银行信用在担保。现在的银行理财产品，不允许保证收益。但从实际情况看，大部分固定收益类的产品基本上都会达到预期收益率。所以，对投资者而言，银行理财确实是低风险高收益的产品。

不过，资管新规不会马上执行，银行有一年半左右的过渡期去调整，短期来看，银行理财产品的变化不会很大。中长期来看，未来银行理财产品会向净值化产品转型，类似于我们现在买的公募基金，收益率会随市场波动。

举个例子，假设A君买入X银行净值型理财产品的价格是1元，这个理财产品最终投向了各类债券，债券的价格上涨了，产品净值可能涨到了1.03元，收益率就是3%，但如果债券价格下跌了，产品净值跌到了0.98元，收益率就是-2%，所以，不再像以前固定收益类理财产品那样——预期一年5%的收益率，到期时实际收益率还是5%。

从2017年开始，银行理财市场发生了一些变化，2017年银行理财存量规模达到28.88万亿元，较2016年的29.05万亿元减少0.17万亿元，这也是理财规模首年出现下降。同时，银行2017年发行净值型理财产品1 183款，较2016年同期增加了756款，同比增长177%。银行理财的转型过渡期正在进行中。

所以，请珍惜现在购买银行保本理财和非保本理财的机会，你可能一不小心就买了个绝版理财。

问题2：混淆发行与代销

A君疑惑的第二个问题是：他在C银行的手机APP上挑选理财产品，结果发现，同是1年期的理财产品，有的收益率只有4.8%，有的收益率却有5.3%，差别怎么这么大？

我仔细看了一下，原来C银行代销了很多其他银行的理财产品，例如D银行是一家农商行，1年期的理财产品收益率为5.1%；E银行是一家城商行，1年期理财产品收益率为5.2%；F银行和C银行同是全国性股份制银行，但F银行的1年期理财产品收益率比C银行高出0.2个百分点，达到了5%。

所以，A君要弄清楚自己买的是这家银行自己发行的产品，还是代销的其他银行的产品。事实上，银行除了代销他行理财，还会利用本行的渠道、人员去销售其他金融机构的产品，包括基金、保险、信托、券商资管计划等，这些在购买理财产品之前都需要分辨清楚。

对银行理财，每个理财产品都有专门的登记编码，读者可以通过"中国理财网"（如图7-6所示）进行查询，加深对这只产品的了解。

问题3：收益率之困

A君说："理财产品的收益率有很多说法，例如买的"宝宝类"产品，常常会说是7日年化收益率，而自己常买的银行理财产品，基本上就直接写预期收益率5%，另外有些理财产品会写一个收益率范围，例如2%～7%，会有什么差别呢？"

首先，为便于比较，这些收益率的表述都是用年化的方式，而非实际投资期限内的收益率。例如6个月的银行理财产品，年化收益率4%，那如果持有6个月

图 7-6　中国理财网查询页面

到期后，实际持有期的收益率只有 2%，投资 1 万元，持有 1 年是 400 元的利息，但因为只持有了半年，所以实际利息是 2%，千万不要以为 6 个月到期后，就可以得到 400 元的利息。其次，对"宝宝类"产品，因为其产品收益率是随市场利率波动的，所以会经常调整，一般都用 7 日年化收益率来表述，如果持有 1 年，从目前的水平看，大概在 4%。最后，结构化理财产品一般会有一个收益率范围，风险相对较高，收益率波动幅度较大。通过一定的保本策略，结合金融衍生品，结构性产品的收益一部分固定，而另一部分则与其挂钩资产的业绩相关联。例如 C 银行的一款结构性理财产品，挂钩的标的是沪深 300 指数，收益率最高是 7%，见表 7-7。

表7-7　C银行沪深300指数挂钩（看跌跨价）3个月结构性人民币理财产品

发行人	C银行		币种	人民币
收益类型	非保本浮动型		业务模式	自营，信托
投资范围	固定、货币市场、非标、金融衍生工具		挂钩标的	沪深300指数
预期年收益率	2%～7%		付息方式	到期支付
保本比例	0		封顶收益率	7.00%

　　虽然结构性理财产品有可能获得更高的收益率，但其产品相对更为复杂，收益率不确定性大，有可能出现实际收益率小于预期收益率的情况。总结2017年以来发行的13.89万只银行理财产品，发现有1 574只理财产品的实际收益率低于预期收益率，其中，结构性产品较多，如图7-7所示。所以，大家如果要投资结构性产品，也要充分认识到其收益率的不确定性。

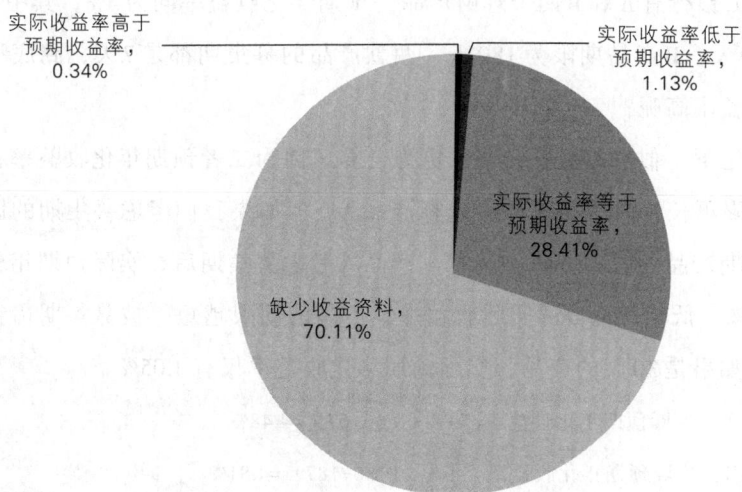

实际收益率高于预期收益率，0.34%

实际收益率低于预期收益率，1.13%

实际收益率等于预期收益率，28.41%

缺少收益资料，70.11%

图7-7　银行理财产品实际收益率和预期收益率比较

资料来源：Wind，苏宁金融研究院整理。

总结下来，看到7日年化收益率，说明它的收益率是随市场不断变化的，可能今天是4.2%/年，明天就变成了4.3%/年，大家不要感到奇怪。对一般银行理财，如果1年期的产品标注了预期收益率为5%/年，大概率全年的实际收益率就是5%，比较稳定，但要记住收益率都是年化的表述方式；而对一些收益率有区间范围的，多是结构性产品，不要总看着最高能获得多少收益率。

问题4：银行理财的真实收益率是多少？

A君问："最近有很多短期产品收益率很高，非常诱人，是不是值得买呢？"

事实上，看银行理财的收益率不能只考虑产品期限，还要考虑产品的募集期（认购期）。不知道大家有没有注意过，一般银行理财产品的募集期都有一周左右，同时到期后一般会在1~2天内到账，所以，时间成本会影响理财产品实际收益率。

假设C银行有A和B两个理财产品，预期年化收益率同为5%，其中，A产品期限为60天，B产品期限为180天，两款产品的募集期都是7天，到底哪个产品的实际收益率高呢？

初看之下，似乎是选择产品A更为合算，因为二者预期年化收益率相等，但产品B期限更长，所以很多人会选择产品A。但如果我们考虑募集期的因素，就会发现短期产品的收益率将被稀释。产品A考虑募集期后，实际预期年化收益率仅有4.47%，低于产品B的实际收益率。产品的期限越短，被募集期稀释的影响会越大，如果是30天的产品，实际预期年化收益率仅有4.05%。

产品A：实际预期年化收益率=5.0%×（60÷67）=4.48%

产品B：实际预期年化收益率=5.0%×（180÷187）=4.81%

资料来源：Wind，苏宁金融研究院整理。

相信A君的问题，也是很多人在购买银行理财时面对的问题。其实，对投资理财，了解自己的投资需求永远是最重要的，例如，投资金额是多少？目标收益率是多少？投资期限的长短，能承受的最大风险，清楚了这些问题，还要考虑到"高收益总是与高风险相伴而生"，综合这些因素来选择一款最适合自己的理财产品才是最重要的。

可转债打新，账户无资金也能干薅羊毛

朋友，如果免费送你一张彩票，中了赚个几十上百元的零花钱，没中也不会有什么损失，你会愿意尝试一下吗？有人肯定会问，世上哪有这种好事？事实上，在可转债打新领域，确实存在这样一些机会。

可转债："进可攻，退可守"的投资产品

所谓可转债，本质上是一种由上市公司发行的债券，除了像普通的企业债一样还本付息，可转债上还有一个转股权——即按照转股价格将债券转换成股票的权利。正是这个权利使得可转债兼具了股票和债券两种特性，成为"进可攻，退可守"的投资产品。

在我国现行的交易制度里，每张可转债的面值为100元，但其实际的交易价格，和对应的上市公司股价与转股价格密切相关，如图7-8所示。

当上市公司的股价大于转股价格时，理论上存在转股套利空间——即以较低的转股价格将债券转换成股票，然后以较高的股价卖出获利。当然，实际操作也不需要这么麻烦，因为此时可转债的交易价格已经高于面值（100元），而且随着

股价

（股价>转股价格）　　　　　　　股性更强：转股套利
　　　　　　　　　　　　　　　（可转债价格>100元）

转股价格

（股价<转股价格）　　　　　　　债性更强：持有等待机会
　　　　　　　　　　　　　　　（可转债价格<100元）

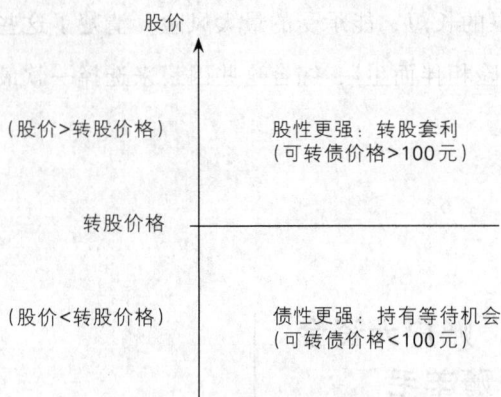

图7-8　可转债打新示意图

资料来源：苏宁金融研究院。

股价的增长而不断提升，换句话说，可转债的表现更像一只股票，当价格涨到投资者的心理价位，就可以卖出获利了。

当上市公司的股价小于转股价格时，可转债的交易价格是低于面值（100元）的，此时的可转债更像一只债券，这个时候投资者可以选择继续持有，等待机会。一方面，如果上市公司的股价持续增长并超过转股价格，即可实现上一种情况的获利；另一方面，如果上市公司的股价始终保持低位，没有超过转股价格，也不必担心，作为一只债券，投资者可以享受到可转债的本息收益。如此，形成了可转债"进可攻，退可守"的产品特点，股市好的时候，可转债能够享受到和相应股票一样的涨幅，实现超额收益。股市不好时，可转债又表现出债性的一面，至少可以在约定的时间内收回本息。

可转债打新的优势

所谓可转债打新，是指通过对可转债的申购，实现低风险套利。那么它和股票打新有什么区别呢？股票打新和可转债打新的区别见表7-8。

表 7-8　　　　　　　　　　　　　股票打新和可转债打新的区别

	股票打新	可转债打新
打新额度	与持有股票的市值相关	10 000张，无须持有债券
中签率	较低	较高
申购金额	根据股票发行价格	以10张债券（面值100元）为单位，一般能中1 000元
申购时间	开市时间	开市时间
新股（债）上市走势	若干个涨停板	根据股价和转换价格的情况，新债交易价格有所波动
退出机制	抛出股票实现盈利	视股价和转换价格关系决定抛出盈利还是继续持有

资料来源：苏宁金融研究院。

　　通过与股票打新对比，可以发现，可转债打新对散户更加"友好"。散户中签和获得打新收益的概率要大大高于股票打新，具体表现在以下3个方面：

　　第一，可转债打新额度分配更加公平。在A股，打新额度与投资者在沪深两市持有股票的市值密切相关。如在沪市，需要参考投资人在前20个交易日持有上海证券交易所股票的平均市值，每1万元市值给予1 000股沪市股票的申购额度。如此安排，股票打新对有钱人更为有利，因为有钱人可以持有更多的股票市值，享有更高的打新额度和中签概率。从某种意义上说，股票打新属于有钱人的游戏，散户虽然可以参与，但受限于持股规模和打新额度，中签率较低。可转债打新则相对公平，一方面，可转债打新没有任何持股或持债的要求；另一方面，每个人最高可以申购10 000张可转债。无论你是腰缠万贯的大户，还是没有什么资金的小散户，在可转债打新领域你们都是站在同一起跑线上的。

　　第二，可转债打新中签概率更高。在可转债打新领域，每个投资者可以顶格申购10 000张可转债（面值100元），因此，按规则，以10张可转债为一手，即一个配号，投资者可以拿到1 000个配号。说得通俗点，就是1 000张印有号中码的奖票，参与抽奖。虽然每张彩票的中签概率非常低，仅万分之零点几，但是1 000张彩票放在一起的概率就相当高了。表7-9是2020年6月申购的5只可转债顶格申购中签概率。

表7-9 可转债打新顶格申购中签概率

债券代码	债券简称	申购日期	发行规模（亿元）	顶格申购中签率（%）
128114	正邦转债	2020/6/17	16	7.5
123055	晨光转债	2020/6/17	6.3	3.4
113588	润达转债	2020/6/17	5.5	3.6
128113	比音转债	2020/6/15	6.89	1.7
113587	泛微转债	2020/6/15	3.16	0.6

资料来源：Wind，苏宁金融研究院整理。

可以发现，每只可转债的中签概率与它的发行规模和申请人数有关，发行规模越大，申请人数越少，可转债的中签率越高。

第三，可转债打新占用资金更少。一方面，股票打新额度的取得，以持有大量股票为基础，要占用大量资金，而可转债打新则没有门槛。另一方面，一旦中签，股票打新需要交纳更多的资金，而可转债中一签，只需要1 000元。一般一次只能中一签，运气好的时候能中2~3签。

综上可知，相比股票打新，可转债打新的成本更低，中签率更高，是适合散户参与的低风险套利机会。

可转债打新的步骤

那么，散户如何参与可转债打新呢？流程非常简单，主要分为3步，如图7-9所示。

图7-9　可转债打新的操作步骤

第一步：在股票账户里发起可转债申购。

任何一个券商软件里都会有"新债申购"的选项，点击进入后，会显示当天可供申购的可转债（如果为空白，代表当天没有可转债发行），输入顶格申请。这个操作完全免费，没有任何门槛，很多投资者甚至养成了习惯，每次查看股票账户，都会顺带打开"新债申购"的选项看一看，如果发现有可转债正在申购中，就进行顶格申请，免费的彩票不要白不要。

第二步：如果中签，按照要求向账户中充入认购金额。

一般在申购后的第2个交易日，交易所会公布中签结果，如果中签，你需要尽快在股票账户中充入认购资金，一般也就能中一两手，即1 000~2 000元。关于中签结果，可以打开券商软件查看。不过，现实生活中，很多人一忙起来就忘记打新这个事了，但券商会在第一时间发短信通知你中签交款的。

第三步：可转债上市，根据当时的行情，操作获利。

一般交款几天后，可转债会陆续上市（具体的上市时间参考交易所的预告），建议根据当时的行情，操作获利。

若上市当天股价高于可转债转股价格，则可转债的市场价格高于申购票面价格（100元），这个时候可以择机卖出获利。一手可转债（1 000元）的盈利一般在几十元到一两百元，换算成收益率大概在几个点到十几个点，还是不错的。从打新套利的角度，笔者建议只要有盈利，上市当天务必卖出。因为我们的目的仅仅是打新套利，并没有对公司的基本面进行研究，因此，长期持有该债券的风险无法控制，不排除出现亏损的可能性。若上市当天股价低于可转债的转股价格，则可转债的市场价格低于申购票面价格（100元），此时直接卖出是不划算的，可以考虑作为一只债券，继续持有该可转债，后续的处置包括两种情况：

通常情况下，第二种情况极少发生，因为在其债券存续期内，总能赶上一波小牛市，股价的上涨使得卖出获利成为可能。另外，根据可转债的规则，如果股价持续低迷，可转债的转股价格也可能下调（参考可转债向下修正条款），如此，使得股价增长穿透转股价格更加容易。

可转债打新的风险控制

需要指出的是，可转债打新属于低风险套利，而非无风险套利。具体来说，主要有3方面风险：

一是信用风险，即公司经营困难，无法还本付息的风险，这是所有企业债都有的风险。但是对可转债打新来说，这样的风险相对较小，因为一方面能够发行可转债的上市公司，都会有专业的券商、评级机构、会计师事务所、律师事务所对公司经营情况进行评估和评级，最后报证监会批准；另一方面，在我们的打新策略中反复强调，获利后尽快卖出，也降低了风险发生的可能性，卖出后即使发生了信用风险，也跟我们没关系了。可转债打新信用风险如图7-10所示。

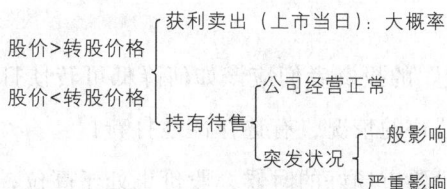

图7-10　可转债打新信用风险示意图

资料来源：苏宁金融研究院。

图7-10演示了信用风险发生的路径。可以发现，对可转债打新，在大部分的情况下（概率超过80%），上市当日可以获利卖出。对股价小于转股价格、持有待售的情况，大部分上市公司的经营都是正常的，如此也不会影响债券的还本付息。唯一值得担心的是，一些突发状况对上市公司的经营造成影响。但即使这样，大部分的影响也不是致命的，如新冠肺炎疫情对所有上市公司的经营肯定都会有影响，但造成致命影响最终导致上市公司破产清算的可能性不大。当然，极端的事件还是有的，如长生生物的"疫苗"事件，瑞幸的"财务造假"事件等，如果真的遇到了，就要做好损失1 000元本金的心理准备。

二是流动性风险，即本金不能快速足额变现的风险。大部分情况下，在打新当日即可获利退出，不存在流动性风险。只有在少数情况下，由于股价持续低于转股价格，投资者需要持有债券一段时间才能退出（股价上涨后卖出或持有至到期），因此可能存在流动性风险。

三是市场风险，即股价波动引起可转债价格波动的风险。因为影响股价的因素较多，股价的波动又会引发可转债价格的波动，形成市场风险。因此，前面的打新策略中一再强调，一旦获利，尽快卖出，实现盈利落袋为安，也是为了进一步降低市场风险。

另外，需要提醒的是，即使存在以上风险，可转债打新的风险也始终处于一个较低的范围内，因为，一方面风险发生的概率较低，另一方面，即使发生了小概率的极端情况，风险敞口也仅仅1 000~2 000元，这是很多投资者能承受的损失。

最后，"谨小慎微"的投资者们应该如何降低可转债打新的出险概率呢？可以根据市场、行业、公司的情况，有选择性地打新！

在市场层面，当股票市场好的时候，股价也处于高位，可转债在上市当天大概率出现溢价的情况，则放心大胆地打新。相反，若股市转熊，则可以考虑暂停打新操作。在行业层面，对一些自己不看好的行业，或者盈利能力较低的行业所发行的可转债，可以考虑放弃申购。在公司层面，可以对比公司的股价和可转债的转换价格孰高，公司股价超过转换价格越多，代表着风险越小，可以放心申购。若公司股价超过转换价格不多，甚至低于转换价格，则可能要考虑风险，放弃申购。

可转债打新的一些小细节

以上对可转债打新策略进行了一个全面的介绍，但是关于打新操作细节，还有不少朋友提出疑问，在此搜集了一些问得较多的问题，统一回答。

问题1：我在多个券商都开有股票账户，是否可以同时申请，以提升中签概率？

不可以，一个人只能申请一次，即使利用多个券商账户同时申请，最终有效申请也只能算一次。不过，很多朋友会借用身边不经常炒股的亲朋好友账户来参与申购，以提升中签率，这个是没问题的。

问题2：如果中签了，我是否可以弃购？

可以，只要交款那天，股票账户里现金金额不足，就自动弃购了。但是，建议不要轻易弃购，因为，如果连续12个月内累计出现3次中签但未足额缴款，会被罚在未来的6个月（180个自然日）内不得参与新股、可转债、可交换债的申购。

问题3：可转债打新策略为什么可以实现低风险套利？

这算是一个刨根问底的问题，可转债打新获利的基础是优质资源稀缺性和我们每个人的配售权。在稀缺性方面，能够通过证监会审批，发得可转债的上市公司无论是在盈利能力、运营状况以及口碑方面都处于一个不错的状态，其所发的可转债属于市场上相对稀缺的优质资源。截至2020年6月30日，A股3 871家上市公司，正在交易的可转债仅有291只，而且大部分可转债的交易价格都高于发行价（100元），低于发行价交易的仅12只。在配售权方面，根据前面介绍，可转债在配售方面的门槛更低，对散户更友好，中签率更高。所以，上市伊始，可转债会均匀地分布在各个打新投资者手中。对大部分散户投资者，并没有能力对相应的上市公司进行价值分析，因此会溢价卖给有专业分析能力、准备长期持有的机构投资者。这是一个双赢结局，打新的散户实现了套利，落袋为安，而机构也获得了大量的可转债投资标的。

大神教你可转债打新实操流程

给大家科普一个小白也能躺赚的投资神器——只需要1 000元，就可以躺赚100～300元，收益率高达10%～30%，操作简单，风险很低。不吹不黑，它就是可转债打新。

可转债打新真的能躺赚吗?

为什么说可转债打新是躺赚的投资神器呢?因为只要有新的可转债申购,投资者顶格申购,可转债上市首日卖出,即能获得比较高的投资收益。妥妥地躺赚!

可转债面值是100元,投资者申购1手(10份)可转债,即1手对应成本是1 000元。笔者统计了2019年以来上市发行的可转债132只,上市首日,这些可转债的开盘价平均为112.66元,收盘价平均为112.84元。意味着上市首日开盘就卖出,1 000元的成本即能取得126.6元的投资回报,收益率高达12%以上。

2020年新发行的可转债打新的收益更高,截至2月末,今年共发行了38只可转债,上市首日开盘价达到120.63元,更有甚者收盘价达到135元,见表7-10。这意味着,只要你打新中了可转债,上市首日开盘即卖出起码能取得20%以上的收益,甚至能取得35%以上的收益。是不是躺赚?

可转债打新实操流程

既然是躺赚,相信很多投资者都非常感兴趣,下面我们简单介绍一下可转债打新的实操流程。

1.打新的要求

可转债打新门槛很低,无须像打新股那样需要拥有一定市值的股票,也就是说没钱没股票也能参加可转债打新,中签了再选择是否缴款。通常中1只需要1 000~3 000元,上市首日达到满意价格卖出后,可以继续打新。因此,在股票账户里放5 000元钱,就足够周转了。所以,可转债打新最大的要求是你首先得有一个股票账户。

表 7-10　　　　　　　　　　2020年新上市可转债上市首日表现

上市日期	名称	网上中签率 （%）	上市首日 开盘价（元）	上市首日 收盘价（元）	上市首日收盘 涨跌幅（%）
2020-02-28	恩捷转债	0.0122	130.00	125.70	25.70
2020-02-24	柳药转债	0.0094	123.50	125.74	25.74
2020-02-19	星帅转债	0.0024	120.00	116.75	16.75
2020-02-17	博威转债	0.0217	127.00	131.14	31.14
2020-02-14	银河转债	0.0042	115.00	111.11	11.11
2020-02-14	东财转2	0.1320	128.30	129.30	29.30
2020-02-10	正裕转债	0.0115	108.00	106.63	6.63
2020-02-04	璞泰转债	0.0079	121.00	135.04	35.04
2020-02-04	希望转债	0.0493	107.50	115.04	15.04
2020-01-23	汽模转2	0.0171	130.00	130.20	30.20
2020-01-23	开润转债	0.0083	122.00	116.65	16.65
2020-01-23	乐普转债	0.0264	125.10	123.30	23.30
2020-01-22	联得转债	0.0098	130.00	133.01	33.01
2020-01-22	唐人转债	0.0415	108.00	111.02	11.02
2020-01-22	新莱转债	0.0134	123.00	119.45	19.45
2020-01-21	百川转债	0.0198	109.90	108.37	8.37
2020-01-21	麦米转债	0.0160	126.00	124.30	24.30
2020-01-20	东风转债	0.0107	111.00	115.22	15.22
2020-01-17	新天转债	0.0059	114.00	111.11	11.11
2020-01-16	建工转债	0.0711	113.90	113.01	13.01
2020-01-16	孚日转债	0.0229	114.90	109.40	9.40
2020-01-16	深南转债	0.0642	130.00	126.80	26.80
2020-01-14	振德转债	0.0067	123.98	119.33	19.33
2020-01-14	日月转债	0.0323	124.50	129.50	29.50
2020-01-13	淮矿转债	0.0168	115.00	117.03	17.03
2020-01-10	森特转债	0.0051	120.10	114.47	14.47
2020-01-10	国轩转债	0.0183	130.00	127.80	27.80
2020-01-10	永创转债	0.0144	121.33	115.60	15.60
2020-01-10	木森转债	0.0236	120.00	120.32	20.32
2020-01-10	先导转债	0.0349	130.00	133.35	33.35
2020-01-10	仙鹤转债	0.0109	119.30	115.90	15.90
2020-01-09	至纯转债	0.0069	127.03	129.42	29.42
2020-01-08	鸿达转债	0.0303	116.20	113.56	13.56
2020-01-07	明阳转债	0.0473	120.10	123.55	23.55
2020-01-07	金牌转债	0.0047	122.00	122.50	22.50
2020-01-06	华锋转债	0.0346	112.33	113.06	13.06
2020-01-03	鹰19转债	0.0918	123.39	122.34	22.34
平均值		0.0258	120.63	120.43	20.43

资料来源：Wind，苏宁金融研究院整理。

2.打新的步骤

可转债打新的步骤很简单，以某证券的App为例，登录交易界面后，如果当天有新债发行，在图7-11左侧的"打新神器"中可以看到有新债可以申购。

图7-11　某App打新界面

申购的时候我们直接顶格申购，输入最大数值10 000张（或1 000手），或者直接点击"全部"，10 000张对应的是100万元的金额，别被吓到了，这只是为了提升咱们中签的概率。是不是很简单呢？当然，中签后你别忘了往账户转入中签对应金额的资金。如果你觉得每次转入资金麻烦的话，你可以直接在股票账户放3 000～5 000元资金，这样每次中签后就不需要你再转入资金了。

3.中签的概率高吗？

从表7-10中，我们可以看到可转债打新中签的概率是万分之几，看到这个概率可能会有小伙伴觉得，这个概率太低了吧，可转债打新会不会也和股票打新一样很难中啊？

这就是可转债打新的独特之处了。前面我们也提到可转债打新时直接顶格申购，因为咱们可以不需要真金白银地顶格申购，即使你账户一毛钱都没有，你也可以按照100万元市值顶格申购。平均算下来，顶格申购的话，可转债打新的中签概率大约在20%，可以说是极高了。按照今年中签的概率，顶格申购100万元的话，0.0258%的中签概率意味着每顶格申购1次，能够中2 580元的可转债，基本上也就是20%左右的概率。2019年的中签概率是0.0423%，今年降了是因为知道这个投资神器的人更多了，打新的人多了，中签的概率自然就小了。

4.可转债打新如何提高赚钱效率？

可能说到这，还是会有小伙伴觉得每天要关注有没有新债可以打，一年也就赚个几千元钱，很麻烦。首先，要想赚钱就不能嫌麻烦；其次，我这还有提高可转债打新赚钱效率的绝招，那就是多账户打新。什么意思呢，就是你拿自己的、老婆的、爸爸妈妈、岳父岳母的股票账户都拿来打新。笔者自己平时就是3个账户来打新。

举个例子，今年2月份有个中签率达到0.132%的东财转2的可转债上市，这个可转债只要你顶格申购，一般至少能中1签（1 000元），也有的投资者中2签（2 000元）。如果你拿8个账户来申购，同时中签的这一次每个账户平均赚300元（上市首日开盘价和收盘价分别为128.3元、129.3元，当天最高价为139.2元），这一次的盈利达到2 400元以上，而8个账户总共只需要8 000元本金，这一波能赚2 400元，年化收益率30%。由此可见，多账户操作可转债打新，资金的利用效率还是非常高的。

可转债打新的风险

当然，可转债打新也不是完全没有风险，可转债打新最大的风险是破发的风险，即可转债上市首日价格低于面值100元。不过，这个风险相对来说还是比较小的。2019年以来，截至2020年2月末，新上市的132只可转债中，有10只出现了破发，见表7-11，一是破发的比例低，二是亏损金额也比较小，最大的亏损是1 000元亏50元左右。

表7-11　　　　　　　　　　2019年以来上市首日破发的可转债

上市日期	名称	网上中签率（%）	上市首日开盘价（元）	上市首日收盘价（元）	上市首日收盘涨跌幅（%）
2019-05-08	永鼎转债	0.0144	95.00	95.56	-4.44
2019-05-10	雅化转债	0.0631	95.00	96.05	-3.95
2019-04-30	鼎胜转债	0.0208	97.00	96.65	-3.35
2019-05-07	明泰转债	0.0305	97.47	96.94	-3.06
2019-05-07	司尔转债	0.0204	97.50	99.39	-0.61
2019-07-23	智能转债	0.0251	98.10	98.23	-1.77
2019-05-14	亚泰转债	0.0085	98.89	98.31	-1.69
2019-04-30	招路转债	0.0700	99.01	100.00	0
2019-07-11	华森转债	0.0185	99.89	100.51	0.51
2019-05-16	创维转债	0.026	199.90	99.88	-0.12

资料来源：Wind，苏宁金融研究院整理。

另外，可转债打新还有一个问题是中签到上市有一段时间，可能投资者到新债上市时，忘记卖出。这个时间上交所平均是18天，深交所平均是29天，差不多上海是半个月，深圳是一个月，所以新债中签后，大家还是要关注具体的上市日期。最后，可转债打新只是可转债交易中最简单的模式，可转债还有其他非常多的交易模式，例如，T+0交易、可转债转股套利等，留待以后我们逐一分享。

打新可转债不懂这些套路，100%亏钱

这两年，很多股民通过打新股赚了不少钱，例如，2017年中了新股吉比特的股民，中一签就能赚16.7万元。而在2017年下半年，证监会放松了可转债的申购条件，只要是股民就可以申购可转债。相对于股票的家喻户晓，很多人对可转债还不熟悉，甚至把可转债当作新股来打。殊不知，可转债与股票是两个差别很大的投资品种。近期如果你中了新可转债的话，很容易就出现亏损，而不是跟新股一样，只要中了肯定能赚钱。那么，可转债是什么投资品类呢？如何进行投资操作呢？下面进入科普时间。

什么是可转债？

可转债是指在一定条件下，可以转换成股票的债券。可转债的持有人有3种选择：（1）持有债券到期，获取固定利息；（2）直接卖掉债券，享受买卖差价收益；（3）选择在约定的时间内转换成股票，享受股利分配或者股价上涨带来的资本增值。

从这个意义上来说，可转债具有债性、股性和可转换性。

举个通俗的例子，假设隔壁老王家开了养鸡场，但是生意不好。有一天，老王想了一个办法，他跟老李说，他们家的母鸡100元1只出售。同时双方约定，在某个日期，老王以100元/只的价格回购母鸡；在这个日期前，老李可以用1只母鸡换4只公鸡（当前公鸡价格25元/只）。出售后，母鸡下的蛋归老李拥有。这个例子中，母鸡就可以看成可转债，公鸡就是发行可转债公司的股票，母鸡下的蛋就是持有可转债的固定利息。

可转债如何操作？

前面说了，可转债的持有人有3种选择：

第一种选择是持有债券不卖，持有至到期享受固定利息，到期归还面值。接着我们上文的例子，就是老李一直保留购买的母鸡，享受母鸡下蛋的收益，然后到期后，老李再把母鸡以100元/只的价格卖给老王。不过持有可转债到期的收益率较低，例如，近期发行的蓝思可转债持有至到期，年利率也只有1.8%。

第二种选择是购买可转债后立即卖给别人，享受可转债的价差收益。例如，老李以100元/只购买了老王的母鸡后，再以120元/只卖给老张，这样老李就享受了20元/只的价差收益。当然，这个必须要在某个时间，即母鸡的价格要高于100元/只的购买价，才能实现这个收益。而近期，大部分新发行的可转债在上市后，都会从100元迅速下跌，例如，12月上市的嘉奥可转债上市3日内从100元跌至95元，跌幅高达5%。所以，以后有新的可转债上市，不建议大家去申购，基本上中了就会出现亏损。

第三种选择是在约定的时间内转换成股票，享受股利分配或者股价上涨带来的资本增值。还是拿母鸡、公鸡的例子来说。如果，市场上的公鸡价格下跌到小于25元/只时，例如20元/只，这个时候老李会怎么选择呢？老李肯定不会将母鸡换为公鸡，因为如果他换的话，100元的母鸡只能换4只单价20元的公鸡，这样就要亏损20元（100-4×20）。如果市场上公鸡的价格上涨到高于25元/只，例如30元/只时，这个时候老李肯定会选择将母鸡换成公鸡，因为4只公鸡价值120元，而母鸡的价值只有100元/只。

以上就是可转债的操作过程，我们再来梳理一下：隔壁老王＝发行可转债的公司；老李＝股民；母鸡＝可转债；母鸡下的蛋＝债券利息；公鸡＝老王公司的股票。

总体来说，在牛市的时候，由于股票的价格会上涨，这时候可转债有比较大的投资价值；在熊市的时候，由于股票的价格会下跌，可转债的投资价值就不大，甚至会给投资者带来一些亏损，这时候不建议投资者购买或者申购可转债。当然，我们上面说的是可转债的一些基本的理论与实践知识，案例也相对简单。实际上，上市公司在发行可转债时，通常还会设置很多要赖条款。例如，提前赎回条款、下调转股价等。以提前赎回条款来说，假设老王在卖母鸡的时候跟老李约定，如果公鸡的价格将来高于50元/只，老王有权以110元/只的价格赎回卖给老李的母鸡。这样老李就只能享受10元（110-100）的价差收益和持有期间的利息收益，而不能享受转换成公鸡的收益100元（50×4-100）。其他还有很多类似的要赖条款，由于比较复杂，我们不过多赘述，如果大家有兴趣，可以给"苏宁财富资讯"订阅号后台留言交流。

人工智能时代，把钱交给机器打理靠谱吗？

咨询公司Opimas发布的报告《人工智能之于资本市场：下一场运营革命》

显示，到2025年，华尔街将有23万个金融工作岗位消失，人工智能技术（AI）将抢走这些金融从业者的饭碗。根据测算，具体消失的职位分布如图7-12所示。

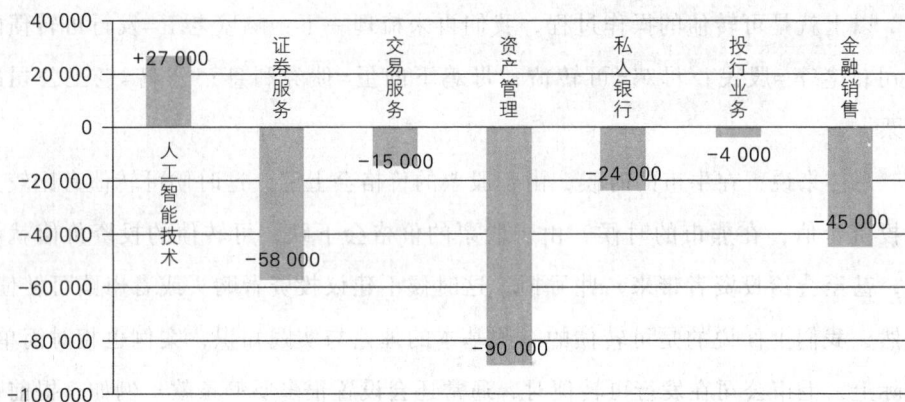

图7-12　2025年消失的职位分布图

从图7-12中可以看到，资产管理从业人员的替代程度最高。

在未来，越来越多的资管从业者、基金经理将被计算机以及AI取代。智能投资的先驱——西蒙斯和他的量化基金——大奖章基金的成功，也让越来越多的程序员成为国内外资管行业名副其实的"侵略者"。今天这篇文章，我们来探讨一下AI在投资领域有哪些落地场景和特点。充分了解这些应用场景，我们才能更放心地把钱交给机器打理。

高频交易

最初让投资者们感受到计算机威胁的是称作"高频交易"的投资工具。

高频交易的最大特点就是：快。天下武功唯快不破。高频交易技术利用高性能计算机自动下单，其毫秒甚至微秒级别的速度远超人类交易员。诸多人工智能算法（如SVM模型、神经网络等）也进一步用在高频交易中，判断极短时间内市场的多空趋势，进而领先人类一步寻求获利。这种技术目前多用在一些以日内回转以及对冲策略为主的私募产品中。

如果真有上面说的这么神奇，那我们搭建一台载有人工智能算法的高频交易机器，不就可以躺着赚钱了吗？然而，事实并非如此。高频交易最可怕的地方就在于，它的"快"将人们对短期高收益的贪婪放大了数倍。市场在一个窗口期内是接近零和博弈的状态，那么当所有高频交易算法以及市场交易者都向一个方向预期的时候，市场的平衡就会被打破。随后发生的事情就是崩溃、踩踏、一地鸡毛。2015年股灾期间，俄罗斯的伊世顿公司借助股指期货的高频交易，先是积极"做多"，随后恶意"做空"，非法获利近百亿元。而贪婪的结局就是那一年刻骨铭心的股灾，除了参与者被依法处理，还有无数投资者的资产一夜蒸发。

需要指出的是，高频交易以及搭载在其上的人工智能算法并非负面的东西，使它们变得可怕的是背后贪婪的人。高频交易如果利用得当，至少可以起到以下两个正面效果。

（1）缩短信息时间差。很多对冲基金包括全天候理财产品需要配置全球资产。然而，由于存在时差，往往造成信息不对称、消息获取不及时的问题。一个突发消息不能立马反应，就会造成投资组合的市值损失。通过高频交易及相关AI算法，在很小的时间段内捕捉全球市场的资讯以及走势、识别多空以及影响，就可以立马进行交易以避免投资者损失，甚至抓住转瞬即逝的套利机会。

（2）优化市场流动性。目前，高盛等大型投行和经纪商开始利用高频交易算法参与做市，以增加市场流动性，平滑因流动性缺失造成的价格失真。这有效地推动了市场向更加平稳和理性的方向发展。高盛公开资料显示：20世纪90年代，高盛有500人在为股票做市，而现在只剩下不到10人，取代人工交易员的，是做市效果更好的高频交易算法。

指数跟踪

高频交易需要我们对市场、资产以及交易时机十分了解，这些需要很多专业知识。作为普通投资者，我们可以选择AI技术在投资领域的另一个落地场景——指数基金。

指数基金投资的是对应指数的成分股，通过跟踪这些成分股的走势完成投资交易。因此，指数基金的走势和对应指数有着绝对的相关性。被动跟踪指数的过程，完全可以交给AI来做。目前市场上大多数指数基金都是通过机器来自动化交易的。不过，很多投资者不屑于选择指数基金，原因主要有两个：（1）指数基金收益低。因为指数基金购买一篮子股票，那么好的坏的都买进来了，最终的收益也被这些坏股票拖累了。（2）无法避免市场波动。指数基金傻瓜式地跟随着指数的波动进行被动买卖。指数上涨的时候基金上涨，指数下跌的时候基金下跌。

殊不知，上面这两个所谓的"缺点"正好衬托了指数基金的3个优势：

（1）费用低廉。跟踪指数不需要基金经理的主动管理，他们只需要跟随市场被动买卖成分股就行。目前大部分指数基金都是通过计算机来管理的。这些特点大大降低了人力成本，直接的影响是，产品端的指数基金标的具有相当低廉的管理费用。目前国内市场上主流的指数基金管理费率在0.5%~1%之间，而主动式基金管理费率通常在1.5%以上。

（2）风险较小。因为指数基金购买的是一篮子股票，那么风险也就被分散了。虽然一篮子股票里包含了一些业绩不佳的股票，但是我们普遍认为的好股票也存在着普通投资者无法捕捉的风险，例如医药领域市值最大的康美药业因突发因素连续跌停，市值近乎跌去一半，上万投资者的资金被套在里面。而指数基金不存在跌停的风险，它们将风险分散化，在极端行情中能够减少损失。同时，市场波动的风险也可以通过定期定投的策略来降低。

（3）收益稳健。只要人们相信经济是向更好的方向发展，指数基金长期来看都是震荡上行的。沃伦·巴菲特在Longbet.org网站上曾立下一个赌约：自2008年1月1日开始的10年中，追踪标普500指数的指数基金，其回报表现会打败各类主动管理的对冲基金。这个赌约已到期，结果如何呢，如图7-13所示。

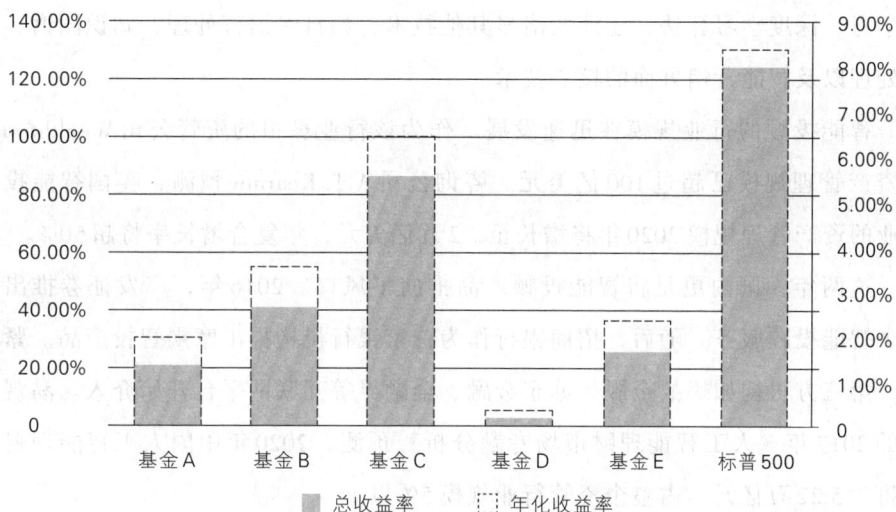

图7-13　各类基金10年累计收益

由图7-13可见，标普500指数基金以其超120%的10年累计回报击败了所有主动管理基金。这些主动管理基金的管理者们，凭借自己"聪明"的大脑和"丰富"的学识，预测着每一次上涨和下跌，最后反而因为看不清大势，成绩平平。加上高额的基金管理费，投资者的最终收益乏善可陈。因此，对投资者，指数基金不失为较好的选择。把钱交给管理指数基金的AI，或许更让人放心。

智能投顾

进行指数基金投资，仍需要我们挑选合适的基金。如果我们连这一步都懒得做，那么可以选择智能投顾类产品。

智能投顾是利用人工智能技术落地的更加综合全面的场景。业务方面，高频交易和指数追踪技术更多地集中在资产管理的上游阶段，即资产配置和投资交易。智能投顾在兼顾这两个方面的同时，甚至还覆盖了下游阶段，包括品牌销售、通道构建以及客户维护。技术方面，智能投顾除了采用经典的组合模型、机器学习、深度学习算法，还涉及诸多其他技术，如自然语言处理、知识图谱、语音处理以及智能营销方面的核心技术。

智能投顾的行业规模在迅速发展。作为该行业鼻祖的资管公司Wealthfront，其资产管理规模已超过100亿美元。咨询公司A.T. Kearney预测，美国智能投顾行业的资产管理规模2020年将增长至2.2万亿美元，年复合增长率将超50%。

这两年，国内更是将智能投顾产品推向了风口。2016年，广发证券推出了首个智能投顾服务。随后，招商银行作为首家银行机构推出摩羯智投产品。紧接着，第三方机构如蚂蚁金服、苏宁金融、金融界等互联网平台开始介入。易观发布的2017年《人工智能理财市场专题分析》预测，2020年中国人工智能理财规模将达5.22万亿元，占整个资管行业规模5%以上。

虽然未来很美好，但在当下，国内的智投产品面临3个困局：

（1）收益低。金融界发布的《中国智能投顾行业月度报告》显示，2018年国内智能投顾产品平均收益率无法达到4%，甚至出现负数。当然，今年由于国际局势变化有一定客观因素，更多原因在于智能投顾的投资模型发挥不出优势。目前，智能投顾在交易端普遍选用资产组合模型（如现代资产组合理论（MPT）、Black-Litterman模型等）。一般来说，这些模型需要跟踪规模大且流动性好的场内ETF基金。然而，目前国内的场内ETF品种较少，并且大多数行业基金流动性较差，这些都阻碍着人工智能技术发挥优势。

（2）费率高。由于资管行业发展的诸多历史原因，国内资管行业的大量从业人员堆积在下游销售阶段，而上游投研端普遍投入较少。因此，销售环节分摊的成本就将人工智能的优势摊薄了。最后的结果是，高佣金高服务费使得产品失去了竞争力。

（3）监管严。2016年和2017年，智能投顾如雨后春笋般出现在大江南北，其中有不少是互金平台和P2P平台在强监管下打着AI的旗号掩盖自己打擦边球的行径。这给"智能投顾"这个名词罩上了一层阴影，不少知名的智投平台也面临着合规的风险。这在一定程度上阻碍了智能投顾产品和技术的快速推广。

以上3个困局，正是行业突破的关键。根据Choice的数据，国家队、券商、保险救市的资金，有近百亿流入了各类型的ETF，而并非直接购买个股。诸多大型券商也推出了多种类型的ETF产品，相信发展规模和流动性一定会提上去。这将为智能投顾的核心技术奠定基础。

费率方面，很多金融科技团队在销售端推出了智能营销机器人，很多智能客服平台也分担了营销流量，这为降低人力成本提供了技术支持，也将直接降低终端智投产品费用。监管方面，随着监管政策逐步健全和完善，越来越多成熟的智能投顾技术和产品将脱颖而出，并把该领域引导向更合理的发展轨道。

总结

综上可见，在投资领域，人工智能是一把双刃剑，它既可以服务我们，也可以给我们带来危害，原因在于使用它的人。对大多数投资者而言，我们给出如下建议：（1）高频交易的技术门槛和专业门槛较高，不建议普通投资者参与。（2）跟踪指数类的投资产品（如指数基金）是普通投资者较好的选择，这主要缘于它的3个突出优势：风险低、费用低且收益稳健。（3）智能投顾仍处于发展初期，很多基础设施（如场内ETF）和监管政策还不健全，行业人员结构也需调整。因此，目前建议以观察和开放的心态来看待市场上五花八门的智投产品。但是智能投顾是AI和资管结合的最好方向，也是未来资管发展的大趋势，让我们拭目以待吧！

第 8 章

多元理财

如何抓住黄金牛市的
投资机会？

　　当黄金牛市来临时，如何才能抓住投资机会？什么样的品种值得关注？本文将为您一一道来。总的来说，黄金具有三大属性，首先与一般的金属一样具有商品属性，除此之外还具有货币属性和金融属性。本文将从长、中、短期3个视角对黄金价格的影响因素逐一进行分析，而分析黄金的投资机会则需综合考虑不同因素的影响。

影响黄金价格的长期因素

　　从长期来看，影响黄金价格的因素主要包括美元指数和美元利率。黄金基于其货币职能，与美元的价值和购买力相关联。

　　虽然布雷顿森林体系的瓦解使得黄金与各国货币脱钩，但黄金作为货币的历史职能深入人心，各国政府仍将黄金作为重要储备。因此在《牙买加协议》签订后，美元与黄金具有了相互替代的关系，二者此消彼长。黄金的价格波动主要受到美元利率和美元指数的影响。美元利率反映的是美国国内的经济运行情况，而美元指数是在经济全球化背景下反映经济的相对强弱指标，这两大指标构成了黄金价格的估值中枢。拉长周期来看，黄金价格和美元指数具有明显的负相关关系（如图8-1所示），自布雷顿森林体系瓦解后，两者的相关系数为-0.48。

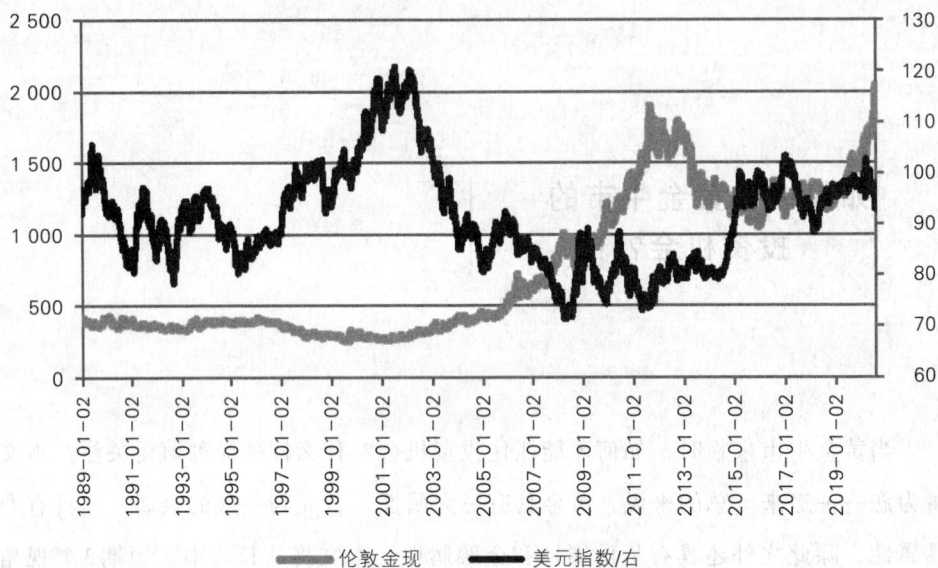

图 8-1　黄金价格与美元指数走势

资料来源：Wind，苏宁金融研究院整理。

美联储的货币政策时刻牵动着全球的神经，美联储的降息动作一般会向市场透露出两大信号：第一，美国经济出现衰退；第二，美国通胀不及预期。

我们知道，实际利率=名义利率-通货膨胀率，降息会使得名义利率在短期内迅速下降，而通胀率属于长期指标，短期波动不大，那么实际利率也会迅速下降，从而推升风险资产和黄金的价格（如图8-2所示）。

这是因为无风险利率迅速降低后，失去了原有的吸引力，使得不生息的黄金相对价值凸显。牙买加体系确立后，在美国的货币宽松周期里，美元指数下跌叠加全球通胀回升带动黄金价格上涨，而在美国的货币紧缩周期则相反。

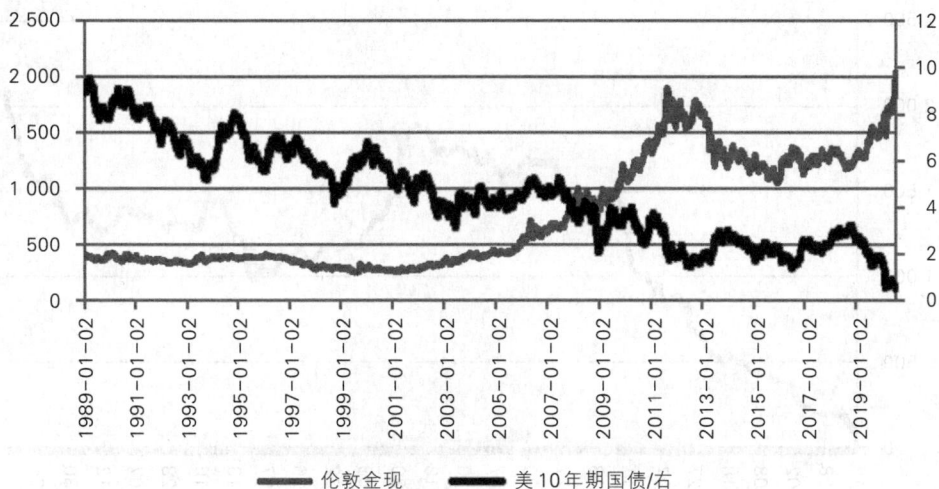

图 8-2　伦敦金现与美 10 年期国债收益率走势

资料来源：Wind，苏宁金融研究院整理。

影响黄金价格的中期因素

从中期的视角来看，影响黄金价格的重要因素是供求关系。

从供给端来看，当前地表存量黄金在 20 万吨左右，但受限于开采成本，每年供给增量比较平缓。2008—2017 年黄金产量的年复合增长率是 2.6%，而 2018 年的增长率是 0.9%，2019 年则同比下滑 1%，是一个非常明显的下行趋势。受新冠肺炎疫情的影响，2020 年黄金主产国产量出现了明显的下滑，预计以后的黄金供给或者生产量会逐渐减少。

从需求端来看，全球的需求变动主要来自官方储备和私人投资。自 2008 年以来，全球央行持续增持黄金，从总量 3 万吨增持至接近 3.5 万吨（截至 2020 年 5 月）。私人投资部分，随着黄金 ETF 市场的日益活跃，投资者关注度也与日俱增，扩大了对实物黄金的需求（如图 8-3 所示）。截至 2020 年 5 月，全球黄金 ETF 持仓规模高达 3 510 吨，且仍在呈现加速增长趋势。

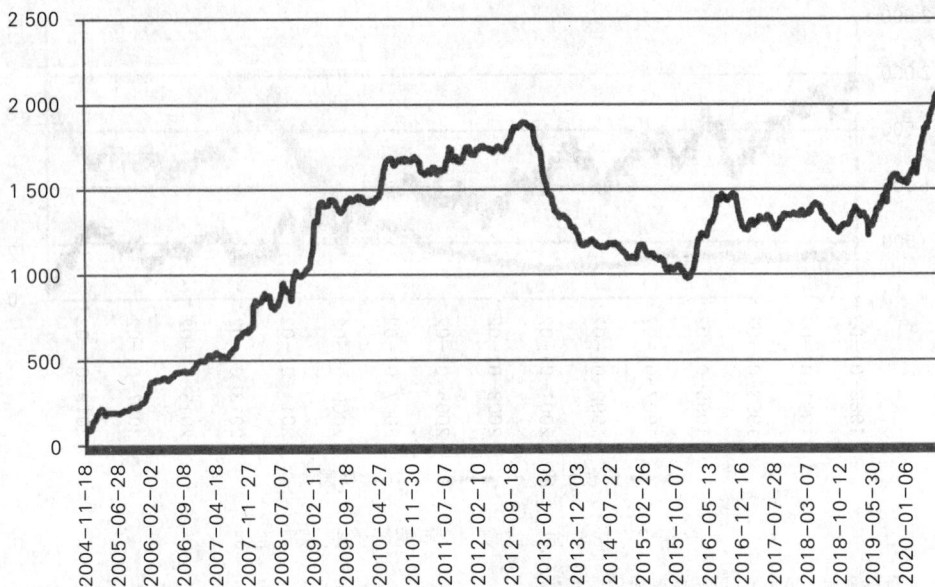

图 8-3　全球 7 大黄金 ETF 持仓合计（吨）

资料来源：Wind，苏宁金融研究院整理。

影响黄金价格的短期因素

黄金的价格，从短期来看，会受到风险事件和流动性因素的影响。

短期事件刺激黄金价格最主要的是风险事件突发。相应的风险资产、国家汇率会出现巨幅波动，导致由国家信用背书的纸币发生贬值，保值的黄金受到青睐，黄金价格会出现脉冲式上涨，这主要对应的是黄金的避险属性。回顾历史，20 世纪 70 年代的石油危机直接拉高了美国的通胀率，也冲击了日本的经济增长势头，80 年代里根政府的"伊朗门"事件、90 年代末的亚洲金融危机、21 世纪初的"9·11"事件、2008 年的美国次贷危机、2010 年的欧债危机、英国脱欧、贸易摩擦、美伊冲突、伊核问题、新冠肺炎疫情等，都产生了短期显著的黄金投资机会（如图 8-4 所示）。

图中文字标注：

2 500　2 000　1 500　1 000　500　0

美元危机　"伊朗门"事件　亚洲金融危机　"9·11"事件　美国次贷危机　欧洲主权债务危机　新冠肺炎疫情　英国脱欧　贸易摩擦美伊冲突伊核问题

1973-01-02　1976-01-02　1979-01-02　1982-01-02　1985-01-02　1988-01-02　1991-01-02　1994-01-02　1997-01-02　2000-01-02　2003-01-02　2006-01-02　2009-01-02　2012-01-02　2015-01-02　2018-01-02

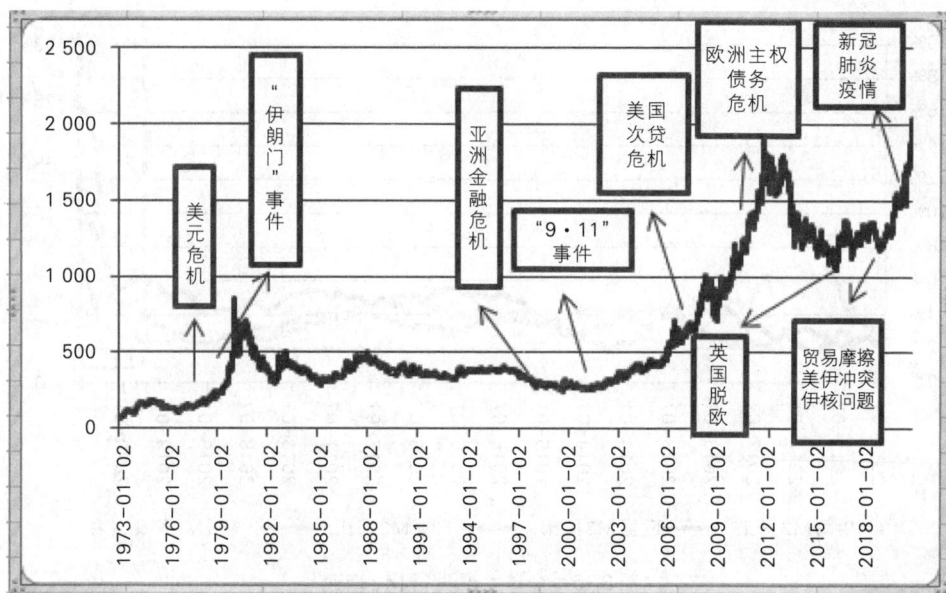

图8-4　伦敦金价格走势

资料来源：Wind，苏宁金融研究院整理。

流动性是影响资产价格的一个共同因素。当全球大规模撒钱导致流动性泛滥时（如图8-5所示），快速增加的过剩资金追逐有限的资产，将会使得大部分资产出现上涨。相较于货币供应的快速增长，黄金的供给则极为平稳，这极大地推升了黄金的定价。

普通人该如何投资黄金？

黄金的投资标的主要有3类：实物黄金及相关投资品、黄金期货和黄金股。针对普通投资者，我们只简要介绍实物黄金及相关投资品和黄金股。

实物黄金中，一类重要的投资品就是黄金ETF，黄金ETF等价于现货黄金，提供了投资者按照最小单位（1g黄金）购买黄金的机会，且交易佣金低，免印花

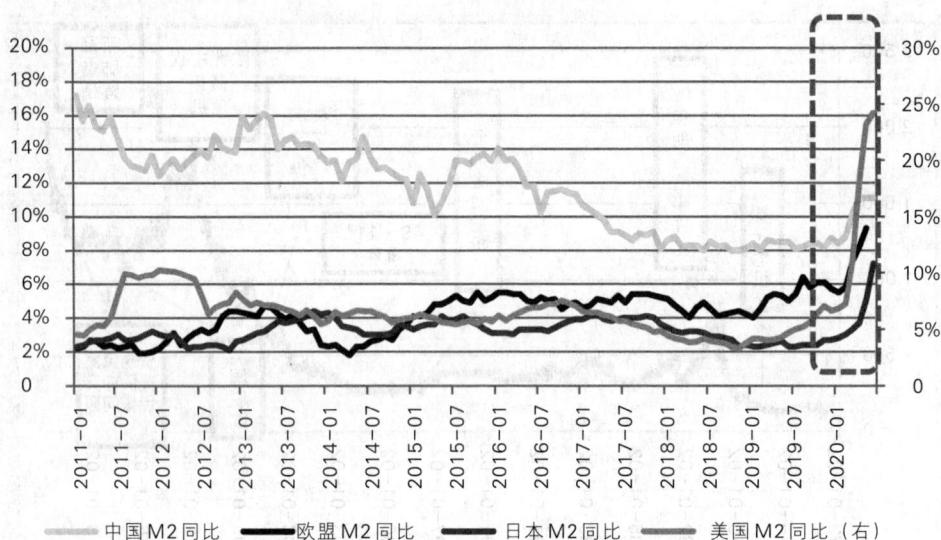

图 8-5　全球主要央行 M2 增速

资料来源：Wind，苏宁金融研究院整理。

税，T+0 交易，流动性好。虽然黄金不能生息，但是实物黄金 ETF 通过黄金租赁业务可以获得额外收益。黄金股相对黄金 ETF 而言，弹性更大。以 A 股中的山东黄金为例，2003 年 8 月至 2011 年 8 月，伦敦金上涨 386%，同期山东黄金的股价上涨 4 775%；2015 年 11 月至 2019 年 5 月，伦敦金上涨 32%，山东黄金股价上涨126%。当然，黄金股相对于实物黄金弹性更大，这不仅表现在金价上涨时期，也表现在金价下跌的时候，2011 年 8 月至 2015 年 11 月，伦敦金下跌 42%，山东黄金股价下跌 61%。

综上，实物黄金更适合风险承受能力较低的投资者，而黄金股则更适合风险承受能力较高的投资者。

这样买大病保险，
关键时刻能保命！

近日，身边有朋友因为家人重病而背上了沉重的经济负担。大家在踊跃捐款和感叹世事无常之后，也在问如何规避此类风险？在笔者看来，除了保持健康的生活作息、定期体检外，给自己和家人配置一些合适的健康险产品也是一个不错的选择。那么，我们应该如何配置健康险呢？以下是一些小提示。

健康险包括哪些？

所谓"工欲善其事，必先利其器"，在开始健康险的配置前，我们有必要了解一下常见的健康险产品具体包括哪些类型、特点如何，这些产品就像我们应对风险的盾牌，只有熟悉它们，才能够根据家庭的具体情况，因地制宜地构筑防御工事，将风险的冲击挡在外面。健康险的产品类型总结见表8-1。

在此需要说明，我们常见的健康险其实仅包括医疗保险、疾病保险（也称重疾险）、收入保障保险和护理保险产品类型。严格意义上，意外伤害险不属于健康险的范畴，但意外伤害险与健康险互为补充，为我们的家庭提供全方位的保护，故在此一并讨论。

表 8-1 健康险的产品类型总结

健康险产品类型	保障标的	保障方式
医疗保险	以被保险人医疗费用为赔付对象,其中"医疗费用"不仅包括医疗费和手术费用,还包括住院、护理、医院设备等相关费用	医疗费报销一般要求到保险公司指定的医院就医,保险公司与医院直接结算(有最大的额度)
疾病保险	以确诊特定的疾病为赔付条件,其中"特定疾病"主要覆盖普通疾病与重大疾病两种形式,保单有明确约定	一次性保险金给付,一般在确诊特定疾病后,保险公司一次性支付保险金额
收入保障保险	因意外伤害、疾病导致收入中断或减少为给付保险金条件	当被保险人由于疾病或意外伤害导致残疾,丧失劳动能力不能工作以致失去收入或减少收入时,由保险人在一定期限内分期给付保险金(保险公司"发工资")
护理保险	为那些因年老、疾病或伤残需要长期照顾的被保险人提供护理服务费用补偿	一旦满足保险合同约定的需要护理条件,由保险公司支付护理费用补偿
意外伤害保险	以意外造成人身伤害为赔付条件,其中,"意外"是指受到"外来的、突发的、非本意的和非疾病"的原因致使身体受到伤害	一般在确诊特定疾病后,保险公司一次性支付保险金额

健康险配置小提示

前面对健康险的各个险种进行了介绍,那么,具体到各个险种的配置方面,我们都应该注意些什么呢?

1.医疗保险以"基本医保"为基础,适当配置商业保险

医疗保险直接对被保险人的医药费进行报销,减轻了就医人的经济负担。在实务中,医疗保险又分为基本医疗保险和商业医疗保险两个部分。经过20多年的努力,我国已经建立起了相对完善的基础医疗保障体系,具体表现在:(1)为全体国民提供最基本的医疗保障。根据国家医疗保障局的数据,2018年参加全

国基本医疗保险（包含职工基本医疗保险、城乡居民基本医疗保险以及新型农村合作医疗保险）的有13.45亿人，参保率稳定在95%以上，基本实现人员全覆盖。（2）集中招标采购，调控药价。由医保机构出面，和药厂开展准入谈判，集中招标采购，一方面，老百姓享受更加实惠的价格；另一方面，药厂的市场占有率和利润得到提升，进而实现双赢。

相信大家对去年那段医保谈判专家"灵魂砍价"的视频还记忆犹新——治疗糖尿病的药品达格列净片的价格从"5.62元"一直被砍到了"4.4元"，专家一句"4.4元4太多，不好听，再降4分钱！"，将该药的价格定格到全球最低价4.36元。

在2019年国家医保谈判中，新增的70个药品，价格平均下降60.7%；续约的27个药品，价格平均下降26.4%。使得患者个人负担比例减少80%以上，个别药品负担比例下降95%以上。纳入医保的进口药品，基本都是全球最低价，堪称患者的福音。当然，基本医疗保险作为基础保障也存在着一些局限性：一方面，保额有限。以北京为例，基本医疗保险门诊1 800元起付，全年最高报销2万元，住院最高支付限额为50万元。另一方面，基本医疗保险的用药也是受到限制的。基本医疗保险的用药仅覆盖1 858种甲类药和817种乙类药，而对超过19万种丙类药则需要全自费，自费药中包含了许多大病进口药和特效药。因此，在有基本医疗保险兜底的基础上，建议根据经济条件，适当配置一些商业医疗保险，以应对不时之需。另外，对有基本医疗保险的人，购买商业医疗保险的保费会更低一些。

2.疾病保险关注"疾病范围""二次赔付"等要素

与前面介绍的医疗保险直接报销医疗费不同，疾病保险在确诊相关疾病时，一次性赔付一笔保险金。患者可以用保险金继续治疗，或者改善生活。配置疾病保险，一定要注意以下3个要素：

一是"疾病范围"。在疾病保险的保单里，会严格约定保障范围和赔付比例，保障范围之外的疾病是不赔的。因此，保障范围的差异是配置疾病保险需要关注的重点。在重疾方面，银保监会已经对25种重大疾病做了统一规定，这一块，各保险公司的产品差异不会特别大，建议选择赔付比例更高的产品。而在轻症方面，监管机构没有做硬性要求，各个产品的赔付范围千差万别，建议对极早期恶性肿瘤、不典型心肌梗塞等高发轻症进行保障。除此之外，由于每个人的家族情况、工作生活状态不同，面临的疾病风险也是不一样的，例如，家族里罹患心血管病的比例较高的当事人，在概率上，未来罹患类似疾病的可能性也较高，因此在选择疾病保险时需重点保障此类疾病。

二是"二次赔付"。一般疾病保险只赔"一次"，赔完以后保险责任就解除了。所谓"二次赔付"是指如果被保险人治愈后，又罹患约定范围内的疾病，还可以获得赔偿。随着科技的发展，越来越多的重疾，包括早期的肿瘤都可以治愈，因此，"二次赔付"可以为当事人提供更全面的保障。当然，"二次赔付"的保费价格要贵一些，建议在报价合理的范围内，优先选择"二次赔付"。

三是"保费支付方式"。保费支付方面有"消费型"和"储蓄型"两种方式。所谓"消费型"，是指每年交纳一定保费（几百元到几千元），享受相应的保障。而"储蓄型"每年需要交纳更高的保费（上万元甚至更高），保险公司承诺除了提供相应保障，若干年后（如当事人60岁的时候）全额退还保费。两种方式，笔者更推崇"消费型"保险，在保障效果差不多的情况下，"储蓄型"保险占用大量资金，而十几年二十年后，即使退还保费，由于通货膨胀，现金价值折损也是相当厉害的。

3.意外伤害保险合理配置，可以省不少

所谓"意外"，是指受到"外来的、突发的、非本意的和非疾病"的原因致使身体受到伤害。一般情况下，"意外"发生的概率较疾病更低，所以保费也要低得多。目前的市场上，意外险的销售呈现小额高频的特点，报价也是特别乱的，如果做到以下两点，可以有效减少意外险的保费开销：

一是"选择合适的渠道，主动投保"。相信很多人会在买机票的同时，顺带花20元给自己买一份航空意外险。20元才保几个小时的飞行时间，这个价格其实挺贵的。有多少人知道，在许多保险公司的官网上，只要花上几十元到上百元钱，即可对全年的意外伤害进行保障，保险范围也更加全面，除了飞机、汽车等交通意外，还包括很多其他意外情况。

二是"根据自己的情况，选择性投保"。现实中，还有人活得"更加精细"——仅仅对风险高的时间段进行投保。如在家和去云南旅游，面临的意外风险是不一样的，有的人仅仅对旅游期间进行投保，保费能够低至0.1元/人/天。

最后，收入保障保险和护理保险主要是解决出现健康问题后，收入受到影响以及需要护理的问题，挑选产品的思路和前面介绍的类似，这里不再赘述。

健康险配置的"那些坑"

前文介绍了配置健康险的一些小常识，在实际操作中，健康险配置也存在着一些"坑"，来看看你有没有踩过：

1.谁最该配置健康险？

身边很多客户认为家里的孩子或者老人是健康险配置的重点。一方面，家里的孩子和老人免疫力较弱，更需要得到关爱和保护；另一方面，他们认为自己处于青壮年，出现健康风险的概率较小，配置健康险的意义不大。其实，家庭里最该配置健康险的正是处于青壮年的我们。因为，我们是这个家里的顶梁柱和主要收入来源，一旦出现问题，对家庭的影响是灾难性的。假设老人或者小孩病了，即使没有保险，至少我们的收入还能扛一阵。一旦我们自己倒了，收入断了，又没有保险，谁来照顾家里的老小？所以，在关心家人的同时，请先保障好自己。

2."保费返还型"产品最划算？

很多人都希望在享受健康保障的同时，尽量少付钱，最好能够免费——这是不现实的。保障服务都是有代价的。任何一家保险公司的背后都是专业的精算师团队、管理团队、销售团队，以及人力资源、技术和财务等中后台支持团队，也意味着巨大的运营成本。有人问，很多"保费返还型"保险承诺多年后退还保费，这不是免费服务吗？实际上，因为通货膨胀，多年后退还的保费现金价值会大幅缩水。在此，以每年3%的CPI增长率计算，经过一定时间后，退还保费的现金价值缩水情况见表8-2。

表8-2 　　　　　　　　　　　　退还保费的现金价值缩水情况

保费返还时间	现金价值降为原值的	缩水比率
5年	85.8%	14.2%
10年	73.7%	26.3%
15年	63.3%	36.7%
20年	54.3%	45.7%
25年	46.7%	53.3%
30年	40.1%	59.9%

如1万元的保费，即使10年后全额返还，受到通货膨胀的影响，其购买力已经缩水到现在的73.7%，也就相当于现在7 370元的购买力。而这种缩水效应，随着保费返还期限的增长，通货膨胀的增加，还会进一步加剧。

因此，无论是"消费型"保险直接支付保费，还是"保费返还型"保险以退还保费的现金价值缩水为代价支付保费，"免费保险"是不存在的。考虑到"保费返还型"产品每年交纳的保费更高，故"保费返还型"产品不一定比"消费型"更划算。建议大家不要被"保费返还"的条款所迷惑，货比3家，选择性价比更高的保险产品。

3.只买一个险就好了？

前面介绍的各种健康险类型，在保障范围内是有一定交叉的。例如一旦查出某个重疾，医疗险可以报销医药费，重疾险可以赔付一笔现金用于治疗。看起来，两个保险的产品效果是一样的，只买一个就好了。其实不然，以某人意外失明为例，从医疗险的角度，仅报销两万元的治疗费用，而重疾险则可以赔付50万元的现金，用以支持今后的生活。因此，医疗险、重疾险、意外险3个类型的产品即使在保障范围上有交叉，但保障目的是不一样的，建议结合自身情况和经济实力，综合配置。

4.等到有风险了再去买保险？

很多人觉得自己年纪轻，身体健康，无须买保险。等年纪大了，有疾病风险了再说。这个说法是不成立的。要知道，保险服务从来是"锦上添花"而非"雪中送炭"，一旦风险出现了，再找保险公司就没用了。从投保的角度，健康险在投保阶段一般都要进行"核保"，即对被保险人的健康状况进行审核。如果"核保"不合格，保险公司一般会直接拒保。相比之下，年轻人身体素质更好，更容易通过核保，获得保障。年纪大了以后，身体难免会出现一些小状况，从而引发拒保。从成本角度，年轻人的保费也会低很多。所以，趁年轻健康，先买保险，可能是一个更明智的选择。

5.用自己的医保帮别人一把？

有人会耍小聪明，用自己的医保，帮助其他人看病拿药。这种情况，在三四线小城市特别常见。一方面，这种行为属于骗保，本身就违法，严重的可能要负刑事责任。另一方面，这些就诊和用药记录会记到医保系统中，对自己今后的投保和理赔造成影响。如某人用自己的医保帮朋友拿了几瓶心脏病的药，看起来占了便宜，其实，除了可能因为"骗保"受到惩罚，在医保系统中，他会被标记为"心脏病人"，对他今后购买重疾险，或者申请理赔都将造成影响。所以，"诚信做人，合法用保"是一个更加符合我们利益的选择。

投资的网贷平台爆雷了，怎样把钱追回来？

近些年，时不时曝光网贷平台出现兑付风险，留下了数以百亿元计的不良资产和成千上万的受害人。面对爆雷平台，出借人该如何维护自己的合法权益？出借人在维权时应该注意些什么？本文尝试给出一些答案。

司法办案程序

在发生非法集资案件时，每位出借人都是非常焦虑的，希望公权力的介入，帮助自己拿回投资款。然而，司法机关办案是有一定程序的：一方面，司法资源有限，而需求众多，程序有助于保证每个出借人都能公平地享受到司法资源的救助；另一方面，程序也能引入不同司法机关的制约和协作，在保证公平公正的同时，兼顾效率。

典型的非法集资案件的刑事诉讼程序如图8-6所示。

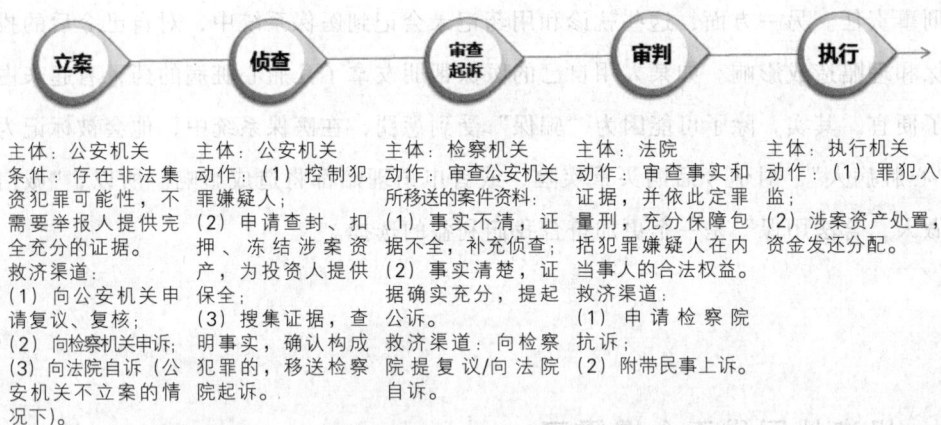

立案	侦查	审查起诉	审判	执行
主体：公安机关 条件：存在非法集资犯罪可能性，不需要举报人提供完全充分的证据。 救济渠道： (1) 向公安机关申请复议、复核； (2) 向检察机关申诉； (3) 向法院自诉（公安机关不立案的情况下）。	主体：公安机关 动作：(1) 控制犯罪嫌疑人； (2) 申请查封、扣押、冻结涉案资产，为投资人提供保全； (3) 搜集证据，查明事实，确认构成犯罪的，移送检察院起诉。	主体：检察机关 动作：审查公安机关所移送的案件资料： (1) 事实不清，证据不全，补充侦查； (2) 事实清楚，证据确实充分，提起公诉。 救济渠道：向检察院提复议/向法院自诉。	主体：法院 动作：审查事实和证据，并依此定罪量刑，充分保障包括犯罪嫌疑人在内当事人的合法权益。 救济渠道： (1) 申请检察院抗诉； (2) 附带民事上诉。	主体：执行机关 动作：(1) 罪犯入监； (2) 涉案资产处置，资金发还分配。

图8-6　非法集资案件的刑事诉讼程序

资料来源：苏宁金融研究院根据网络公开资料整理。

1.立案阶段，报案人提供有价值的线索

公安机关在接到投资人的报案以后，会进行立案前审查，如果发现存在犯罪的事实和痕迹，即可立案。该阶段无须确切充分的证据，只要公安机关认为存在犯罪行为即可立案。这里报案人和公安机关可能会存在一定分歧，如果仅仅是部

分债权逾期兑付，公安机关会认为仅仅是民事债权债务纠纷，不予立案。但是如果有证据证明平台大面积逾期，平台资金有被挪用迹象，平台控制人有跑路迹象等，则可能会立案介入。因此，在此阶段，报案的投资人最理性的做法是向公安机关提供有价值的线索。后面的章节，本文会对非法集资罪的定罪要件进行描述，如果可能，证据应该尽量与定罪要件有一定的相关性。

另外，需要注意，就证据的相关性来说，仅仅是部分债权逾期是不够的，最好能够与具体的犯罪行为相关，就证据的真实性来说，不排除有个别人为了吸引公安机关的注意，顺利立案，伪造证据，这本身就是非常危险的犯罪行为。

最后，万一还是线索或证据不足，公安机关不立案，报案人还有以下3条救济渠道：（1）向公安机关申请复议，以及向上一级公安机关申请复核；（2）向检察院申诉，请检察院监督公安机关立案；（3）向法院自诉，前提是前面的路走不通的情况下，考虑到单个出借人的证据和能力是有限的，自诉成功的可能性仅存在于理论上。

如果找不到相关证据，也可以向公安机关举报和登记，待警察查实，但应该会慢一些，因为警察同时有很多的案子要处理。当然，有些案子也不一定都是由出借人举报启动，监管部门发现平台资金异动，犯罪嫌疑人主动自首等情况，都可能触发立案和侦查。所以，提供有价值的线索，促成公安机关迅速立案介入，是维护自身权益的最理性办法。

2.侦查阶段，提供证据，配合调查

该阶段，公安机关正式介入案件，采取的措施一般包括：控制犯罪嫌疑人，搜集证据，查封、扣押、冻结相关资产。目前，披露出来的平台中，团贷网、网利宝、信和财富都处于这个阶段。为了搜集证据，案发地公安机关还会在全国范围内发协查通报，请求身处异地的网贷受害者提交自己的投资记录。此时，最好能关注新闻动态，积极配合公安机关的工作。

3.审查起诉阶段，时间较短，等着就好

该阶段，公安机关完成案件的侦查，将案件材料移送检察院，如果没有问题，由检察院向法院提起公诉。如果一切顺利，这个阶段最长1.5个月。当然，如果侦查存在瑕疵，检察院可能会通知公安机关进行补充侦查，时间上也会长一些。

4.审判阶段，关注新闻，参与庭审

该阶段，法院会开庭审理，核实证据与事实，定罪量刑。非法集资案件因为不涉及秘密和隐私，一般采取公开审理，所以，如果投资人有时间，可以去现场旁观庭审，如果没有时间去现场，很多法院也提供了在线直播，可以查看庭审的在线直播。投资数额较大的投资者，可以考虑提起刑事附带民事诉讼，当庭维护自己的权利。

5.执行阶段，保持沟通，及时申报

在这个阶段，主要是对判决的执行，除了罪犯的送监，跟投资者相关性更高的是涉案资产的处置与退还。为了确保追回款项能够按比例退回给每一个出借人，此阶段需要对投资者进行一次投资金额的申报与核实，所以此时需要保持沟通，及时申报债权。

例如，北京市第一中级人民法院对外发布公告，于2019年7月2日到8月30日之间，开展"e租宝"案全国受损集资参与人信息核实登记工作。如果您是e租宝债权的投资人，最好在相关期限内及时申报，以便最终顺利收到退款。

以上是针对集资诈骗案件的处理程序。那么，整个程序走完大概要多久呢？这主要取决于案件的复杂程度，以及犯罪嫌疑人的到案情况。以"e租宝"案为例，因为涉案资金巨大（500亿元），人数众多，案情复杂，从2015年12月16日被公安机关立案侦查，到2017年11月29日完成二审判决，再到2019年7月2日开始登记返还涉案财产，历时3年半。幸运的是，主犯在第一时间悉数被控制，司法程序得以顺利推进，如果出现主犯外逃等情况，可能需要更长的时间推进司法程序。表8-3是部分涉案网贷平台的处理情况。

表8-3 部分涉案网贷平台的处理情况

问题平台	案件性质	主犯判罚	追回本金比例	历时
e租宝	集资诈骗	无期徒刑	20%~25%	2年6个月
优易网	集资诈骗	有期徒刑14年	40%~60%	2年7个月
中宝投资	集资诈骗	有期徒刑15年	47%	1年8个月
雨滴财富	集资诈骗	有期徒刑10年	80%	11个月
e速贷	非法吸储	有期徒刑10年	有望100%	1年9个月
东方创投	非法吸储	有期徒刑3年	48.7%	9个月
铜都贷	非法吸储	有期徒刑9年	12.3%	1年2个月
乐网贷	非法吸储	有期徒刑6年6个月	70%	1年10个月
徽州贷	非法吸储	有期徒刑8年	80%	1年8个月

资料来源：苏宁金融研究院根据网络公开资料整理。

涉及罪行介绍

在刑法中，非法集资犯罪是一系列罪名的统称，在实务中，根据犯罪嫌疑人的客观行为和主观故意，还会具体涉及以下罪名：

1.非法吸收公众存款罪

非法吸收公众存款罪是指违反国家金融管理法规非法吸收公众存款或变相吸收公众存款，扰乱金融秩序的行为。根据最高人民法院的司法解释，该罪主要表现出以下4个特点：（1）非法性：未经有关部门依法批准或者借用合法经营的形式吸收资金；（2）公开性：通过媒体、推介会、传单、手机短信等途径向社会公开宣传；（3）利诱性：承诺在一定期限内以货币、实务、股权等方式还本付息或者给付回报；（4）社会性：向社会公众即社会不特定对象吸收资金。另外，该罪是非法集资犯罪的兜底罪（即所有非法集资的罪名都符合该罪的构成要件，但可能更加严重），在没有查清其他情节时，公安机关往往以非法吸收公众存款罪进行立案。在量刑方面，该罪最高可处以3年以上10年以下有期徒刑。

2.集资诈骗罪

集资诈骗罪是指在满足非法吸收公众存款罪的基础上，如果犯罪嫌疑人以非法占有为目的，即构成集资诈骗罪。具体来说，犯罪嫌疑人满足非法吸收公众存款罪的条件，募资后，如果按照募资说明书，将资金用于说明书所述的生产经营用途（因为经营赚了钱，还准备归还相关款项），则构成非法吸收公众存款罪，但是，如果挪作他用满足个人消费，根本不准备归还，则其主观恶意更大，构成集资诈骗罪。在量刑方面，2015年取消了集资诈骗罪的死刑，目前最高刑为死缓。在司法实践中，很多案子都是以非法吸收公众存款罪立案侦查，以集资诈骗罪来起诉和审判。另外，犯罪嫌疑人还可能涉嫌非法经营罪和洗钱罪。

涉案资产保全

与将罪犯绳之以法相比，投资人更加关心的是投资资产的保全和回收。但是回收的效果往往不理想，究其原因，主要有以下4点：

1.犯罪嫌疑人的肆意挥霍，资产减值

除了用于购房买车，部分资金已经被犯罪嫌疑人肆意挥霍，包括高消费，或者参与一些高风险的投资项目等。如在"e租宝"案中，为了营造拥有雄厚实力的假象，增加投资人的信赖，总裁丁宁要求他办公室的几十个秘书，必须穿戴LV、GUCCI、CHANEL这些奢侈品服饰，为此搬空了许多奢侈品店。案发后，即使这些奢侈品被追回，作为二手拍卖，也很难收回较大价值。另外，如果说，这些奢侈品多少还能收回一点残值，丁宁及高管吃喝玩乐的日常开销基本无法追回了。

2.债权关系不清晰，合同效力较弱

在涉案网贷投资中，犯罪嫌疑人往往通过一系列壳公司和交易结构，将资金导到目标公司的账户上。要穿透壳公司，确认与目标公司的债权债务关系是非常困难的事情。所以看起来，目标公司确实有一些可以用来抵债的优质资产（如房产或者矿），但是由于债权债务关系不清晰，使得在处置方面存在一定困难。

另一方面，即使能够证明与目标公司存在债权债务关系，这些合同往往也是普通债权合同。此时，优质资产往往已经被抵押给银行、信托等金融机构，进行过一轮融资了。普通债权是无法对抗抵押权的，资产处置后的价值将优先赔付给抵押权人（金融机构），真正分配给投资者的非常有限。

3.平台停止运营引起的混乱

不排除问题平台的部分业务确实是真实借款。由于平台爆雷，账户被冻结，相关的催收部门也停止工作，包括电话催款、到期贷款划扣等操作也一并暂停。最终，使得有还款意愿的借款人也感到困惑，到底应该还款给谁，还款是否有效？另外，一些借款人也会存在侥幸心理，拒还贷款。

4.管理变现成本

假设一切顺利，找到了可以变现的资产，并且确认权利，变现过程中也会存在一定的变现折价。在"快鹿系"集资诈骗案中，上海高院二审审理查明：快鹿集团非法集资共计人民币434亿余元，除282亿余元被用于兑付前期投资者本息，其余款项被用于支付各项运营费用、股权收购和影视投资等经营活动，转移至境外，购置车辆以及供个人挥霍、侵吞等。至案发，本案实际经济损失共计152亿余元。在判决中，有时候会有罚没被执行人的财产的刑罚，有人担心会不会从退还的本金中扣除。实际上，处置涉案资产所得的现金，优先用来退还出借人本金，再进行罚没，故对出借人本金的退还不会有影响。

除了上述司法途径的资产保全措施，一直传说要引入四大资产管理公司处置网贷不良资产，那么资产管理公司是否可以解决还款问题？

资产管理公司可以解决部分问题，但不是万能的。如果资产被挥霍掉了，处置优先权不够，资产管理公司是没有太多办法的。但如果是因为催收的问题，资产管理公司可以发挥一定作用。另外，不良资产的折价和定价谈判也是问题，如工商银行和资产管理公司谈一笔不良贷款的交易，大家都派出代表，谈好对价，立马交易，但是如果要参与网贷平台的不良资产处理，资产管理公司无法跟每个出借人谈对价、做交易。

从出现爆雷潮，就一直有声音要求四大资产管理公司介入处理网贷平台的坏账，但时至今日，近1年时间，暂时没有太多的消息，也期待着它们的参与。

一些建议

以上对网贷爆雷过程中的司法救助进行了简单介绍。从"e租宝""快鹿系"等一批大案要案被审判，以及"团贷网""网利宝""信和财富"等近期爆雷的平台被立案侦查，可以看到监管层维护金融稳定、保障广大投资者合法权益的决心。

作为投资者，我们应该注意什么呢？

1.爆雷前：发现风险，尽快退出

在发生爆雷风险前期，平台会出现一些异常信号，如提现延期、大量的转债申请、发现一些借款标的描述不清晰、信息存在明显错误等。此时，建议提起转债，尽快退出。为了提高转出速度，可以考虑适当折价转出，逃命要紧。

2.爆雷中：留证据，报案

一般刚刚开始爆雷，服务器还在工作，账户还可以登录。此时，建议尽快记录全部的债权信息，下载相关的投资合同，打印银行交易流水，为采取进一步行动留下证据。如果方便，建议前往网贷平台注册地公安机关报案，关注相关新闻和事态发展。

3.立案后：配合公安机关调查

如果可以的话，尽量提供一些关于犯罪嫌疑人和资产的线索，以便尽早地控制犯罪嫌疑人和查扣相关资产，这对案件的迅速解决有积极的作用。在审判阶段，如果有条件（投资金额较大），可以考虑提起附带民事诉讼，争取自己的权益。

最后，希望本文对大家了解网贷平台爆雷的司法救助途径，维护合法权益有帮助。

世界杯竞彩，
为什么你总在输钱？

世界杯万众瞩目，竞彩趁着这股东风一飞冲天。当下，赌球这门生意在朋友圈的热度已经超越了球赛本身。"买球买冷门，豪车开进门。足球反着买，别墅靠大海。偶尔买平局，开上布加迪。冷门下重注，超越拆迁户。买球买强队，天台去排队。"这些网上流传的打油诗、段子，道出了赌球背后的巨大收益和风险。

这一届世界杯，可谓冷门连连：德国输了、巴西平了、阿根廷平了、西班牙出局……投入巨资下注的球迷们傻眼了，各种悲剧、闹剧轮番上演。有一些受不了巨额损失的球迷，哭嚎、骂街、怨天怨地："黑哨！假球吧这是！"更有人扒出了高晓松6年前欧洲杯时期的一期《晓说》中关于历届世界杯比赛的很多疑点，来佐证世界杯中有大量比赛是假球。

世界杯有假球吗？

对"假球"论是否成立，网上观点莫衷一是。有力挺的，认为涉及如此巨额的现金利益，怎能没有黑色交易？并言之凿凿地举出2002年世界杯韩国队的两场球，以及2006年世界杯巴西战胜加纳的比赛，这些比赛确实爆出了多重疑点，但却从没有人能拿出实锤证据。还有嗤之以鼻反对的，这些人以前央视评论员黄健翔、段暄等体育界人士为代表。他们认为，博彩公司想要操纵比赛，要么得不偿失，要么成本太大，根本不可能实施，但似乎也不能完全保证个别比赛没有猫腻。

笔者作为一名资深球迷（1998年世界杯开始看球），也认为假球论站不住脚。几乎所有的世界杯比赛都是真实的，这从球员们在场上龇牙咧嘴的拼命程度可见一斑。即使有一两场比赛看起来奇怪，也不能说明就是博彩公司作弊。事实上，高晓松在"猜想"之前自己便已多次申明，自己是在"意淫"，所说言论本无实际证据支撑。

博彩公司如何盈利？

为什么说假球论站不住脚？这就要看博彩公司的盈利模式了。

博彩业就是在球迷判断和悬念揭晓之间寻找一个价值衔接的桥梁。理论上，在"没有中间商赚差价"的理想情况下，赌球其实就是赌输的人把钱赔给赢的人，但没有博彩公司作为中介来参与买卖和报价，大规模、成系统的赌局很难实施。由此看来，博彩公司只是作为对赌双方的中间商而已。那么，博彩公司如何保证自己稳赚不赔呢？其中的学问就在于设置赔率。

赔率是指赔付给赢盘彩民的本金倍数。举个例子：一场中国队与巴西队的比赛，有80元的资金押巴西赢，20元的资金押中国赢，则本金总计为100元。若将赔率分别设置成1赔1.25（巴西胜）和1赔5（中国胜）。则实现了赌局的平衡，即如果巴西胜，80元赔1.25倍（80×1.25=100元），若中国胜，20元赔5倍（20×5=100元），相当于输的人把钱赔给赢的人。但博彩公司不会设置这种没有差价的赔率，它们会把赔率设置成1.19和4.75。若还是80元买巴西胜，20元买中国胜，则通过计算可以发现，巴西胜，博彩公司赔95元（80×1.19），中国胜，博彩公司赔95元（20×4.75），而博彩公司已收得100元赌注。因此不管结果如何，博彩公司稳赚5元。

那是不是说博彩公司永远不会赔钱呢？当然不是。

当双方下注金额变化时，博彩公司就有可能赔钱。我们接着上面的例子：如果买两支球队的资金比例不是80：20，不同的比赛结果就可能导致博彩公司赔钱。例如，当比例为60：40时，若中国胜，博彩公司赔付190元（40×4.75），净亏90元。

那如何避免赔钱呢？这需要博彩公司设定对自己最有利的赔率，并根据双方下注资金比例随时调整。因而，博彩公司会花大价钱雇用数学家和分析师，充分调研各路信息，利用大数据和统计学概率精确计算赔率。不过，由于涉及金额巨大，同时为了保护彩民利益，博彩公司所设定的赔率受到非常强的交易监管，例如英国监管层规定博彩公司返奖率最低不得低于70%。

做市商VS庄家

说到这里，便可以通过证券市场里的"做市商"和"庄家"这两个概念的比较，来解释博彩公司的角色定位。

做市商是指在证券市场上，由具备一定实力和信誉的独立证券经营法人作为特许交易商（博彩公司），不断向公众投资者报出某些特定证券的买、卖价格（赔率），并在该价位上接受公众投资者的买卖要求，以其自有资金和证券与投资者进行证券交易（双方下注）。买卖双方不需等待交易对手出现，只要有做市商出面承担交易对手方即可达成交易（表面是与博彩公司对赌）。

由此看来，做市商起着撮合买卖双方交易的作用。其存在是为了满足大量的交易需要，又因为自身参与市场交易，必须具有专业的分析能力和过硬的风险管控能力（精准计算赔率的能力），以保证提供合理的市场价格，获得相对合理、受监管的收益（返奖率）。

庄家指的是能影响证券市场行情的大户投资者。他们干的是违法勾当，通过量价操作，迷惑散户进出场，达到操纵股价的目的，进而获得大量非法利益。在博彩世界里，有一些地下赌球庄家（非法，无执照），便有相似的特点：他们把赔率定得畸高，吸引赌球者下注。这时，极大的风险使得这些庄家有很强的作弊动机，包括买通球员、教练或者裁判，以达到他们预设的比赛结果。

通过两者比较，可以发现：做市商的目的是维护市场稳定和繁荣，而庄家则不顾市场波动，越是市场动荡，他们越容易获得收益。而博彩公司与赌球庄家的关系，和做市商与庄家的关系类似，前者合法合规，后者违法套利。

为什么你总是输钱？

看到这里，相信你已经了解了博彩公司的盈利模式，并且多少相信，在世界杯这样的赛事里，并非像很多人想象的那样充满了假球和黑哨。其背后的一个根本事实是——博彩公司并不非常关注球队的强弱，而更关心下赌注双方的分布。那为什么很多人在世界杯期间赌球总输钱呢？这就要说到足球这项运动的特殊性了：很多时候，足球比赛并非"强者胜"，而更多的是"赢者强"。换句话说，球员的个人实力虽然重要，但更需要看团队配合、意志品质，甚至是运气的比拼。

足球的魅力就在于不可预测性，在于冷门多。如果没有冷门，为何要踢这几场比赛，按照国际足联的排名颁奖就好了。另外，世界杯中有很多连资深球迷都不甚了解的冷门球队，例如冰岛、摩洛哥等。大多数球迷对这些球队的风格、球员能力等信息都不甚了解。更何况，很多看似势均力敌的比赛，会因为某个新星的崛起而改变走势，世界杯法国队金童姆巴佩的横空出世，碾压式摧毁了梅西所在的阿根廷队。

面对这些复杂的因素，一些初涉足球的球迷，缺少对比赛双方的深入分析，草草下注，亏钱就是情理之中的事情了。当然，赌，几乎是人与生俱来的欲望，很难被完全抑制，但放纵欲望的后果，往往并不是自己所能承受的。因此，请务必记住"小赌怡情，大赌伤心"，合理下注，获得竞彩的乐趣，权当消遣，千万别大量投注，以免万劫不复。

现在除了买房，
还有哪些房地产投资方式？

谈到房地产投资，很多朋友的第一印象就是"买房"。其实，除了"买房"，小资金也有机会玩转房地产投资。如果您对此感兴趣，不要走开，请往下看！

房地产投资工具一览

房地产投资工具可以按照募集方式（公募/私募）和权益类型（股权/债权）两个维度进行分类，如图8-7所示。

	私募	公募
债权	地产类信托	地产公司债 MBS（基于地产抵押的资产证券化产品） 相关的债券基金
股权	私募地产基金	地产公司股票 REITs（房地产信托基金）

图8-7　房地产投资类型图

资料来源：苏宁金融研究院。

首先，有必要对两个"分类维度"进行介绍：

从募集方式角度，私募产品属于有钱人的游戏，一方面，准入门槛较高，投资金额100万元起步，只有通过认证的"合格投资者"才有资格购买；另一方面，产品监管较为宽松，风险较大，当然预期收益率也相较同等条件下的公募产品要高一些。另外，私募产品顾名思义是不能在公开的媒体里广告宣传，一般都是专业的理财经理面对面地提供服务。而公募产品正好相反，投资门槛低，散户投资者也可以参与，一般可以在交易所里挂牌交易，当然其监管也较严格，产品的收益率和风险也更低一些。

从权益类型角度，房地产投资产品分为股权和债权两种类型，债权产品获取的是固定收益，无论房地产行业起伏，只要发债主体不倒闭，产品收益相对稳定。而股权类产品相当于直接投资房地产的所有权或者公司股权，投资收益随着房地产行业的兴衰起伏，风险和收益波动也相对较大。

房地产投资工具分析

下面，针对各类房地产投资工具分别进行分析。

1.房地产信托：刚性兑付逐渐被打破，注意控制风险

众所周知，房地产开发从买地、设计、施工到竣工验收是一个漫长的过程，如图8-8所示。

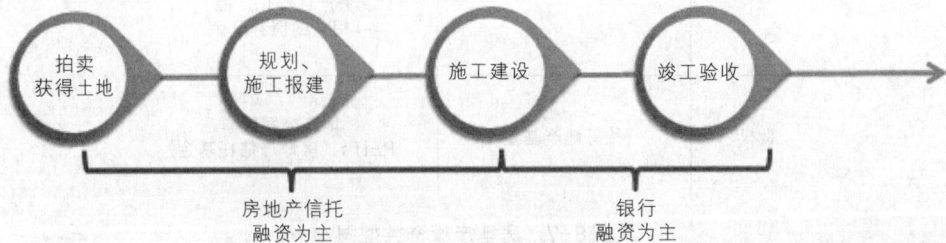

拍卖获得土地 → 规划、施工报建 → 施工建设 → 竣工验收

房地产信托融资为主　　　　　　　　银行融资为主

图8-8　房地产开发流程图

在项目的初期，由于可用于抵押的资产有限（可能仅有一块空地），项目的不确定性较大（规划报建可能不通过，施工也有风险），银行出于审慎的原则，授予的贷款额度有限。另外，从土地拍卖，到设计施工需要花费大量的资金，开发商有强烈的融资需求。在这种情况下，房地产信托应运而生，成为房地产项目初期最重要的融资手段。

在规模方面，房地产信托的在贷余额一直保持高速增长，从2010年的0.43万亿元增长到2019年的2.7万亿元。特别是2017年以来，房地产政策收紧，银行资金进入房地产领域受到更加严格的限制，反而使得作为替代融资方案的房地产信托得到了高速发展，项目余额占比在2019年达到15.07%，为过去10年的峰值。地产类信托余额与占比如图8-9所示。

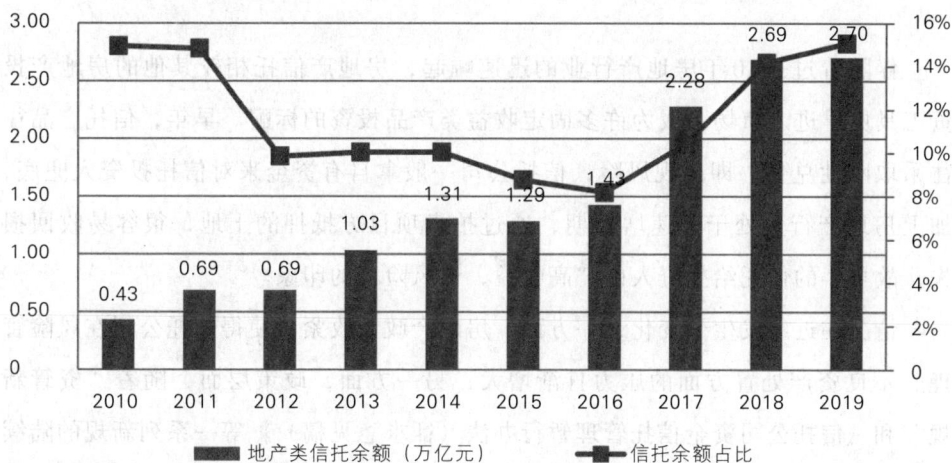

图8-9　地产类信托余额与占比

资料来源：Wind，苏宁金融研究院整理。

在收益率方面，房地产信托的预期收益率持续走低，从2013年的9%，降到了2020年初的7%，如图8-10所示。出现这种现象与近年来适度宽松的货币政策、市场利率持续下行有关。

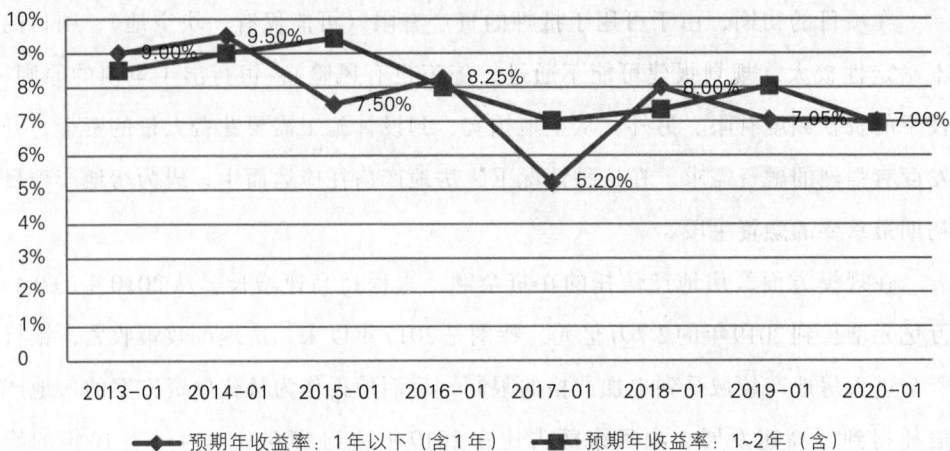

图8-10 房地产信托预期收益率情况

资料来源：Wind，苏宁金融研究院整理。

伴随着过去10年房地产行业的迅速崛起，房地产信托相较其他的房地产投资工具更早进入市场，成为许多固定收益类产品投资的标配。早年，信托产品往往采取刚性兑付，即出现风险，信托公司一般拿自有资金来对信托投资人兜底，加上房地产行业处于高速增长期，通过拍卖项目方抵押的土地，很容易收回损失，故早年的信托给投资人以"高收益，低风险"的印象。

情况在近年发生了变化，一方面，房地产政策收紧，使得信托公司在风险管理、不良资产处置方面的压力日渐增大；另一方面，政策层面，随着"资管新规"和《信托公司资金信托管理暂行办法（征求意见稿）》等一系列新规的陆续出台，信托的刚性兑付被逐渐打破。如何在风险可控的前提下，选择合适的信托公司和项目，获取合理的收益，是当下信托项目投资人需要考虑的问题。

2.公募地产债权：散户也能参与的固定收益产品

作为私募产品，房地产信托项目100万元起的投资门槛，使得大部分散户望而却步。散户想投资地产类的固定收益产品有什么办法吗？可以投资一些公募债权类产品，包括地产公司债、基于地产抵押的资产证券化产品（MBS）以及投资相关产品的债券基金。

地产公司债是房地产公司在资本市场发行的债券，截至 2020 年 5 月 14 日，沪深两个交易所共有尚未到期的地产公司债 330 只，实际发行金额 1 572 亿元。在收益率方面，早年公司的信用评级对债券收益率的影响不大，因为在房地产高速发展期，公司无论大小，开发的房产项目的销路都不错，地产公司债券违约率不高，收益率也相当好。2017 年，随着房地产政策收紧，地产公司债表现开始分化，在信用利差上，实力强的公司违约风险较小，仍然可以用较低利率发债融资，而实力弱一些的公司，则需要以更高的利率才能融到资。地产公司债信用利差分布如图 8-11 所示。

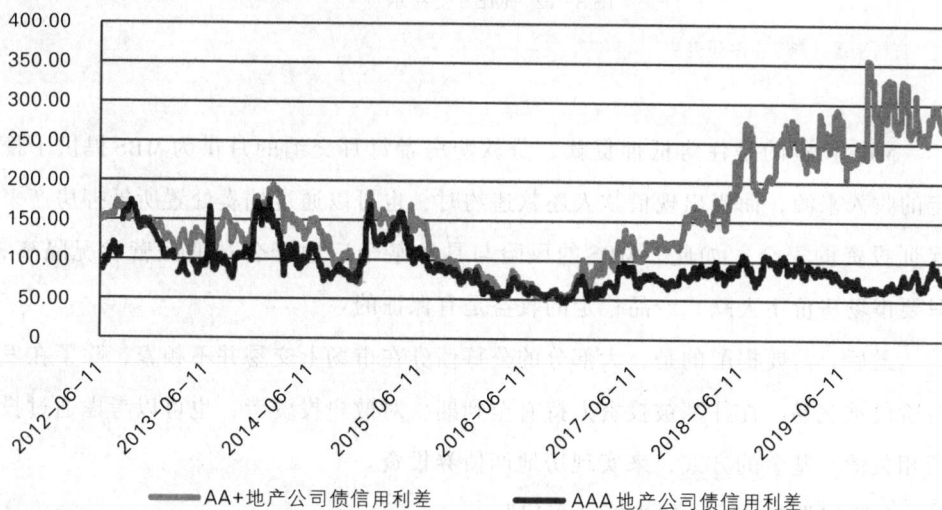

图 8-11　地产公司债信用利差分布（单位：BP）

资料来源：Wind，苏宁金融研究院整理。

当然，决定地产公司债优劣的除了行业因素，跟公司的经营治理也有很大的关系。例如，即使房地产行业再繁荣，如果公司治理有问题，出现了高管内斗，或者非法挪用资金的情况，地产公司债的表现也会非常惨淡。

那么，有没有剥离了公司经营这个风险因子，仅仅跟房地产项目效益有关的金融产品呢？这就是下面要介绍的MBS。

MBS的交易如图8-12所示。

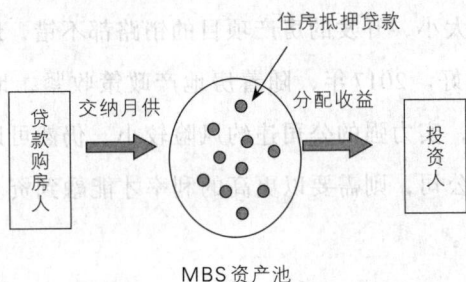

图8-12　MBS交易示意图

资料来源：苏宁金融研究院。

MBS投资的是住房抵押贷款，贷款购房者每月交纳的月供为MBS提供了稳定的收入来源，而当出现借款人还款违约时，也可以通过拍卖处置所抵押房产来保证投资的安全。如此，MBS的风险与具体某个房地产公司的经营状况隔离，只要市场房价不大跌，产品稳定的收益是有保证的。

最后，需要提醒的是，大部分的公募债券在市场上交易并不频繁，除了在发行阶段被交易，往往都被投资人持有至到期。对散户投资者，也可以考虑通过投资相关债券基金的方式，来实现房地产债券投资。

3.股权类产品：小钱也能"买房"

如果说前面介绍的债权类产品是在控制风险的前提下，实现固定收益。股权类产品则更偏向于"买房"了——在基金经理的管理下，采取一定的策略，对房地产的所有权或者地产公司股权进行配置，获取相应的收益。

在私募领域，私募地产投资基金一般向有钱人募资，然后找有价值的地产标的进行配置。以私募巨头黑石为例，房地产投资作为其四大业务板块之一，截至

2019年年底，管理规模高达1 632亿美元，占公司管理资产总规模的28.5%。

在投资理念方面，黑石强调"买入、修复、卖出"的模式，买入一些有瑕疵、被低估的地产，然后针对性地引入资源修补瑕疵，如更换物业管理团队，完善周边配置，或者对一系列地产资源进行并购整合，最终再将估值提升的地产卖出赚钱。如此操作，为黑石的房地产基金带来了每年10%到20%的收益率。除了黑石，开展私募地产投资业务的知名投资公司还包括KKR、凯雷、华平等。这些年，随着国内房地产行业的迅速扩张，中国本土发展起来的私募地产投资基金也在迅速成长。

以上对私募地产基金更多的是介绍性质，100万元起的投资门槛使得大部分老百姓望而却步，而顶级私募地产基金的门槛更高。那么对资金量不大，也希望试着"买房"的老百姓有没有什么产品和工具呢？有的，房地产公司股票或者房地产信托基金（REITs）。

房地产股票，相信大家都很熟悉了，在这里就不再赘述了，REITs的交易流程如图8-13所示。

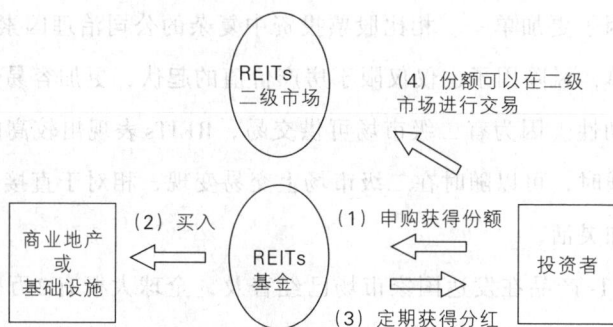

图8-13　REITs交易流程图

从图8-13可以发现，REITs基金的交易结构很像市场上的ETF基金，只不过ETF基金的标的资产是一揽子股票，而REITs基金的投资对象则是商业地产或者基础设施类资产。

REITs基金的交易过程包括以下4步：（1）REITs基金获批成立后，投资者通过出资申购获得相应基金份额。（2）完成募集后，REITs利用募集到的资金在市场上买入商业地产或者基础设施。（3）基础资产产生的收益扣除相应的费用后，定期给投资者分红。根据证监会发布的《公开募集基础设施证券投资基金指引（试行）》，收益分配比例不得低于基金年度可分配利润的90%。（4）基金份额可以在二级市场上交易。

分析以上的交易过程可以发现，与股票等其他股权类产品相比，REITs表现出以下特点：

一是期间收益更加稳定。投资REITs的收益一般来自两个部分：地产项目的期间现金流和地产增值。其中，期间现金流包括商业地产的房租，基础设施使用费（水电费、高速过路费），这些收入相较股票投资中的公司收入，更加稳定。因为用水用电、娱乐消费、出行交通都是居民生活中的强需求，除非发生疫情这样的极端情况，地产项目的收入相对更加稳定。2019年，中国香港市场REITs产品的平均收益率为5.6%，远高于大部分的股票收益。

二是风险因子更加单一。相比股票投资中复杂的公司治理因素，REITs的底层资产更加简单，风险因子也仅仅限于房产价值的起伏，更加容易分析与评估。

三是高流动性。因为有二级市场可供交易，REITs表现出较高的流动性。即投资者需要用钱时，可以随时在二级市场上交易变现，相对于直接投资房地产或者私募基金更加灵活。

目前，REITs产品在发达国家市场已经普及，全球大概有2万亿美元流通市值，其中美国的REITs流通市值为1.1万亿美元，占全球市值的55%。以日本、新加坡等为代表的亚洲市场上共有178只REITs，市值为2 924亿美元。我国证监会前不久发布了《公开募集基础设施证券投资基金指引（指引）》，相信要不了多久，就将开展试点。

建议：熟悉你的投资

前面对房地产投资领域的金融工具进行了一个简单的分类和介绍。下面简单介绍一下，在实际使用这些工具进行投资时需要注意些什么。

一是熟悉你所投资的行业。每个行业所处的周期和特征都是不一样的，对相关的金融产品也会有不同的影响。以房地产行业为例，受政策影响较大，近期持续降准降息，以及中央提出推进房产税立法，对普通人可能只是一个新闻，但是，对房地产金融产品的投资者，可能需要保持一定敏感，对政策的影响能够有一些判断，并指导自己后续的投资。

二是熟悉你所投资的产品。即使同在房地产行业，不同金融产品的风险和收益也是不一样的。如何去结合自己的风险偏好和需求，选择最合适的产品是每个投资者需要做的功课。本文可以作为熟悉房地产投资产品的入门，但学习精进是没有止境的。另外，有机会，建议读一读自己的产品说明书和投资协议书，虽然条款非常枯燥，却是学习产品最好的教材。

三是熟悉你所投资的基础资产。穿透行业和产品，最终决定投资风险和收益的其实是你所投资的基础资产。相关的收益可能来自基础设施的使用费（高速过路过桥费、水电费）或者商业地产租金，这个时候，判断基础资产好坏最简单的方法就是实地去看看，例如到家附近相关品牌的商场里，看看店铺开业情况、客流密度、排队情况，不难对基础资产的质量有一个了解和判断。

关于年终奖纳税，
你需要知道的几点常识

正所谓越是看起来简单的事情，背后越多"秘密"。下面，来看看年终奖纳税背后的秘密。

根据财税〔2018〕164号文件，2019—2021年的3年政策过渡期内，年终奖可以在以下两种计税方法中任选其一：（1）不并入当年综合所得，以全年一次性奖金收入除以12个月得到的数额，按照本通知所附按月换算后的综合所得税率表确定适用税率和速算扣除数，单独计算纳税。（2）居民个人取得全年一次性奖金，也可以选择并入当年综合所得计算纳税。

自2022年1月1日起，居民个人取得全年一次性奖金，只能并入当年综合所得计算缴纳个人所得税，不能再选择单独计算纳税。下面将针对两种不同的计税方法分别解析：

年终奖单独计算纳税

1.年终一次性奖金要纳多少税？

年终一次性奖金的扣税方式有表8-4中的两种情形，基本逻辑与工资个税缴纳是一致的。具体来说：年终奖发放当月工资＞［免征额（5 000元）+个税专项附加扣除额］，纳税金额=年终奖×税率−速算扣除数；年终奖发放当月工资≤［免征额（5 000元）+个税专项附加扣除额]，在纳税之前，年终奖将预先抵扣部分金额，然后以抵扣后的数额作为基数纳税。

表8-4 年终奖单独计算纳税的两种情形

年终奖发放情形	年终奖扣税
年终奖发放当月工资 > [免征额（5 000元）+个税专项附加扣除额]	年终奖×税率-速算扣除数
年终奖发放当月工资 ≤ [免征额（5 000元）+个税专项附加扣除额]	[年终奖-（5 000+个税专项附加扣除额-当月工资）]×税率-速算扣除数

资料来源：Wind，苏宁金融研究院整理。

表8-4中的税率如何确定？基本逻辑是先将年终奖÷12，再将商数与表8-5比对，找到对应级数，从而得到对应税率与速算扣除数，参见表8-5。

表8-5 个人所得税税率表

级数	月应纳税收入额	税率（%）	速算扣除数（元）
1	不超过3 000元的	3	0
2	超过3 000元至12 000元的部分	10	210
3	超过12 000元至25 000元的部分	20	1 410
4	超过25 000元至35 000元的部分	25	2 660
5	超过35 000元至55 000元的部分	30	4 410
6	超过55 000元至80 000元的部分	35	7 160
7	超过80 000元的部分	45	15 160

资料来源：苏宁金融研究院根据国家税务总局数据编制。

下面用两个案例来简单解释一下。

假设甲、乙二人的个税专项附加扣除额为2 000元，于是他们可以享受到的免税额度为7 000元（个税免征额5 000元+个税专项附加扣除额2 000元）。

案例一：甲2019年的月基本工资10 000元，高于免税额度（7 000元）。年终奖发了6万元。在年终奖纳税方面，先以6万元除以12，商数为5 000元，与表8-5比对，对应级数为2，该级数的税率为10%，速算扣除数为210元。由此，根据公式，6万元年终奖需纳的个税为：60 000×10%-210=5 790（元）。

案例二：乙2019年的月基本工资2 000元，低于免税额度（7 000元），年终奖也发了6万元。由于其月工资低于免税额度（7 000元），在年终奖纳税方面有一定的抵扣。具体是用［60 000-（7 000-2 000）］÷12，而不是直接60 000÷12，获得商数4 583元，再将商数与与表8-5比对，对应级数为2，该级数的税率为10%，速算扣除数为210元。由此，根据公式，6万元年终奖需纳的个税为：［60 000-（7 000-2 000）］×10%-210=5 290（元），比案例一少纳500元。

2.其他各类奖金如何纳税？

其他奖金是指半年奖、季度奖、加班奖、先进奖、考勤奖等全年一次性奖金以外的其他各种名目的奖金。一般来说，每个公司都会设置以上各种名目的奖金，以此激励员工好好干。对此类奖金，操作很简单，一律与当月工资、薪金收入合并，按规定缴纳个人所得税。

案例三：甲2019年的月基本工资为5 000元，年末获得优秀员工奖10 000元，季度优秀奖10 000元，加班奖1 000元，考勤奖1 000元。各类奖金合并入工资再减去三险一金、免征额以及个税专项附加扣除，年末合计应纳税所得额假设为20 000元，该金额对应税率为20%，速算扣除数为1 410元，故最终纳税额为：20 000×20%-1 410=2 590（元）。

3.怎样的薪酬组合可以少纳个税？

既然基本工资和年终奖也要扣税，那两者之间是否存在着最佳组合从而使综合税负最低呢？答案是肯定的。假设南京居民甲和乙，税前总收入相同，都是20万元，只是结构略有差别。甲：基本工资10 000元，年终奖8万元；乙：基本工资15 000元，年终奖20 000元。假设两人的个税专项附加扣除都是2 000元。

在此结构下，甲乙纳税情况见表8-6。

表8-6 工资与奖金结构差异下的纳税情况

项目	甲	乙
税前总收入（工资+奖金）20万元	工资：10 000元/月 年终奖：8万元	工资：15 000元/月 年终奖：2万元
三险一金部分（个人缴纳）	1 860元	2 785元
免征额（5 000元）+个税专项附加扣除（2 000元）	7 000元	7 000元
基本工资应纳税所得额=［基本工资－三险一金－免征额（5 000元）－个税专项附加扣除（2 000元）］	1 140元	5 215元
工资部分月度应纳税额	34.2元	311.5元
月度税后工资	8 105.8元	11 903.5元
年度合计税后工资	97 269.6元	142 842元
年终奖÷12	6 666.67元	1 666.67元
对应税率与速算扣除数	10%，210	3%，0
年终奖应纳税额=年终奖×税率－速算扣除数	7 790元	600元
税后年终奖	72 210元	19 400元
税后收入合计=税后工资总和+税后年终奖	169 479.6元	162 242元
合计纳税	8 200.4元	4 338元
全年三险一金（个人缴纳）	22 320元	33 420元
税后综合福利=税后收入合计+三险一金	191 799.6元	195 662元

资料来源：苏宁金融研究院。

从表8-6可以看出，甲与乙虽然税前收入总和一样（都是20万元），但甲比乙要多纳3 862.4元的税，扣除税款后的综合福利可以通过税后总收入（税后到手的钱）和三险一金两种形式实现。（需要注意：三险一金属于员工福利的一部分，如住房公积金在买房或者租房后可以提现，医保金可以在药店刷卡消费，养老保险金虽然短期无法取出，但是也为员工退休后的生活提供了保障）。一般认为，在税前收入总额固定的情况下，可以通过税务筹划，平衡年终奖和月工资收入的关系，使得两项所得的综合税负处于最低水平，最终实现税负的整体优化。

4.年终奖分批发放可以少纳税？

在年终奖发放上，很多公司采取分批次发放的方式，即年中发一部分，年底再发一部分，也有公司分摊到12个月发。难道说，分批发放可以少纳税？

税法规定，在一个纳税年度内，对每一个纳税人，年终奖的计税办法只允许采用一次，其余情况下都要并入工资作为综合所得计税。这就意味着，分批发的时候，只有其中一次可以采取年终奖扣税方法，其他需合并在工资里缴纳个人所得税。沿用表8-6的案例，假设甲乙的年终奖分两次发，年中发一半，年末发一半，年中那一半按年终奖扣税方法计算，年末那一半直接和工资合并纳税，则纳税情况见表8-7。

表8-7　　　　　　　　　　年终奖差异：分批发与一次性发

项目	甲	乙
年中发一次年终奖	40 000元	10 000元
年终奖÷12	3 333.333元	833.33元
对应税率与速算扣除数	10%，210元	3%，0
年终奖应纳税额=年终奖×税率-速算扣除数	3 790元	300元
年末再发一次年终奖	40 000元	10 000元
最后一个月应纳税所得额=［年终奖+当月工资-三险一金-免征额（5 000元）-个税专项附加扣除（2 000元）］	41 140元	15 215元
对应税率与速算扣除数	30%，4 410元	20%，1 410元
最后一个月应纳所得税（年终奖与当月工资）	7 932元	1 633元
前11个月缴纳工资所得税总和	376.2元	3 426.5元
年终奖分批发合计纳税	12 098.2元	5 359.5元
年终奖一次性发合计纳税	8 200.4元	4 338元

资料来源：苏宁金融研究院。

从表8-7可以看出，在分批发的过程中，由于一年只能采用一次年终奖计税法，故造成另外一次年终奖与当月工资一起发放，造成当月的边际税率飙高，在上例中，甲最后一个月的工资是按50 000元（下半年的年终奖40 000＋基本工资10 000）在计税，边际税率升到了30%，而在表8-6一次性发放的情况中，边际税率仅仅10%。

在本案例中，年终奖分批发放反而提升了边际税率，加重了税负（其中甲的税负增加了3 897.8元，乙增加了1 021.5元）。在有些情况下，当年终奖高、基本工资低时，年终奖分批发可以少纳税；但当年终奖低、基本工资高时，年终奖分批发反而大大加重了税负。因此，年终奖分批发并不一定可以少纳税。

5. 年终奖千万别多要"一元钱"

一般来说，多即是好，但对年终奖来说，却不一定。如果老板一任性，给你多发一元钱，你却要为此多纳2 300多元的税，得不偿失。由表8-8可知，当年终奖为36 000元时，若多发一元钱，需多纳2 300元个人所得税，到手年终奖反而少了。具体来说，当年终奖为36 000元，到手收入为34 920元，当年终奖增加至36 001～38 566.67元时，到手年终奖反而不到34 920元。

表8-8　　　　　　　年终奖盲区：多拿一元，到手少小两千元

年终奖	36 000元	36 001元	38 566.67元
年终奖÷12	3 000元	3 000.08元	3 213.89元
对应税率和速算扣除数	3%，0	10%，210元	10%，210元
年终奖应纳税额	1 080元	3 390.1元	3 646.67元
税后年终奖	34 920元	32 610.9元	34 920元

资料来源：苏宁金融研究院测算。

经测算，类似的区间共有6组，分别为36 001～38 566.67元、144 001～160 500元、300 001～318 333.33元、420 001～447 500元、660 001～706 538.46元、

960 001～1 120 000元。在此提醒：如果你的年终奖落在这些无效区间里，一定要任性地跟老板或财务说，多出来的奖金我不要了。

年终奖并入全年综合所得计税

目前我国也处于税改过渡期，同时运行着两种年终奖计算方法，纳税人可以根据具体的情况灵活适用。前文介绍的是方法1：年终奖单独计税方法，即年终奖与每月工资分别计税。这里介绍一下方法2：全年综合所得计税法，即年终奖和每月工资放在一起，作为全年综合所得计税。

全年综合所得计税法具体的操作细节，这里不再赘述，全年应纳税总额的计算非常简单，仍然以税前20万元年薪为例，根据全年综合所得计税法计算，具体见表8-9。

表8-9　　　　　　采用"全年综合所得计税法"的计税范例

项目	甲	乙
税前总收入（工资+奖金）20万元	工资：10 000元/月 年终奖：8万元	工资：15 000元/月 年终奖：2万元
三险一金部分（个人缴纳）	1 860元	2 785元
免征额（5 000元）+个税专项附加扣除（2 000元）	7 000元	7 000元
月度免征抵扣额=免征额（5 000元）+个税专项附加扣除（2 000元）+三险一金	8 860元	9 785元
年度应纳税所得额=年度税前总收入-月度免征抵扣额×12	93 680元	82 580元
对应税率与速算扣除数	10%，2 520元	10%，2 520元
全年应纳税额=年度应纳税所得额×税率-速算扣除数	6 848元	5 738元
全年三险一金（个人缴纳）	22 320元	33 420元
全年税后收入合计	170 832元	160 842元
税后综合福利=税后收入合计+三险一金	193 152元	194 262元

资料来源：苏宁金融研究院。

全年综合所得计税法将全年取得的收入（包括年终奖和每月工资）作为整体，扣除免征额、个税专项附加扣除、三险一金等抵扣项以后，整体计算全年应纳税额。我们发现甲和乙在两种情况下，全年应纳税额与前文介绍的年终奖独立计税法互有高下，各自有各自的最优适用范围：

在甲情况下，"全年综合所得计税法"（应纳税额：6 848元）较"年终奖独立计税法"（应纳税额：8 200.4元）节省1 352.4元。因为，在甲情况下，影响所得税最大的因素是8万元的年终奖，在边际税率相同的情况下（都是10%），"年终奖独立计税法"只能抵扣一次，速算扣除数为210元，"全年综合所得计税法"可以抵扣12次，速算扣除数为2 520元（210×12）。

在乙情况下，"年终奖独立计税法"（应纳税额：4 338元）较"全年综合所得计税法"（应纳税额：5 738元）节省1 400元。因为，在乙情况下，年终奖2万元在"年终奖独立计税法"中的边际税率为3%，而在"全年综合所得计税法"中为10%。

另外，如果综合所得的应纳税所得额小于0，将年终奖并入综合所得纳税会更有利。因为我们知道，根据新税法，除了免征额度提升至5 000元，还引入了大量的专项抵扣项，如赡养父母、子女教育、交纳房租房贷等。应纳税所得额小于0，意味着月度工资收入小于所有的抵扣额度的情况，即在这一部分抵扣额度没有用完，此时将年终奖并入综合所得纳税，也可以继续享受抵扣，进而实现税负的减免。

故"全年综合所得计税法"和"年终奖独立计税法"两种方法没有绝对的优劣，需要根据不同的情况，择优选取合适的方案。好消息是根据《财政部、税务总局关于个人所得税法修改后有关优惠政策衔接问题的通知》，在2022年以前，两种计税方案都可以适用，理论上，纳税人可以选择对自己更有利的那一种，但是一般公司为了财务管理方便，会统一使用其中一种方案。2022年以后，单独计算纳税的方案废止，必须使用全年综合所得计税法。

说了那么多，大家是不是已经摩拳擦掌，准备好好地在自己的年终奖上实践一番呢？需要提醒的是，实践本文的一个基础前提是：年底有年终奖。智联招聘发布的《2019年白领年终奖调研报告》显示，2019年参与调研的白领中，仅33.3%能拿到年终奖，而2017年与2018年的对应数据分别为66.1%与55.17%。另外，还有15.3%的白领表示年终奖"据说有，不确定"，确定2019年必定与年终奖无缘的白领占到了40%，相比2018年的22.30%高出近一倍。

不管如何，临近年关了，笔者衷心希望辛苦一年的各位都能有一个让自己满意的年终奖，然后少纳点税，用少纳税省出来的钱多备点年货，过好新年！